Dictionnaire du français argotique et populaire

Dictionnaire du français argotique et populaire

*Un dico sans baratin
est un sac d'os.*

François Caradec

LIBRAIRIE LAROUSSE, 17, rue du Montparnasse - PARIS VIᵉ

ISBN 2-03-704 099-0

Préface

Il existe en France une langue écrite et une langue parlée[1].
La langue parlée se nomme encore «langue populaire» dans les dictionnaires, qui appliquent aux termes les mentions *pop., fam.* ou *vulg.*, sans qu'ils soient toujours bien d'accord sur leur champ d'épandage. Cette langue a été définie : «l'idiome parlé couramment et naturellement par le peuple» (Henri Bauche, 1920), ce qui revenait à partager la langue populaire et le langage écrit en idiomes de classes. Ce n'est pas inexact ; cependant, depuis la IIIe République (service militaire pour tous, enseignement laïque, deux guerres, prolongation de la scolarité), on assiste à une démocratisation progressive du vocabulaire, qui devrait bientôt rendre caduque la mention *pop. :* il est faux de dire aujourd'hui que cette langue est une langue **populaire,** c'est la langue **parlée** de tous les Français.
L'argot, avec lequel on confond souvent ce langage populaire, est au contraire un «idiome artificiel» dont les mots sont faits pour n'être pas compris par les non-initiés. Les dictionnaires dits «d'argot» ne peuvent donc, par définition, que recenser des mots qui perdent au moment où ils sont publiés leur valeur d'argot. Ils entrent alors dans le champ *pop.,* disparaissent *(vx)* ou se maintiennent encore quelque temps dans le langage d'une classe qui, depuis Vadé, aime à s'encanailler à bon compte : on pourrait attribuer à ce vocabulaire (qu'Albert Paraz nommait «l'argot de cheftaine») la mention *snob,* souvent plus justifiée que la mention *arg.*

---

1. — Depuis peu, il en existe une troisième, qui est à la fois celle de l'audio-visuel (c'est-à-dire de gens qui parlent avec la même application que ceux qui écrivent) et celle aussi d'une génération de cadres et de techniciens qui adoptent avec une spontanéité naïve des mots nouveaux pour des concepts anciens. En la baptisant «l'hexagonal», Robert Beauvais a daté cette langue, née en même temps que la France devenait l'«Hexagone», avec la Ve Répu-

Cette « snobisation » de l'*arg.* et du *pop.* ne manque généralement pas de sel. Une locution telle que *ras le bol* eût mérité dans tout dictionnaire d'argot ou de la langue populaire la mention *vulg.*, sinon *obsc. Bol* est synonyme de *cul; avoir du bol,* c'est *avoir du cul,* c'est-à-dire de la chance. *En avoir plein le cul,* c'est « en avoir assez »; *en avoir ras le bol* est une variante plus imagée encore, et plus vulgaire, de l'expression argotique devenue populaire. Et pourtant, sans se soucier de ce qu'il peut « avoir » si abondamment à cet endroit, le Français a fait de cette locution un nom masculin, le *ras le bol,* dont la force s'atténue déjà, pour ne plus signifier que lassitude (la coupe est pleine).

Dire, cet exemple à l'appui, qu'il n'y a plus d'argot, c'est oublier le rôle de l'argot. Sans doute les malfaiteurs (puisqu'il est d'usage de croire que l'argot est la langue exclusive des malfrats) ne sont-ils pas toujours les seuls à employer le vocabulaire que les dictionnaires leur assignent. Le grand public a été choqué d'entendre en 1975 un préfet s'adresser à des voyous dans ce qu'on croyait jusqu'alors être leur langage (« Tu vas te faire piquer, eh ! con !») et non celui des préfectures, conservatoires du bon goût. C'était une erreur : ce préfet ne faisait qu'employer un vocabulaire quotidien. Par contre, l'argot véritable existe toujours dans d'autres services qui dépendent aussi du ministère de l'Intérieur. (Le verbe *chroumer,* employé par les policiers malhonnêtes qui chapardent dans les voitures en fourrière, a surpris les journalistes habitués de la correctionnelle.) La police a son argot, la banque a le sien, et qui sait mieux qu'un informaticien qu'il faut perforer des *brèmes ?* Ainsi des professions que l'on pouvait être tenté d'accuser de répandre le franglais et l'hexagonal sont en train de créer leur argot, un argot puisé aux sources et aux images de la langue populaire la plus savoureuse. Cela devrait rassurer ceux qui craignent un appauvrissement de notre langue. Son génie naît aujourd'hui encore *au rade* à défaut du « Port-au-Foin ».

---

blique. Ce langage redondant est éphémère ; il a déjà fait l'objet de plusieurs recueils, notamment :

l'Hexagonal (Hachette, 1970) et *le Français Kiskose* (Fayard, 1975) de Robert Beauvais ;

les Mots « dans le vent » (1971) et *les Nouveaux Mots dans le vent* (1974) de Jean Giraud, Pierre Pamart et Jean Riverain, chez Larousse.

Il est des mots d'argot, des argots et des mots populaires comme des autres mots : leur sens varie, et parfois ils meurent, parce qu'ils ont fait leur temps, qu'ils sont tombés dans l'oreille des sourds ou tout simplement parce qu'ils sont poussés hors du champ par de nouveaux venus. On accuse assez fréquemment le Français moyen de n'utiliser qu'un vocabulaire de base très restreint ; il serait injuste de lui reprocher de le renouveler. Les hommes de théâtre savent qu'il faut fréquemment reprendre les traductions des grands classiques du répertoire pour qu'ils demeurent audibles[1].

Mais ces mots, après leur mort, subsistent encore dans les dictionnaires de la langue ; ils ont alors beaucoup de chances (ou de risques) de figurer dans la littérature, où les auteurs des dictionnaires suivants iront chercher leurs références. D'où ces discussions entre amateurs d'argot. « Il n'y a pas, écrit Raymond Queneau, plus puriste que l'argotier. Un argotier trouve toujours plus argotier que lui. Chacun trouve artificiel l'argot de l'autre, mais c'est bien ainsi que naît l'argot. » Si ergoteurs soient-ils, ces argotiers ont raison ; le renouvellement de la langue et le rôle même de l'argot veulent qu'entre les argotiers naissent les controverses. Il y a une accélération de la langue comme il y a une accélération de l'histoire. Trois générations peuvent vivre sous le même toit sans se comprendre : *prendre son pied* a pour le père un sens obscène que le fils ignore quand il proclame que *c'est pied*. Les discussions d'argotiers sont des conflits de milieux dans une même classe sociale : le père a pu apprendre la locution obscène dans un de ces *bobis* dont la loi fit des *clandés,* et le fils au cours d'un concert pop où *ça chauffait terrible.* L'argot que l'on entend en prison n'est pas le même que celui que l'on apprend au cours du service militaire — et celui des tranchées de 14-18 diffère de celui des stalags de 40-45.

Par contre, dès qu'un mot disparaît de la langue avec la génération qui l'employait, ou avec son objet, il survit encore souvent dans le dictionnaire ; nous l'avons systématiquement écarté[2]. Bien sûr, certains de ces mots vivent et vivront encore,

---

1. — C'est la raison pour laquelle nous entendons Shakespeare dans une langue moderne, mais non Molière et Corneille, dont nous avons seulement (oh, combien !) modernisé l'orthographe.

2. — V., page suivante, quelques exemples de mots écartés.

abbaye de Saint-Pierre (ou de *cinq pierres*), prison de la Grande-Roquette, à Paris (démolie en 1900).

abîme n. m. Poche de culotte de zouave (second Empire).

alphonse n. m. Souteneur (*Monsieur Alphonse*, pièce d'A. Dumas fils, 1873).

anarcho n. m. Anarchiste (1892-1894).

Anastasie n. pr. La censure (presse).

arlequin n. m. Reliefs des restaurants vendus à bas prix.

as de carreau n. m. Sac de soldat.

astic n. m. Tripoli servant à astiquer.

aubergine n. f. Auxiliaire féminine de police.

avarie n. f. Syphilis (*les Avariés*, pièce d'Eugène Brieux, 1905).

azor n. m. Havresac d'infanterie.

balayeuse n. f. Cheveux longs (vers 1900).

bat'd'Af' n. m. Bataillon disciplinaire d'infanterie légère d'Afrique du Nord.

bédou n. m. Tirailleur algérien.

biscayen n. m. Obus (1914-1918).

blindé n. m. Cuirassier.

bono adv. Bon. **Bono bézef,** bon. **Macache bono,** mauvais.

boucher bleu n. m. Chasseur d'Afrique.

boum! ou *v'là boum!* interj. des garçons de café.

bromure n. m. Vin ordinaire (1939-1940).

cage à poule n. f. Avion biplan (1914-1918).

cagoulard n. m. Membre du comité secret d'action révolutionnaire (1932-1940).

camisard n. m. Soldat des Bat'd'Af'.

carapatin n. m. Fantassin.

Carrelingue (la) n. pr. La Gestapo (1940-1944).

castor n. m. Prostituée. **Demi-castor,** demi-mondaine.

cent n. m. Cabinets d'aisance.

chamberlain n. m. Parapluie (1937-1939).

choix n. m. Ensemble des filles d'une maison close au salon.

cigue n. m. Vingt francs.

citrouillard n. m. Cuirassier.

cliquet n. m. Revolver.

collignon n. m. Cocher de fiacre.

cul rouge n. m. Fantassin à pantalon garance.

david n. m. Casquette de souteneur (1850-1880).

deffe n. f. Casquette (1880-1930).

doryphore n. m. Soldat allemand (1940).

dos ou *dos vert* n. m. Souteneur.

douanier n. m. Verre d'absinthe.

enfant de chœur n. m. Pain de sucre.

entifler v. t. Épouser.

- -

vanterne n. f. Fenêtre.

vert-de-gris n. m. Soldat de l'armée allemande (1940-1945).

verte n. f. Absinthe.

vitrier n. m. Chasseur à pied.

zazou n. m. et adj. Jeune excentrique (1940-1942). Au f. **zazoute, zazounette.**

zèbre n. m. Déporté des camps nazis (1942-1945).

zéphyr n. m. Fusilier des bataillons d'Afrique.

zig-zig (faire) loc. Faire l'amour (troupes d'occupation allemandes, 1940-1945).

zouzou n. m. Zouave.

fort heureusement, dans les romans et la littérature de leur temps. Loin de nous la pensée de refuser l'usage de ces archaïsmes : comment évoquer la guerre des tranchées sans nos poilus et le Paris de l'occupation allemande sans les zazous ?

Si ce dictionnaire écarte un certain nombre de mots de façon trop subjective (je ne les entends plus), il ne cède pas toutefois aux tentations de la mode. Frédéric Dard (San Antonio) est un de nos grands créateurs de mots et d'images, mais les milieux qui colportent sa verve ne la font pas toujours entrer de plain-pied dans la langue parlée. Le cas du *grisbi* (mot d'argot ancien remis à la mode par le roman d'Albert Simonin, en 1953, et devenu snob) est assez rare : les créations littéraires entrent plus vite dans les dictionnaires que dans la langue. À l'inverse, bien des mots qui traînent au zinc, à la cantine ou sur le chantier tardent à s'y faire accepter. Il leur faut la caution d'une forte personnalité, dont l'autorité et la verve sont indiscutables (comme celles de Charles de Gaulle), pour que les linguistes découvrent leur existence. À cet égard, il est instructif de feuilleter le *Petit Larousse illustré.* En 1936, *chienlit* (chie-en-lit) est un masque de carnaval, une mascarade, un déguisement ; en 1975, le mot a reçu l'acception nouvelle de «désordre, situation politique et sociale très confuse» ; un *quarteron* (dont le sens exact est «quart de cent»), celui de «petit nombre». Mais le *tracassin,* avec le sens d'«humeur inquiète» *(fam.),* fait sourire, car, si tel était bien le sens que lui attribuait le président de la République, la langue populaire connaît aussi l'acception moins ingénue d'«érection matinale».

Quelle est donc la frontière de la langue populaire reçue ou rejetée par les dictionnaires ? Beaucoup d'étrangers possédant une sérieuse culture française se plaignent aujourd'hui de ne pouvoir lire la presse française, du *Monde* à *l'Express* en passant par *Actuel* et *Libé.* Il ne s'agit pas, la plupart du temps, de mots ou de locutions nouveaux (ils ne sont, en ce cas, pas mieux ni moins compris par les lecteurs français que par les étrangers), mais de mots de souche bien française et populaire qui, de la langue parlée, omise dans les dictionnaires, montent peu à peu à la surface de la langue écrite — une langue qui, devant la concurrence de la radio et de la télé, se veut et se doit d'être plus immédiate et plus directe.

Ce retard, somme toute prudent et normal, des dictionnaires ne doit pas pourtant nous incliner à la mansuétude : il manque des mots dans le dictionnaire et tout le monde le sait. Ce sont des mots tabous[1], que nul n'ignore ; mais la plupart de ceux d'entre nous qui les prononcent ne les écriraient pas, ou sont choqués de les lire. La seule pudeur permise dans un dictionnaire est de les enrober dans l'ordre alphabétique.

Je crains moins la critique pudibonde que les protestations des puristes devant la présence d'autres mots, authentiquement vivants mais réprouvés. « On ne doit pas dire *pécunier, mais pécuniaire !* » En effet, j'ai accueilli cette horreur de la langue parlée ! Je suis pourtant de ceux que cet adjectif fait bondir. Je réprouvais tout autant d'autres mots il y a quelques années : « *achalandé* ne veut pas dire *approvisionné...* ». Or, ce contresens est devenu bon sens : l'adjectif *achalandé* est entré avec cette acception nouvelle dans le *Petit Larousse illustré ;* il en sera donc bientôt de même de *pécunier.* Pour employer un mot d'argot du XVe siècle, je ne suis pas la dupe du choix de ce mot et de quelques autres : je demande aux puristes de considérer, dès la première entrée de la lettre A, que je ne souhaite pas que ces mots entrent dans les dictionnaires de la langue écrite ; mais je constate simplement leur présence dans la langue parlée.

Ainsi, que vous le vouliez ou non, que je le veuille ou pas, notre langue évolue... On croyait encore il y a quelques années (on le croit peut-être toujours) que, pour « parler populaire », il suffisait de prendre « l'accent parigot », cet accent traînard (l'accent circonflexe est insuffisant) que les chanteurs des années 30 possédaient naturellement, de Mistinguett à Maurice Chevalier en passant par Henri Garat, dès qu'ils chantaient : « Pârîh, c'est-uneu blon-on-dâeu !... » Nous perdons (c'est la faute à la télé) les variantes régionales de l'accent tonique, les accentuations s'effacent sur les désinences, les consonnes finales disparaissent au profit des voyelles muettes, les nasales chassent les dentales... Les mots à voyelles muettes sont ceux qui souffrent le plus : ils en perdent leur sens ; mais s'il n'y avait pas de risques d'homophonie, serait-ce bien dramatique ? Personne ne semble se plaindre que le langage françois soit devenu le français et Montmertre Montmartre. Nous avons

---

1. — Il y aurait beaucoup à dire sur les mots tabous, qui ne sont pas toujours d'ordre sexuel : une libéralisation des mœurs et des idées passe par celle des mots. C'est beaucoup plus par le choix des entrées que par la rédaction des définitions que l'activité de l'éditeur d'un dictionnaire est loin d'être

depuis longtemps une tendance naturelle à changer l'*a* en *è* ou en *ê*, l'*ou* en *o*, l'*è ouvert* en *é fermé*. C'est ainsi. Mais ce n'est pas tout.

La langue parlée détermine souvent le genre des mots sur leur forme et féminise les noms masculins terminés par un *e muet* («la belle âge, une grosse légume, une clope»). Elle répugne à adopter le singulier où le sens appelle le pluriel («Aucun de nous ne l'avons cru»). À la première personne du pluriel, le pronom *nous* est remplacé par l'*on* singulier («On s'emmerde»).

La négation *ne* est systématiquement omise dans la langue parlée («J'en veux pas. Y-a personne. Il en a qu'une»). Dans l'interrogation, par contre, la langue familière a créé une particule, *ti* ou *til* («Tu viens-ti? Qui c'est-(t)il?»); une autre forme de l'interrogation consiste à rejeter l'interrogatif à la fin («On est où? Ça fait combien? Il est comment?»).

Des prépositions deviennent adverbes («Je suis pour. Ça va avec. Je sors jamais sans»). La préposition *à* indique la possession («Le vélo à ma sœur») ou le rapprochement («Aller au coiffeur»); *en*, la matière («Un cheval en bois»); *de*, la privation ou une relation («Il n'y a pas de chambre de libre»); *après*, le rapprochement («J'ai demandé après toi. Grimper après un arbre»).

Que, pronom relatif, se substitue aux prépositions *où* et *dont* («C'est une chose que tu peux être fier»), mais il est remplacé par *comme* dans les comparaisons («Un chapeau pareil comme le mien»).

Il y a longtemps que l'on se plaint de ces atteintes au «code». Mais cette évolution semble irréversible, et les linguistes parlent moins au public de «règles» que de «difficultés». D'ailleurs la plupart des Français tolèrent ces «incorrections» lorsqu'il s'agit de remettre dans le droit chemin ces diables de verbes irréguliers, soit en les remplaçant par une locution («Bruire = faire du bruit»), soit par substitution («Mouvoir = remuer, déplacer», quand ce n'est pas «mouver»). Le passé

---

innocente : l'accueil ou le refus d'un mot de la langue est toujours partial, quelles que soient les bonnes raisons de ce choix. J'ai tenté d'adopter l'attitude inverse en refusant toute échelle de valeurs. La présence de certains mots dans ce dictionnaire ne doit pas pour autant faire penser que la langue parlée est raciste, xénophobe, obscène et insultante ; la langue écrite n'est pas non plus si savante que pourrait le laisser croire l'abondance des termes techniques et scientifiques dans un dictionnaire classique.

simple est réduit aux modèles des verbes du premier et du deuxième groupe ; il est confondu avec l'imparfait ou remplacé par le passé composé (« Je vins = je suis venu »). L'imparfait du subjonctif a bel et bien disparu, et le présent de l'indicatif remplacera bientôt le subjonctif (« C'est con qu'il est pas venu »). Quant au futur, il semble échapper peu à peu à la psychologie française (« J'irai demain à Paris = Je vais demain à Paris »).

Si ce dictionnaire devait donc être utilisé de façon pratique, il serait nécessaire également d'enseigner au lecteur une grammaire et une syntaxe qui contrediraient celles que la tradition nous a transmises. Heureusement, cet essai d'inventaire n'est pas un manuel de conversation. Tout au plus pourra-t-il aider le lecteur à comprendre et non à dire, à faire des versions et non des thèmes. Il ne s'agit, après tout, que du vocabulaire courant qu'un Français moyen, comme vous et moi, emploie en famille, au travail, au cours de ses distractions innocentes ou non, et dans ses rapports avec l'argent, les femmes et les hommes, quelques métiers en contact avec le public et épisodiquement (car tout arrive dans la vie) avec la police et la pègre. Rien ne doit vous permettre de croire que ce vocabulaire, tel qu'il est imprimé ici, doit demeurer figé : ce serait nier la vie même de ce français parlé. Il serait par ailleurs imprudent d'utiliser sans une certaine circonspection les mots et les locutions que pourrait vous apprendre ce dictionnaire. Il est inutile de demander à un honorable commerçant « s'il a dérouillé ce matin », car il pourrait fort bien ne pas comprendre, ou à votre concierge « si elle en croque », ça pourrait la vexer.

Ce serait une grave erreur de vouloir faire passer du jour au lendemain la langue parlée dans la langue écrite[1], — ou plus simplement d'« écrire comme on parle ». Il vaut mieux se contenter de regarder la première contaminer la seconde. Comme la seconde (écrite) n'évolue guère sans le secours de la première et que la première (parlée) ne cesse d'évoluer, introduire le parlé dans l'écrit reviendrait à les scléroser l'une et l'autre. Voyez ce qu'il advient des mots d'argot (qui ne sont que des « mots de polars ») lorsqu'ils entrent dans les

---

1. — Il ne s'agit pas, naturellement, de « littérature » : Céline, Queneau, Boudard... n'ont que faire de telles remarques.

dictionnaires affublés d'orthographes qui les défigurent. Pour mon compte, je préfère écrire «à croume» qu'«à kroume» (qui fait zouave) et «encrister» qu'«enchrister» (doux Jésus !). Ce serait aussi une erreur de croire que les mots populaires ont une signification précise : c'est l'argot qui est une langue technique, mais non le français parlé, qui adopte souvent des mots pour leur seule sonorité, en modifie ou en détourne le sens. En indiquer l'étymologie serait donc prendre le risque de détourner l'attention du sens actuel. Je me suis contenté seulement de quelques indications d'origine :

largonji, jargon qui substitue la lettre *l* à la première consonne et rejette celle-ci à la fin du mot avec un suffixe libre : *linvé* pour «vingt», *loucherbème* pour «boucher» ;

verlan, jargon revenu à la mode, qui consiste à retourner le mot «à l'envers», syllabe par syllabe : *brelica* pour «calibre», *chicha* pour «haschisch», *laisse béton* pour «laisse tomber».

javanais, jargon qui introduit dans un mot une ou plusieurs fois la syllabe *av* ou *ag : gravosse* pour «grosse» ;

pataouète, que les pieds-noirs d'Algérie ont introduit dans notre langue, avec sa syntaxe : «Ça va pas, la tête ? »

Enfin sont indiqués entre parenthèses des domaines particuliers d'usage, dont les mots peuvent, du jour au lendemain, envahir tout le langage parlé.

Il reste à conseiller la lecture des livres d'Henri Bauche, *le Langage populaire* (Payot, 1920), de Pierre Guiraud, *le Français populaire* (collection «Que sais-je ? », Presses universitaires de France, 1965), de Raymond Queneau, *Bâtons, chiffres et lettres* (collection «Idées», Gallimard, nouvelle édition, 1965) et surtout le *Dictionnaire permanent du français en liberté* d'Albert Doillon (en cours de publication, chez l'auteur, à Paris). Une bibliographie de dictionnaires d'argot, de romans et de recueils de poèmes clôt le livre d'Alphonse Boudard et Luc Estienne, *la Méthode à Mimile (l'argot sans peine),* La Jeune Parque, 1970 ; ils ont eu un précurseur en la personne du dessinateur André Gill, qui publia ses poèmes en langue populaire sous le titre de *la Muse à Bibi, suivi de l'Art de se conduire dans la Société des Pauvres Bougres, par la comtesse de Rottenville* (Librairie des Abrutis, 1879).

« Vous parlerez au peuple la langue du peuple, nette, carrée, pas bégueule, dit André Gill. Voire, vous la parlerez gaiement. Vous appellerez un chat, *un greffier;* un enfant, *un gosse;* un jésuite, un *Jean-fesse;* Alphonse, *un dos;* Mme Florina, *une morue* [...]. Et vous ne confondrez pas la langue énergique, expressive et colorée du travailleur, avec l'argot des coquins. » C'est, un siècle plus tard, un conseil toujours valable. Et s'il vous arrive de sourire, ne croyez pas que ce fut notre but : cela signifie tout simplement qu'une langue vivante est une langue gaie.

François CARADEC

Abréviations employées

abr.	abréviation	*n. m.*	nom masculin
adj.	adjectif	*n. pl.*	nom pluriel
adv.	adverbe	*n. pr.*	nom propre
aéron.	aéronautique	*nég.*	négation
arg.	argot	*péjor.*	péjoratif
ch. de fer	chemin de fer	*polit.*	politique
compt.	comptabilité	*pompes fun.*	pompes funèbres
ecclés.	ecclésiastique	*pop.*	populaire
étud.	étudiant	*pr.*	propre
ex.	exemple	*pr. ind.*	pronom indéfini
exclam.	exclamation	*prép.*	préposition
fam.	familier	*prost.*	prostitution
fig.	figuré	*scol.*	scolaire
impr.	imprimerie	*spect.*	spectacle
interj.	interjection	*suff.*	suffixe
loc.	locution	*télécom.*	télécommunications
loc. adj.	locution adjective	*V.*	voir
loc. adv.	locution adverbiale	*v. i.*	verbe intransitif
mar.	marine	*v. pr.*	verbe pronominal
milit.	militaire	*v. t.*	verbe transitif
n.	nom	*vulg.*	vulgaire
n. f.	nom féminin	*vx*	vieux

Vocabulaires thématiques

* thèmes illustrés

« Aujourd'hui, Mesdames, je vais vous donner de l'argot, du patois, c'est-à-dire du bas langage, du langage populaire, trivial... »

Pierre Larousse

à prép. Se dit pour DE : *Le vélo à ma sœur;* CHEZ : *Aller au coiffeur.*

abattage n. m. Brio, entrain, supériorité : *Avoir de l'abattage.* ‖ *Avoir de la graisse d'abattage,* avoir de l'énergie, une supériorité certaine. ‖ *Faire de l'abattage* (pour les prostituées), abattre l'ouvrage en série, rapidement (arg.).

abattis n. m. Bras. — Au pl. Membres (du corps humain). ‖ *Numérote tes abattis,* défi avant la lutte.

abattre (ne pas se laisser) loc. Manger de bon appétit, sans aucun souci : *Te laisse pas abattre, reprends du calendo.*

abord (d') et d'une loc. adv. Tout d'abord, premièrement : *D'abord et d'une, enlevez votre chapeau, on causera après.*

abouler v. t. Apporter, donner : *Aboule ton fric.*
◆ **abouler (s')** v. pr. Venir, arriver : *Il va encore s'abouler avec son boudin!*

aboyeur n. m. Huissier; crieur.

abricot n. m. Sexe de la femme.

abus (il y a de l') loc. C'est exagéré, abusif, injuste : *Y a un peu d'abus!*

acc (d') ou **dac!** interj. D'accord!, entendu!

accident n. m. Situation délicate (poursuite judiciaire, arrestation, faillite) : *Il ne se montre plus dans le quartier depuis son accident.*

accommoder v. t. Maltraiter, par des coups ou des paroles : *Il n'a qu'à venir ici, je vais l'accommoder.* ‖ *Accommoder à toutes les* *sauces,* employer quelqu'un ou quelque chose à divers travaux, divers usages.

accordéon (faire l') loc. Se dit d'une file de voitures ou d'un peloton de coureurs cyclistes, qui s'allonge et se raccourcit par à-coups.

accorder ses violons loc. Se mettre d'accord sur une attitude à tenir.

accoucher v. i. Se décider à parler : *Alors, t'accouches ?* ‖ Manquer de décision ; s'attarder : *T'arrives ou t'arrives pas ? Qu'est-ce que tu fais, t'accouches ?*

accro adj. Accroché*, drogué.

accroché (être) v. pas. Avoir des dettes. — Être amoureux. — Être drogué. ‖ Être courageux, endurant, tenace, les avoir bien accrochées (signe de virilité). ‖ *Être* ou *rester accroché, se faire accrocher,* être arrêté, appréhendé : *À la fin de la manif, on s'est fait accrocher.*

accrocher v. i. Capter l'attention. ‖ Commencer à prendre intérêt, à réussir : *Les maths, ça va, mais l'anglais, il accroche pas encore.*
◆ **accrocher (se l')** loc. Être privé : *Si tu comptes là-dessus, tu peux te l'accrocher.*

accrocheur n. et adj. Tenace, opiniâtre : *Un représentant accrocheur.*

ac-crochez les wagons ! Exclamation après l'émission d'un rot sonore (la première syllabe est formée par l'éructation).

accroch'man (être), être accroché* (même sens).

accueil (comité d') n. m. Groupe de policiers qui prennent (brutalement) en charge les individus raflés, à leur arrivée au poste de police (s'applique à toute forme d'« accueil » désagréable).

accus (recharger les) loc. Prendre une nouvelle consommation. ‖ Prendre un repos réparateur.

accuser le coup loc. Montrer par ses réactions qu'on a été touché (pr. et fig.) — Recevoir le coup sans broncher (fig.).

achar (d') adv. Avec ardeur, avec acharnement. ‖ *D'autor et d'achar,* sur-le-champ et avec décision.

acid n. m. L. S. D. (drogue).

acompte n. m. Avant-goût : *Tenez, mangez, c'est un petit acompte.* ‖ *Prendre un acompte,* avoir des rapports sexuels avant le mariage.

acré interj. Attention ! Danger ! Vingt-deux* ! : *Acré, v'là les flics !*

actions en hausse ou **en baisse (avoir ses)** loc. Jouir d'une popularité, d'une faveur plus ou moins grande.

Adam (en costume d') loc. Nu (homme).

adieu (pouvoir dire) loc. Constater une disparition définitive : *Si c'est Gaston qui te l'a emprunté, ton briquet, tu peux lui dire adieu !* ‖ *Adieu Berthe !* Interj. : Rien à faire, tout est perdu : *Si tu paumes une roue à 140, adieu Berthe !* — *Adieu la valise !* même sens.

adjas (mettre les) loc. Décamper, prendre la fuite : *Rien qu'à voir sa gueule, j'ai mis les adjas.*

adjudant n. m. Individu autoritaire : *Sa femme, c'est un adjudant.*

adjupète n. m. Adjudant*.

ado adj. et n. Adolescent.

afanaf ou **afnaf** loc. adv. Moitié-moitié, fifti-fifti* (de l'anglais *half and half*).

affaire n. f. Projet plus ou moins licite ; mauvais coup (arg.) : *Je suis sur une affaire.* ‖ Difficulté ou ennui judiciaire (généralement au passé : procès, accident*, etc.) : *Il fait cette gueule-là depuis son affaire.* ‖ *Faire* ou *régler son affaire*, appliquer le traitement qui convient (châtier, corriger ; tuer). ‖ *Avoir ses affaires*, avoir ses règles.

affaler (s') v. pr. Avouer (en dénonçant des complices), s'allonger* (arg.).

affection (être en retard d') loc. N'avoir pas fait l'amour depuis un certain temps.

affiche n. f. Celui qui « affiche » exagérément des allures homosexuelles : *Qu'Henri soit une tante, je m'en fous ; mais je peux plus sortir avec lui, c'est une affiche.* ‖ *Faire l'affiche, jeter de l'affiche*, s'afficher ostensiblement pour paraître affranchi.

affiché (c'est) loc. C'est certain.

afficher (s') v. pr. Se faire remarquer par sa mauvaise tenue, par ses mauvaises fréquentations.

affirmatif adv. Oui (télécomm., armée).

affranchi adj. et n. Qui a rejeté tout scrupule, tout souci de morale. ‖ Qui observe les règles d'honneur du milieu (arg.).

affranchir v. t. Initier (arg.) : *À treize ans, elle était affranchie.* ‖ Informer, avertir : *Raymond était pas au courant, mais je l'ai affranchi.* ‖ Gagner à sa cause, corrompre (arg.) : *Tu peux y aller, le bignolon est affranchi.*

affreux n. m. Individu dangereux ; antipathique : *T'as vu l'autre affreux ?* ‖ Mercenaire européen.

affront n. m. Offense bénigne : *Vous ne me ferez pas l'affront de refuser un troisième verre ?* ‖ Faire fiasco : *Edgar ? Tu sais pas ? Il m'a fait un affront !*

affure ou **afflure** n. m. ou f. Bénéfice, profit. ‖ Avance dans le temps ou dans l'espace : *J'arriverai avant lui, j'ai de l'affure.*

affurer v. t. Rendre productif : *Faire affurer son fric.* ‖ Gagner une course (à l'infinitif) : *En affurer une.* ‖ Parvenir, atteindre : *Mon garçon affure ses vingt berges.* ‖ v. i. Gagner, trafiquer : *Qu'est-ce que je fais ? J'affure à droite et à gauche.*

affûter la forme loc. S'entraîner en vue d'une amélioration (sport).

afghan n. m. Haschisch d'Afghanistan (drogue).

-aga suff. argotique. Poulet, *poulaga* ; pastis, *pastaga* ; gonflé, *gonflaga.*

agace-machin n. m. Démangeaison.

agacer le sous-préfet loc. Se masturber.

agates n. f. pl. Yeux.

agglo n. m. Matériau aggloméré.

agiter (les) loc. S'enfuir, partir, « agiter les jambes ».

agobilles n. f. pl. Testicules.

agoniser v. i. Se dit pour AGONIR : *Agoniser d'injures.*

agrafer v. t. Appréhender : *Se faire agrafer à la sortie.* ‖ Saisir, voler : *Agrafer un portefeuille.*

agri n. m. Élève d'une école d'agriculture.

agricher v. t. Saisir durement. ‖ Appréhender, arrêter.

agriffer v. t. Saisir, agricher*, agrafer*.

agrinche n. m. Faux voyou (arg.).

agro n. m. Élève de l'Institut national agronomique.

aidé (pas) adj. Pas beau, pas favorisé par la nature : *La nénette à Popaul, elle est pas aidée.*

ail n. m. *Sentir l'ail, taper* l'ail, manger de l'ail,* être ou paraître lesbienne. (V. GOUSSE.)

aile n. m. Bras. — *Battre des ailes,* gesticuler exagérément (spect.). ‖ *Battre de l'aile, ne battre que d'une aile,* être en difficulté, mal en point. ‖ *En avoir* ou *avoir un coup dans l'aile,* être légèrement ivre. ‖ *Virage sur l'aile,* virage pris très serré (auto).

‖ *Voler de ses propres ailes,* agir seul, sans aide. ‖ *Rogner les ailes de quelqu'un,* l'empêcher d'agir en lui retirant son autorité.

aileron n. m. Bras, aile*.

aimer v. t. *Aimer autant,* préférer : *J'aime autant ça.* — *J'aime autant* (ou *mieux*) *vous dire que,* je préfère vous prévenir, vous mettre en garde. ‖ *Va te faire aimer,* insulte : va te faire fiche.
◆ v. i. *Aimer de,* se dit pour AIMER (v. t.) : *J'aime de marcher.*

air n. m. [vent, souffle, hauteur]. Parfois, au f. : *L'air est fraîche.* ‖ *Allez ! de l'air !,* allez-vous-en !, va-t'en ! ‖ *Courant d'air,* indiscrétion, bruit qui court. ‖ *Ne pas manquer d'air,* avoir du toupet. ‖ *Avoir de l'air dans son porte-monnaie,* être sans un sou. ‖ *Il me pompe l'air,* il m'importune. ‖ *Déplacer de l'air,* s'agiter, se faire remarquer. ‖ *Se donner de l'air,* s'évader. — *Jouer la fille de l'air,* s'évader. ‖ *S'envoyer en l'air,* se suicider ; s'entre-tuer. — Faire l'amour. — Se droguer. ‖ *Faire une partie de jambes en l'air,* faire l'amour. ‖ *L'avoir en l'air,* être en érection. ‖ *Ne pas tenir en l'air,* ne pas tenir debout. ‖ *Mettre en l'air,* mettre en désordre. Tuer.

air n. m. [allure]. *Ça en a tout l'air,* ça en a l'apparence : *Il va pleuvoir. Ça en a tout l'air.* ‖ *Ça n'a l'air de rien, mais...,* c'est plus difficile qu'il ne paraît. ‖ *Avoir un faux air de,* avoir les apparences. ‖ *Prendre un petit air penché,* se dit d'un objet qui menace de tomber. ‖ *Avoir l'air fin,* avoir été trompé, floué : *Tu as joué, tu as perdu : t'as l'air fin !* ‖ *Avoir plutôt l'air* *d'un con que d'un moulin à vent,* avoir l'air d'un parfait imbécile. ‖ *Avoir l'air con et la vue basse,* avoir l'air idiot.

air n. m. [mélodie]. *En avoir l'air et la chanson,* être réellement ce qu'on paraît. ‖ *En jouer un air, jouer un air de flûte, jouer des flûtes,* prendre le large, s'enfuir. (V. FLÛTE.)

alfa n. m. Chevelure. — *N'avoir plus d'alfa sur les hauts plateaux,* être chauve.

Alfred. V. BONJOUR.

aligner v. t. *Les aligner,* payer : *C'est à ton tour de les aligner.*
◆ **aligner (s')** v. pr. *S'aligner avec,* se préparer à lutter avec quelqu'un (au pr. et au fig.). — Ne pas être de taille à se mesurer à un adversaire : *Tu peux toujours t'aligner !*

alla n. m. Vin d'honneur bu sur le tas « à la » santé de quelqu'un ou à un succès.

aller v. i. Aller, déféquer : *Je trouve que le petit va beaucoup.* ‖ *Aller à.* Se dit pour ALLER CHEZ : *Aller au coiffeur.* ‖ *Aller en.* Se dit pour ALLER À : *Aller en bicyclette.* ‖ *Aller avec,* accompagner : *Il y a une clef qui va avec.* — *Aller avec une femme,* faire l'amour. ‖ *Aller sur,* atteindre bientôt un certain âge : *Il va sur ses dix-huit ans.* ‖ *Y aller mollo* ou *doucement,* agir avec douceur, avec précaution. ‖ *Aller fort,* exagérer. — *Aller mal,* exagérer beaucoup, dire des folies : *Tu trouves peut-être que je vais fort, mais toi tu vas mal !* ‖ *Y aller de,* commencer à, se décider à : *Y aller de son boniment ; y aller*

de ses sous. ‖ *Aller chez Malva,* mal aller, être en mauvaise santé (verlan). ‖ *Aller à dame,* tomber, faire une chute (généralement provoquée). ‖ *Aller au charbon* ou *au chagrin,* aller au travail, à la recherche d'un travail. ‖ *Aller au cri,* dénoncer. ‖ *Aller aux renseignements,* se renseigner sur le dos de la complaisance d'une femme par des caresses indiscrètes. ‖ *Aller à Rome sans voir le pape,* frôler la victoire (à la pétanque, par ex.). ‖ *Ne pas y aller par quatre chemins,* agir ou parler sans détour. ‖ *Ne pas y aller avec le dos de la cuillère,* dépasser la mesure. ‖ *Ça y va, la manœuvre !* Se dit d'une action rapide et soutenue. ‖ *Aller se rhabiller,* être contraint d'abandonner, de renoncer. ‖ *Je m'en vais vous le dire.* Se dit pour JE VAIS VOUS DIRE. ‖ *S'en aller,* mourir. ‖ *S'en aller de,* être gravement malade de : *S'en aller de la caisse.* ‖ *Faire aller,* faire comme si tout allait bien, naturellement : *Ça ne va pas fort, mais on fait aller.* ‖ *Faire en aller.* Se dit pour FAIRE PARTIR, FAIRE S'EN ALLER. ‖ *S'être en allé.* Se dit pour ÊTRE PARTI : *Je me suis en allé.* ‖ *Allez vous faire...* (suivi d'un infinitif) ou *va te faire foutre.* Insulte.

alloc ou **alloque** n. f. Allocation (de chômage, par ex.). Au pl. : les Allocations familiales.

allongé n. m. Mort (seulement dans les locutions suivantes) : *Être aux allongés,* être mort (spécialement dans un hôpital : être à la morgue). — *Le boulevard des allongés,* le cimetière.

allonger v. t. Porter un coup : *Allonger une tarte.* — Renverser, étendre (boxe); abattre, tuer. ‖ Payer : *Tu peux les allonger.* ‖ *Allonger les compas*, marcher vivement. ‖ *Allonger les oreilles*, réprimander. ‖ *Allonger la sauce*, compléter une somme déjà payée, augmenter une addition; délayer un rapport, un discours, un article, pour le rendre plus long.

◆ **allonger (s')** v. pr. Avouer en dénonçant, trahir. ‖ Se laisser battre, contre argent (sport) : *Il s'est allongé au premier round.*

allouf n. f. Allumette : *Passe-moi les alloufs.*

allumage (avoir du retard à l') loc. Comprendre seulement après un certain temps de réflexion.

allumer v. t. Guetter, regarder. *Fais gaffe : allume les flics!* ‖ *Allume!* Interj. : Dépêche-toi! ‖ Aguicher : *Elle allume, mais ça ne va pas plus loin.*

allumeuse n. f. Femme provocante, aguichante (qui souvent promet plus qu'elle ne tient). — Entraîneuse de bar.

alpague n. f. Veste. — *Les avoir sur l'alpague*, être recherché par la police, avoir les policiers « sur le dos ».

alpaguer v. t. Appréhender, mettre la main sur le paletot* : *Tu vas te faire alpaguer.* — *Être alpagué* ou *alpaga*, être arrêté.

alu n. m. Aluminium.

amalgame n. m. Confusion volontaire des faits pour contredire un adversaire (polit.).

amarres (larguer les) loc. Partir.

amazone n. f. Prostituée en automobile.

amende n. f. Imposition forcée, racket : *Mettre à l'amende* (arg.). ‖ Indemnité due par une prostituée pour se libérer d'un proxénète, ou par un proxénète à son prédécesseur (arg.).

amener v. t. Apporter : *Amène une boutanche.*

◆ **amener (s')** v. pr. Venir, arriver.

américain n. m. Compère jouant le rôle du personnage riche et naïf dans une escroquerie (arg.).

américain adj. *Avoir l'œil américain*, juger d'un coup d'œil avec précision.

amerlo, amerloque ou **amerluche** adj. ou n. Américain (des États-Unis).

amiable (faire un gars à l') loc. Se faire donner un portefeuille par un passant par la menace, mais sans violence (arg.).

ami-ami (faire) loc. Conclure une amitié réciproque; se réconcilier.

amochage n. m. Traces de coups (sur une carrosserie d'auto, par ex.).

amorti adj. Fatigué, somnolent.

amortisseurs n. m. pl. Seins : *Une belle paire d'amortisseurs.*

amour n. m. *Faire l'amour*, s'accoupler. — *Amour vache*, amour brutal, succession de caresses et de coups. ‖ *À vos amours!* Formule de toast ou de souhait après un éternuement.

amphés n. f. pl. Amphétamines (drogue).

amphi n. m. Amphithéâtre ; cours magistral (étud.). ‖ Morgue (hôpitaux).

amphibie n. m. Individu louche : *Qu'est-ce que c'est que cet amphibie ?* ‖ Ouvrier qui assume plusieurs emplois (généralement réservés à des ouvriers spécialisés).

ampli n. m. Amplificateur de son.

amusant adj. *C'est amusant,* se dit d'un objet sans valeur, sans style et sans intérêt (brocante).

amuse-gueule n. m. inv. Première partie d'un spectacle, avant les numéros à sensation.

amuser le tapis loc. Détourner l'attention. ‖ Jouer une mise très faible, avant de commencer sérieusement le jeu.

amygdales (lécher les) loc. Embrasser sur la bouche.

ananas [ananass'] n. m. Grenade défensive manuelle. ‖ Seins.

anar n. m. et adj. inv. Anarchiste.

Anatole n. pr. plaisant. *Ça colle, Anatole ?,* comment ça va ?

ancêtre n. m. Vieillard. — Surnom donné au plus âgé, à un ancien : *Alors, l'ancêtre, tu te magnes le train ?*

ancien n. m. Commerce d'objets anciens : *Faire l'ancien* (brocante, librairie).

ancien adj. *L'ancien temps,* le passé historique. — *Livre ancien,*

qui a plus de cinquante ans d'âge. — *Meuble ancien,* copie ancienne (brocante). ‖ *Passé dans l'Ancien Testament,* se dit d'un prêtre rétrograde (ecclés.).

andouille n. f. Niais, imbécile : *Une sacrée andouille.* — Étourdi, dissipé, irréfléchi : *Arrête de faire l'andouille.* ‖ *Andouille de calcif,* membre viril.

âne n. m. *Bougre d'âne.* Insulte. ‖ *Être monté comme un âne,* avoir des parties viriles très développées.

ange n. m. Ange gardien, garde du corps. ‖ Au pl., agents de police.

anglais n. m. pl. *Avoir ses anglais,* avoir ses règles.

anglaise adj. f. *Capote anglaise,* condom, préservatif masculin.

anglaiser v. t. Violer, sodomiser (arg.). ‖ Entôler (arg.).

angliche n. et adj. Anglais.

anguéyer v. t. Entraîner, amener : *Viens pas seul, angueye une copine avec toi.*

anguille de caleçon n. f. Membre viril.

annexe n. f. Le débit de boisson le plus proche du lieu de travail : *Ils sont à l'annexe.*

annoncer la couleur loc. Préciser d'avance ses opinions et ses intentions.

antigel n. m. Verre de marc.

antisèche n. m. ou f. Répertoire de notes utilisé en fraude à un examen. — Notes d'un professeur ou d'un conférencier.

apéro n. m. Apéritif.

aplatir v. t. Oublier une offense, fermer les yeux : *Aplatir le coup.*
◆ **aplatir (s')** v. pr. Tomber, s'allonger. ‖ Ne pas insister.

appe n. m. Appartement.

appel n. m. Œillade. ‖ *Appel au peuple,* emprunt.

appeler (s') v. pr. *Il s'appelle Reviens.* Se dit d'un objet dont on demande le retour.

appuyer (s') v. pr. Subir, supporter : *Le gros Léon, ça va encore, mais c'est sa nénette qu'il faut s'appuyer.*

aprèm' n. m. Après-midi : *À c't'aprèm'!*

après prép. Se dit pour À, CONTRE : *Monter après un arbre.* ‖ Se dit pour DERRIÈRE : *Je lui ai crié après, je lui ai couru après* (et non : j'ai couru après lui).

aquarium n. m. Bureau vitré.

aquiger v. i. Faire mal, avoir mal : *Les pinceaux m'aquigent.*

araignée n. f. *Avoir une araignée dans le* ou *au plafond,* être un peu fou. ‖ *Avoir des toiles d'araignée,* ne pas servir fréquemment. ‖ *Faire patte d'araignée,* caresse intime avec les doigts.

arbalète n. f. Croix : *Un défilé de ratichons portant leur arbalète.* ‖ Membre viril.

arbette n. m. Travail.

arbi ou **arbicot** n. m. Arabe, bicot*.

arbre (monter à l') loc. S'échauffer, se mettre en colère.

arcagnats ou **arcagnasses** n. m. pl. Règles.

arcan n. m. Voyou, truand.

arche n. m. Postérieur. — *Tu me fends l'arche,* tu m'importunes, tu me les casses*.

archer ou **archer du roi** n. m. Agent de police.

archi- préf. Extrêmement, tout à fait : *Une salle archicomble; une histoire archiconnue.*

archi n. m. Élève architecte; architecte (étud.).

archicube n. m. Ancien élève de l'École normale supérieure (étud.).

ardillon n. m. Membre viril.

ardoise n. f. Compte de marchandises achetées à crédit chez un petit commerçant : *Je suis tricard au tabac, j'ai une ardoise.* ‖ Urinoir : *Prendre une ardoise à l'eau.*

-arès ou **-aresse** suff. arg. ajouté aux participes passés ou aux infinitifs des verbes du premier groupe : bouclé, *bouclarès;* étouffé, *étouffaresse;* etc.

arêtes n. f. pl. Côtes : *Un costard minable sur les arêtes.*

argomuche n. m. Argot : *Jaspiner l'argomuche* (arg.).

argougner v. t. Saisir, attraper; appréhender : *Il s'est fait argougner en sortant du cinoche.*

aristo n. m. Aristocrate, noble; membre des classes possédantes.

aristocé adj. Rassis (boucherie).

arlo n. m. Marchandise de rebut.

armoire à glace n. f. Individu grand, large et costaud.

armoire à sons n. f. Piano.

arnaque n. f. Escroquerie, tromperie : *Ce concours à la flan, c'est de l'arnaque.*

arnaquer v. t. Escroquer : *N'entre pas là, tu vas te faire arnaquer.* ‖ Appréhender : *Se faire arnaquer par les poulets.*

arnaqueur (euse) n. et adj. Escroc, tricheur.

arno adj. inv. Furieux.

arpinche n. m. Avare, pingre.

arpion n. m. Pied : *Le dur, c'est l'endroit idéal pour se faire écraser les arpions.*

arquepincer v. t. Appréhender, arrêter.

arquer v. i. Marcher : *Je peux plus arquer.*

arraché n. m. *Un coup d'arraché,* vol important, d'exécution rapide (arg.). ‖ *À l'arraché,* avec un effort violent.

arracher (s') v. pr. S'évader : *Il a réussi à s'arracher de la Santé.*

arrangeman ou **arrangemané** adj. Atteint d'une maladie vénérienne, contaminé.

arranger v. t. Maltraiter, blesser : *Ils l'ont bien arrangé, les flics !*
◆ **arranger (s')** v. pr. Régler ses comptes (au pr. et au fig.) :

Laisse-les s'arranger tous les deux, c'est leurs oignons. ‖ *Se faire arranger,* se faire duper au cours d'un achat. ‖ Contracter une maladie vénérienne.

arrière-saison (sentir l') loc. Vieillir.

arrière-train n. m. Postérieur : *Un coup de pompe dans l'arrière-train.*

arrondir ses fins de mois loc. Augmenter son salaire par des petits jobs*, y compris par la prostitution.

arrosage n. m. Invitation à boire, à arroser* un événement.

arroser v. t. Inviter à boire pour fêter un événement. ‖ Boire en mangeant : *Arroser son steak d'un bon coup de rouge.* — *Café arrosé,* dans lequel on a versé un petit verre d'alcool. ‖ Verser de l'argent pour obtenir un privilège, corrompre. ‖ Tirer avec une arme automatique.

arroseuse n. f. Mitraillette. ‖ *Arroseuse municipale,* mitraillette (police).

arsouille n. et adj. Voyou.

arsouiller (s') v. pr. S'encailler, se débaucher, se saouler.

Arthur (se faire appeler) loc. Se faire réprimander.

artiche n. m. Argent : *Je n'ai plus d'artiche.* ‖ Portefeuille. ‖ Postérieur : *Le toubib m'a filé une picouse dans l'artiche.*

article n. m. *Faire l'article,* faire valoir une marchandise ou un projet en les vantant. ‖ *Être porté* *sur l'article,* rechercher les plaisirs de l'amour.

artillerie n. f. Arme à feu individuelle. ‖ Ensemble des moyens dont dispose un sportif. ‖ Dés pipés.

artiste n. m. Fantaisiste, peu sérieux dans le travail.

as n. m. Personne qui excelle dans sa spécialité : *Un as de la pédale.* ‖ Alibi : *Ils peuvent pas m'alpaguer, j'ai un as.* ‖ Table numéro un (cafés, restaurants) : *Un demi à l'as !* ‖ *Passer à l'as,* escamoter ; passer sous silence. ‖ *Foutu comme l'as de pique,* malbâti, mal habillé ; imparfait, bâclé.

ascenseur (renvoyer l') loc. Répondre à une complaisance, à un service, par une action comparable : *Vas-y franco, il te renverra l'ascenseur.*

asperge n. f. Membre viril. — *Aller aux asperges,* pour une prostituée, faire le trottoir. ‖ Personne grande et maigre.
◆ n. f. pl. Chaussures à talons aiguilles.

asphyxier v. t. Faire disparaître, étouffer* : *Asphyxier un perroquet.* ‖ Voler, dérober.

aspirine (bronzé comme un cachet d') loc. Qui a le teint pâle.

assaisonner (se faire) v. i. Recevoir des coups. ‖ Être condamné à une lourde peine : *Les guignols ne lui ont pas fait de cadeau, il s'est fait salement assaisonner.*

asseoir v. t. Stupéfier : *Il m'a assis, avec ses vannes.* — *En rester assis.*

assiette n. f. *L'assiette au beurre,* le pouvoir et ses avantages.
◆ n. f. pl. *Les assiettes,* la cour d'assises (arg.).

assir (s') v. pr. Se dit pour S'ASSEOIR : *Assis-toi,* assieds-toi. *Assistez-vous,* asseyez-vous (par plaisanterie).

assistance n. f. Secours à un détenu (argent, vêtements, nourriture).
◆ n. pr. Assistance publique : *Il est de l'Assistance.*

assister v. t. Porter assistance* : *Son homme est en cabane, elle l'assiste.*

assurer v. i. Être compétent : *J'assure en anglais.* ‖ Avoir de l'allure : *Avec son futal, il assure.*

astape (c'est) loc. adv. C'est très drôle ; c'est renversant, stupéfiant.

astibloche n. m. Asticot (pour la pêche). [V. BLOCHE.]

asticot n. m. Individu petit que l'on toise de haut : *Qu'est-ce qu'il cherche, cet asticot ? Ma main sur la gueule ?*

asticoter v. t. Taquiner, harceler.

astiquer (s') v. pr. Se masturber : *Être de la maison j't'astique.*

astuce n. f. Plaisanterie, jeu de mots. — *Astuce vaseuse,* mauvais jeu de mots.

athlète n. m. Billet de 100 F.

atout n. m. Coup reçu : *Ma guinde a pris un atout.*

atrocement adv. Excessivement : *Je me suis fait atrocement chier.*

attelé (être) v. i. Être bigame ; entretenir deux femmes (l'une légitime et l'autre non, par ex.). — Se dit aussi d'un proxénète qui exploite plusieurs femmes (arg.).

attiger v. t. Exagérer : *Attiger la cabane.* ‖ Bousculer, frapper ; tuer (arg.). ‖ Transmettre une maladie vénérienne (arg.).

attributs n. m. pl. Testicules.

attriquer v. t. S'approprier (arg.). ‖ Acheter (arg.).

auberge (n'être pas sorti de l') loc. Ne pas être encore tiré d'affaires, n'en avoir pas encore fini avec les embêtements, n'être pas encore hors de danger.

aubergine n. f. Nez (rouge), visage : *Il a bloqué une pêche dans l'aubergine.* — *Monter l'aubergine,* donner un coup au visage.

Auguste (tout juste,) ! exclam. Naturellement, c'est évident !

aussi... que loc. adv. Se dit pour SI... QUE : *Aussi curieux que ça paraisse.* ‖ *Aussi... comme* loc. adv. Se dit pour AUSSI... QUE : *Aussi bête comme toi, j'en connais pas.* ‖ *Aussi sec* adv. Immédiatement : *Dès que ça vase, aussi sec j'ouvre mon pébroque.*

auto (d') ou **d'autor** loc. adv. Sans discussion, sans hésiter, de manière absolue ; bessif* : *D'auto, on a décidé qu'on irait au cinoche.*

autobus n. f. Prostituée occasionnelle. ‖ *Suppositoire d'autobus,* petite voiture automobile.

autre adj. ind. *Comme dit l'autre,* comme on dit, comme dit un auteur supposé. ‖ *L'autre,* désignation méprisante : *Tu as vu la tête que faisait l'autre ?* ‖ *Vous en êtes un autre !* riposte à une épithète insultante. ‖ *À d'autres !* (sous-entendu : plus crédules que moi), je ne vous crois pas.

auvergnat n. m. et adj. Juif. ‖ Yiddish ; langue incompréhensible : *J'entrave rien de ce qu'il dit, il parle auvergnat.*

auverpin ou **auverploum** n. m. et adj. Auvergnat.

auxi n. m. Auxiliaire.

auxipatte n. m. Militaire d'un service auxiliaire.

avaler son bulletin de naissance ou **l'avaler** loc. Mourir. ‖ *Avaler la fumée* loc. Pratiquer la fellation et la spermophagie.

avantage n. m. *Faire un avantage,* rendre service sans contrepartie ; faire une remise sur un prix fixé d'avance.
◆ n. m. pl. Seins.

avant-scène n. f. Poitrine de femme débordante : *Ses avantages lui font une belle avant-scène.*

avaro n. m. Mésaventure, accident, « avarie ». — *Subir des avaros,* des avanies, des embêtements.

avec adv. *Il faut faire avec,* il faut se contenter de cela et de rien d'autre.

aviron n. m. Cuillère.

avocat n. m. Beau parleur, complice d'un escroc (arg.).

avoine n. f. Volée de coups : *S'il*

ouvre sa gueule, je lui file une avoine.

avoir v. t. *Avoir quelqu'un,* le duper, le tromper (celui qui *est eu* est la victime). ‖ *L'avoir,* avoir la syphilis. ‖ *En avoir* (sous-entendu : des couilles, du poil au cul), être courageux. ‖ *L'avoir sec,* être contrarié, vexé : *Après les entourloupes qu'il m'a faites, je l'avais sec.* ‖ *L'avoir en l'air,* être en érection.

azimut n. m. *Dans tous les azimuts,* dans toutes les directions, un peu partout : *Il y avait des flics dans tous les azimuts.* ‖ *Tous azimuts,* à usage multiple.

azimuté adj. Fou, détraqué, choqué (qui a « perdu la boussole »).

Azor (appeler) loc. Siffler (spect.).

baba n. m. Sexe de la femme. ‖ Postérieur. ‖ *L'avoir dans le baba,* perdre, manquer, rater, l'avoir dans le dos*, dans l'os*.
◆ adj. *Être baba, rester baba,* être étonné, stupéfait.

babasse n. f. Billard électrique (flipper).

babillard n. m. Avocat. ‖ Aumônier. ‖ Journal. — Tableau d'affichage d'offres d'emplois.

babillarde, babille n. f. Lettre, missive. ‖ Montre-bracelet.

babin n. m. Bouche.

babines n. f. pl. Lèvres : *S'essuyer les babines.*

babouines n. f. pl. Joues ; lèvres, babines*.

bac n. m. Baccalauréat.

bacantes ou **bacchantes** n. f. pl. Moustaches : *Oh ! les belles bacantes !*

baccara n. m. Faillite, misère. ‖ *Être en plein baccara,* être sans réaction, avoir des soucis.

bâche n. f., ou **bâchis** n. m. Casquette. ‖ Draps, couvertures : *Se mettre dans les bâches.*

bâcher (se) v. pr. Se couvrir la tête. ‖ S'habiller. ‖ Se mettre au lit, se pager*.

bachot n. m. Baccalauréat.

bachotage n. m. Action de bachoter*.

bachoter v. i. Préparer un examen en apprenant le maximum de matières dans le minimum de temps.

bada n. m. Chapeau. — *Le petit bada rouquinos,* le petit Chaperon rouge. ‖ *Porter le bada,* couvrir, prendre la responsabilité, souvent malgré soi ; avoir mauvaise réputation.

badigoinces n. f. pl. Lèvres : *Les travelots se collent du rouge aux badigoinces.*

badines n. f. pl. Jambes.

badour adj. inv. Beau, belle. — Agréable : *C'est badour, une petite cagna à la cambrousse, avec un clebs et un greffier.*

baffe n. f. Gifle : *L'autorité ? Une bonne paire de baffes sur la gueule.*

baffer v. t. Donner une baffe* : *Toi, je vais baffer ta gueule !*

baffi n. f. Moustache.

bafouille n. f. Lettre, babille*.

bâfre n. f. Moustache et barbe.

bagatelle n. f. Amour physique : *Ne penser qu'à la bagatelle.*

bagne n. m. Lieu de travail (atelier, bureau, école, etc.).

bagnole n. f. Automobile.

bagot n. m. Bagage. — *Faire les bagots,* voler les bagages dans les coffres de voitures, les halls de gare, etc. (arg.).

bagotier n. m. Celui qui s'offre à charger ou décharger les bagages dans les gares, contre un pourboire.

bagotter v. i. Aller à pied, se promener.

bagougnasses n. f. pl. Lèvres.

bagouler v. t. Bavarder, débagouler*.

bagouse n. f. Bague. ‖ Anus.

bague n. f. Anus.

baguettes n. f. pl. Jambes. — *Filer un coup de baguette* ou *dans les baguettes,* acte de possession d'un homme sur une femme. ‖ *Baguettes de tambour,* cheveux courts et raides.

bahut n. m. Lycée, collège, boîte (arg. scol.). ‖ Taxi, automobile : *Griffer un bahut.* ‖ Camion.

bahuter (se) v. pr. Se masturber.

baigner dans l'huile, dans le beurre ou **dans la margarine** loc. Marcher parfaitement, bien tourner (moteur) : *Ça baigne dans le beurre.* Au fig. : *La santé, le pognon, les gonzesses, en ce moment tout baigne dans l'huile.*

baigneur n. m. Postérieur. ‖ Corps porté en terre (arg. croquemorts). ‖ Fœtus.

baignoire n. f. Torture par immersion de la tête.

bail n. m. Long terme. — *Il y a un bail, ça fait un bail,* il y a longtemps.

baille n. f. Baquet, tinette (mar.). ‖ L'eau ; la mer : *Tous à la baille !* ‖ *La Baille,* l'École navale. ◆ adj. inv. Qui a trait à l'École navale : *L'argot baille, une chanson baille.*

bain n. m. *Être dans le bain,* être compromis dans une affaire. ‖ *Plaisanterie de garçon de bains,* plaisanterie idiote. ‖ *Envoyer au bain,* envoyer promener, éconduire.

baisage n. m. Accouplement.

baise n. f. Amour physique. ‖ Retenue (étud.).

baise-à-l'œil n. f. Femme honnête (prost.).

baiser v. tr. Faire l'amour : *à la papa,* paisiblement ; *en épicier,* sans plaisir ; *à couilles rabattues,* partout et en toutes occasions ; *en hussard, à la hussarde,* sans préliminaires ; *en levrette, en canard,* « *more canino* » ; *en cygne,* avec les jambes de la femme sur les épaules ; *à la riche,* coït anal. ‖ Surprendre en faute : *À force de jouer au con, tu te feras baiser.* ‖ *Ne rien y baiser,* ne rien y comprendre : *L'argot, j'y baise rien.*

baiseur (euse) n. m. et f. Qui aime faire l'amour.

baisodrome n. m. Maison de prostitution. ‖ Chambre à coucher.

baisser le froc ou **baisser son froc** loc. Avoir peur, renoncer par crainte, se soumettre.

baladeur adj. *Main baladeuse,* main qui s'égare en caresses indiscrètes.

balai n. m. *Du balai !,* déguerpissez ! — *Donner un coup de balai,* licencier du personnel ; faire déguerpir d'une communauté des individus indésirables : *Ce qu'il faudrait dans la police, c'est un bon coup de balai.* ‖ *Balai à chiottes,* moustache. ‖ *Con comme un balai,* particulièrement idiot. ‖ *Voiture-balai,* dernière voiture d'une caravane ramassant les traînards (cyclisme). ‖ *Ramasser les balais,* arriver dernier aux régates (mar.) — *Être du balai,* être le dernier. ‖ *Peau de balle et balai de crin,* rien : *On nous avait promis une prime, total, on a eu peau de balle et balai de crin.* ‖ Année d'âge : *Avoir vingt balais.*

balaise n. m. et adj. Individu grand et fort : *C'est peut-être le roi des, mais c'est un balaise.*

balancé (bien) adj. Physiquement bien bâti, bien fait : *Dommage qu'elle tape du goulot, parce qu'elle est bien balancée.*

balancer v. t. Jeter : *Balancer un mégot.* ‖ Donner, offrir, payer : *À titre de reprise, je lui ai déjà balancé une brique.* ‖ Dénoncer : *Celui qui m'a balancé, je le retrouverai* (arg.). ‖ Faire tomber, renverser : *Je l'ai balancé dans les décors.* ‖ *Balancer un concurrent,* se déporter de côté pour obliger l'adversaire à serrer le trottoir (sport, cyclisme).

◆ v. i. Se pencher dans les virages (moto).
◆ **S'en balancer** loc. Ne pas tenir compte d'un avis, s'en moquer, s'en foutre*, s'en taper*, s'en cogner*.

balançoire n. f. Sornette. ‖ *Balançoire à Mickey* ou *à minouche,* serviette hygiénique.

balanstiquer v. t. Balancer*.

balayette n. f. Membre viril. ‖ *Dans le dos, la balayette !,* c'est raté, c'est perdu. ‖ *Balayette infernale,* pratique érotique plus ou moins imaginaire.

LES BAGNOLES, *les bus*

caisse à savon, charrette,
chiotte, coccinelle, deuche,
deux-pattes, guinde, hotte,
ravelin, tacot, teuf-teuf, tire,
traîne-cons, trottinette, tulette

bus, trolley

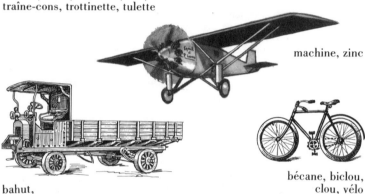

machine, zinc

bécane, biclou,
clou, vélo

bahut,
gros-cul, semi

sabot

bouillotte,
lessiveuse

et tout le toutime

gros cube, essoreuse,
meule, motal, pétoire,
superbig, tinette

dur, tube

bahut, rongeur, tac

verdine

tram

cyclo, deux-roues,
mob, pétrolette

dur

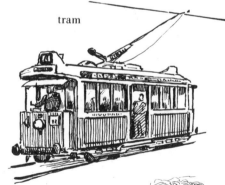

33

balcon n. m. Poitrine de femme.
— *Il y a du monde au balcon*,
poitrine débordante.

baleste ou **balèze**. V. BALAISE.

balle n. f. Visage rond et sympathique : *Avoir une bonne balle.* ‖
Franc (monnaie) : *Tout à cent
balles.* ‖ *Trou de balle*, anus. ‖
Peau de balle, rien : *J'ai gagné
peau de balle.* ‖ *Se renvoyer la
balle*, se rejeter mutuellement une
responsabilité. ‖ *Raide comme
balle*, nettement, sans hésitation :
*Je lui ai dit merde, raide comme
balle.*

baller v. t. *Envoyer baller*,
envoyer bouler*.

ballet rose n. m. Orgie sexuelle
avec des fillettes mineures. ‖ *Ballet bleu*, avec de jeunes garçons.

ballochards n. m. pl. Seins.

balloches n. m. pl. Testicules.

ballon n. m. *Avoir le ballon*, être
enceinte. ‖ *Faire ballon*, être
privé, être oublié dans une distribution : *Pour le rab, j'ai fait
ballon.* ‖ Prison ; voiture cellulaire : *Je suis rentré de perme avec
deux heures de bourre, direct au
ballon.* ‖ Contenu d'un verre ballon : *Garçon, un ballon de rouge.*

ballot n. m. Naïf, lourdaud. — *Au
bout du quai les ballots !* Invective
à l'adresse des imbéciles.

balourds n. m. pl. Faux papiers
d'identité. — Faux billets de
banque (arg.).

balpeau ! interj. Rien ! Peau de
balle* (verlan). — *Faire balpeau*,
faire ballon*.

baltringue n. et adj. Bon à rien.

baluchonneur n. m. Cambrioleur qui se contente de peu (arg.).

balustrades (envoyer dans les)
loc. Forcer un adversaire à se
rabattre sur les balustrades qui
bordent la piste (cyclisme).

bambou n. m. Membre viril :
Avoir le bambou. ‖ *Coup de bambou*, accès de folie. ‖ *Sucer le
bambou*, fumer l'opium. ‖ *Être sous
le bambou*, être interdit de séjour.

bamboula n. m. Noir d'Afrique.
◆ n. f. *Faire la bamboula*, faire la
noce.

banane n. f. Décoration militaire,
médaille. ‖ Butoir de pare-chocs
(auto). ‖ Touffe de cheveux roulée
sur le front. ‖ Skate-board (planche
à roulettes). ‖ Le maillot jaune du
Tour de France (sport). ‖ *Peau de
banane*, embûche (fig.).

banco ! interj. D'accord ! O. K. !

banc volant n. m. Forain sans
emplacement fixe.

bandando adv. Amoroso
(musique).

bandant adj. Désirable (surtout
au f.). — Enthousiasmant,
agréable (surtout sens négatif) :
C'est pas bandant.

bande n. f. *Par la bande*, indirectement. ‖ *Bande de...*, formule
d'insulte.

bande-à-l'aise n. m. Peureux.

bander v. i. Être en érection :
Bander comme un cerf. — Éprouver un désir sexuel (homme ou
femme). ‖ *Bander mou, ne bander*

que d'une, avoir peur. ‖ *Bander à part,* faire bande à part.

bandeur (euse) n. m. et f. Toujours prêt à l'acte sexuel.

bandocheur n. m. Peureux.

banlieusard (e) n. et adj. Qui habite la banlieue ; de banlieue.

bannes n. f. pl. Draps : *Se mettre dans les bannes.*

bannière n. f. Chemise à pans : *L'incendie du boxon s'est déclaré si vite, que les clients n'ont qu'eu le temps de sortir en bannière.*

banquer v. t. Payer : *C'est à toi de banquer.*

banquettes (jouer devant les) loc. Jouer devant une salle presque vide (spect.).

baptême n. m. Viol collectif à titre de punition (arg.).

baptiser v. t. *Baptiser le vin,* y ajouter de l'eau.

Baptiste (tranquille comme) loc. Insouciant, calme, tranquille.

baquet n. m. Ventre.

-bar suff. argotique. Loulou, *loubar** ; slip, *slibar** ; croquis, *crobar*.*

barabille (mettre la) loc. Créer la pagaille, la zizanie.

baraka n. f. Chance.

baraque n. f. Maison mal bâtie, bicoque. — Entreprise mal organisée : *Ce restau, quelle baraque !* ‖ *Casser la baraque,* faire échouer un plan : *Tout était prêt : le voilà qui vient me casser la baraque !* ‖

Casser la baraque, déchaîner l'enthousiasme (spect.).

baraqué adj. Bien bâti, costaud : *Un mec bien baraqué.*

baratin n. m. Boniment. — *Faire du baratin,* séduire par des propos flatteurs. — *C'est du baratin,* des promesses qui ne seront pas tenues, du bidon*.

baratiner v. i. Étourdir de paroles, bonimenter, faire du boniment.
◆ v. t. Faire du baratin* à quelqu'un.

baratineur adj. Faiseur de baratin*, beau parleur.

barbant adj. Ennuyeux.

barbaque n. f. Viande : *Un beau morceau de barbaque.* ‖ Viande de mauvaise qualité : *Ce rôti, c'est de la barbaque.*

barbe n. f. Ennui : *C'est la barbe ! Quelle barbe !* ‖ *La barbe !* Interj. : Assez ! Tu m'ennuies ! ‖ *Au nez et à la barbe,* devant quelqu'un et sans qu'il s'en doute : *Je suis entré dans la salle au nez et à la barbe du contrôleur.* ‖ *Barbe à poux,* barbe frisée.

barbeau n. m. Proxénète ; habillé de façon voyante.

barber v. t. Ennuyer.
◆ **barber (se)** v. pr. S'ennuyer.

barbillon n. m. Petit souteneur, jeune barbeau*.

barbotage n. m. Vol, larcin.

barboter v. t. Voler.

barboteur (euse) n. m. et f. Voleur.

barbote n. f. Fouille d'un prisonnier avant son entrée en prison (arg.).

barbouille n. f. Art de peindre : *Moi, mon plaisir, le dimanche, c'est la barbouille.*

barbouilleur n. m. Artiste peintre.

barbouse ou **barbouze** n. f. Barbe : *Un sapeur de la Légion avec une belle barbouse.* ‖ n. f. ou m. Membre d'une police parallèle ou d'un service d'espionnage.

barbouseux adj. Barbu.

barbu n. m. Poils du pubis. — *Descente au barbu*, cunnilingus. ‖ Musicien d'orchestre classique (musique) : *Un orchestre de barbus.*

barca ! interj. Assez ! Ça suffit ! Rien à faire !

barda n. m. Billet de 10 F (arg.).‖ Sac de soldat ; effets personnels ; bagage encombrant.

barder v. i. Prendre une tournure brutale, dangereuse. — *Ça va barder !*, attention ! Ça va devenir dangereux, ça va chauffer*, ça va chier*.

barjot n. et adj. Fou : *Les Amerloques sont tous barjots.*

barlou n. m. Loubard* (verlan).

barlu n. m. Viol collectif.

barnum n. m. Bruit, chahut. ‖ Grande tente de forain.

baron n. m. Compère, dans une escroquerie, une affaire véreuse, un jeu truqué (arg.). ‖ Personnage distingué et dévoué placé à la direction d'une entreprise par un financier. ‖ Verre de bière de 75 centilitres.

baronner v. t. Faire le compère, le baron* (arg.).

barouf n. m. Bruit ; scandale.

barrage (tir de) loc. Ensemble de moyens mis en œuvre pour faire obstacle à la réussite d'un projet.

barre n. f. *Homme de barre*, homme de confiance. ‖ *Coup de barre*, défaillance, lassitude. ‖ *Manger à la barre fixe*, très peu ou pas du tout.

barreau de chaise n. m. Gros cigare.

barrer (se) v. pr. S'en aller : *Salut ! je m'barre.*

barreur n. m. Individu chargé d'expulser les indésirables d'un bar, d'un lieu public ; videur*.

barsli n. m. Slibar*, slip (verlan).

basane n. f. Peau du corps humain (arg.). ‖ *Tailler une basane*, faire un geste obscène de dérision.

bascule n. f. Dénonciateur. ‖ *Bascule à Charlot*, guillotine.

basculer un godet loc. Boire un verre.

bas-duc ou **bas-du-cul** n. m. Individu petit, aux jambes courtes.
◆ adj. Surbaissé (auto).

baskets (faire) loc. Quitter en courant un café sans payer.

bassiner v. t. Importuner.

bassinet (cracher au) loc. Payer sa part, casquer*.

bassinoire n. f. Personne qui importune.

basta ! interj. Assez ! Ça suffit !

Bastaga (la) ou **la Bastoche** n. pr. Place ou quartier de la Bastille, à Paris.

baston n. m. Bagarre.

bastos n. f. Balle d'arme à feu : *Il lui a filé une bastos dans le cigare.*

bastringue n. m. Bal de guinguette. — Orchestre bruyant. — Tapage.

bataclan (et tout le) loc. Et cetera, et tout le reste : *Ils sont partis avec les gosses, le clebs, la canne à pêche, les valoches et tout le bataclan.*

bataillon (inconnu au) loc. Complètement inconnu.

bateau n. m. *Mener en bateau,* faire des promesses fallacieuses. ‖ *Monter un bateau,* mystifier, faire une farce.
◆ adj. inv. Banal : *Un sujet bateau,* rebattu.

bath ou **bathouse** adj. Beau : *Une bathe gonzesse.* ‖ Bon : *Merci, t'es bath.* ‖ Agréable : *Le cinoche, c'est bath.* ‖ *Bath au pieu,* adroit en amour.
◆ n. m. Vrai, authentique : *C'est pas du toc, c'est du bath.*

bâtiment (être du) loc. Être du métier, être de la partie.

bâton n. m. Million de francs (anciens). ‖ *Tour de bâton,* profit illicite. ‖ *Avoir le bâton,* être en érection.

batouse (faire la) loc. Faire la vente de tissus sur les marchés.

battage n. m. Publicité exagérée, bluff.

battant n. m. Langue bien pendue : *Mon avocat, quel battant il a !* ‖ Cœur, palpitant*. ‖ Dynamique, ambitieux : *Ce petit jeunot, c'est un battant.*

battante n. f. Horloge, pendule.

batterie de cuisine n. f. Brochette de décorations : *Le gégène a sorti sa batterie de cuisine.*

batteur n. m. Menteur, hypocrite ; simulateur. ‖ Fainéant, misérable, tapeur*.

batteuse n. f. Batterie électrique d'automobile : *C'est la batteuse qui est à genoux.*

battre v. tr. Feindre, simuler. — *Battre les dingues,* simuler la folie.

bauche n. f. Caillou. — Diamant. ‖ Cartes à jouer : *Jeu de trois bauches,* le bonneteau.

bavard n. m. Cul. ‖ Avocat.

bavarde n. f. Langue : *Tiens ta bavarde, y a des mouches.* ‖ Lettre, babillarde*.

bavasser v. i. Bavarder, parler sans discernement.

baver v. i. *En baver,* souffrir, subir : *En baver des ronds de* *chapeau.* ‖ *Baver sur les rouleaux,* agacer, irriter : *Celui-là, il commence à me baver sur les rouleaux.*

bavette (tailler une) loc. Bavarder.

baveux n. m. Savon : *Où qu'est passé le baveux ?* ‖ Journal : *Dans le baveux, y a que des charres.* ‖ Avocat, bavard*.

bavure n. f. Erreur regrettable : *Quand les poulagas défouraillent, il y a souvent des bavures.* ‖ *Net et sans bavure,* nettement, clairement.

baz n. m. Lycée : *Le Baz Grand,* le lycée Louis-le-Grand, à Paris.

bazar n. m. Désordre, maison mal tenue, objets en désordre : *Dans sa piaule, quel bazar !* ‖ *Et tout le bazar,* èt tout le reste. ‖ *De bazar,* de mauvaise qualité, à bon marché. ‖ Baraque foraine. ‖ *Le Bazar,* l'École militaire de Saint-Cyr.

bazarder v. t. Vendre, vite, à bas prix ; se défaire.

B. C. B. G. abr. Bon chic, bon genre.

B. D. abr. Bande dessinée.

beau, belle adj. Grand, fort… et beau : *Elle est belle femme,* grande et grasse.

beau-dab n. m. Beau-père.

beauf n. m. Beau-frère.

beaujol ou **beaujolpif** n. m. Vin du Beaujolais.

beauté (en) loc. adv. Avec aisance, d'une manière brillante : *Terminer en beauté.*

beaux-vieux n. m. pl. Beaux-parents.

bébé rose n. m. Lait additionné de grenadine.

bébête adj. Sot, niais.

bec n. m. *Tomber sur un bec,* sur un obstacle imprévu, échouer. ‖ *Être bec de gaz,* être privé, être de la revue*. ‖ Bouche : *Tenir son bec, clouer le bec, chlinguer du bec.*

bécane n. f. Bicyclette. ‖ Machine dans la plupart des professions (presse à imprimer, locomotive, moto, etc.).

bêcher v. t. et i. Avoir une attitude méprisante : *Il ne vient plus jamais nous voir, il nous bêche.*

bêcheur adj. et n. Prétentieux, dédaigneux : *Tu lui causes, elle répond même pas. Tu parles d'une bêcheuse !*

béchigne n. f. Ballon de rugby (sport).

bectance n. f. Nourriture.

becter v. t. Manger : *Qu'est-ce qu'il y a à becter ?* ‖ *Les éponges bectées aux mites,* les poumons atteints.
◆ **becter (en)** v. i. Être indicateur de police, en croquer*. ‖ Vivre de la prostitution.

bédi n. m. Gendarme (arg.).

bédouin n. m. Crucifix (pompes fun.).

bégonias (charrier ou **cherrer dans les)** loc. Exagérer, abuser : *Tu charries dans les bégonias.*

beigne n. f. Coup ; baffe*.

belge n. m. Tabac belge. — *Tiens, fume! C'est du belge!* Phrase accompagnant une basane*.

belgico n. m. Belge.

belle n. f. Liberté recouvrée par évasion : *Se faire la belle*, s'évader. ‖ *Être à la belle*, à la belle étoile. ‖ *Mener en belle*, duper. ◆ adj. f. *L'avoir belle*, bénéficier des meilleures conditions pour réussir. ‖ *Se la faire belle*, avoir la belle vie.

belle-doche n. f. Belle-mère : *Dans le marida, le chiendent, c'est la belle-doche.*

belle-frangine n. f. Belle-sœur.

bénard n. m. Pantalon : *C'est les mecs qui portent un bénard ; pour les gonzesses, c'est un futal.*

bénef n. m. Bénéfice, avantage : *C'est tout bénef.*

Ben-Hur (arrête ton char,) loc. Arrête ton charre*, cesse de mentir, d'exagérer.

béni-oui-oui n. m. Individu qui approuve sans réflexion ; inconditionnel.

bénitier n. m. Sexe de la femme.

benne n. m. Pantalon, bénard*.

bénouze n. m. Caleçon, slip (d'homme ou de femme), calcif* ou slibar*. ‖ Pantalon.

benzine n. f. Essence pour auto.

béquiller v. t. Manger, becter*. ‖ Dépenser, «manger» son argent.

berdouille n. f. Ventre : *Le voilà qui s'amène avec son gros cul et sa berdouille.* ‖ Boue : *Les pinceaux dans la berdouille.*

Bérésina n. pr. Désastre, perte : *Au départ, mon fav' était dans les choux. Quelle Bérésina!...*

berge n. f. Année (temps écoulé) : *Une nénette de dix-huit berges.*

bergère n. f. Femme légitime, l'épouse : *Viens becter, je te présenterai ma bergère.*

bergougnan n. m. Viande dure.

berlingot n. m. Clitoris. ‖ Pucelage : *Elle a encore son berlingot.* ‖ Marchandise volée (camelots). ‖ Moteur (auto, moto).

berlingue n. m. V. BERLINGOT.

berlue n. f. Couverture. — *Taper la berlue*, jouer aux dés sur une couverture (arg.). ‖ Profession fictive qui sert d'alibi, couverture* (arg.).

berluer v. t. Questionner (arg.).

berlues (se faire des) loc. Se faire des illusions, se berlurer*.

berlurer (se) v. pr. Se faire des illusions, se faire du cinéma*.

bernicles n. f. pl. Lunettes, besicles.

bernique! interj. Rien! Jamais! Balpeau*!

Berthe n. pr. V. ADIEU.

berzélius n. m. Montre (arg. École polytechnique).

berzingue (à tout) loc. adv. À tout casser. — À toute allure.

Besbar, n. pr. Quartier Barbès, à Paris (verlan).

besogner v. t. Pour un homme, forniquer.

bessif adv. Forcément, obligatoirement, par force (généralement rejeté à la fin de la phrase) : *Il m'a marché sur les pieds, je lui ai mis la main sur la gueule, bessif.* ‖ *Engagé volontaire bessif,* par obligation.

bestiau n. m. Animal.

béton n. m. *En béton,* solide, inattaquable : *Un alibi en béton.* ‖ *Faire du béton,* séjourner longtemps dans un même lieu. ‖ Se joindre à la défense (football). ‖ *Laisse béton,* laisse tomber (verlan).

betterave n. f. Naïf, niais, victime d'escroc. ‖ Bouteille de vin rouge.

beuark ! beurg ! beurk ! interj. Marque de dégoût.

beuglante n. f. Chanson.

beur n. m. Immigré maghrébin de la deuxième génération (verlan : a*rabeu*).

beurre n. m. Encre (impr.). ‖ *Faire son beurre,* réussir dans ses affaires, s'enrichir. ‖ *Du beurre dans les épinards,* bénéfice agréable. ‖ *Du beurre de bique,* sans valeur, sans qualité. ‖ *Un œil au beurre noir,* tuméfié par un coup. ‖ *Pas plus de (...) que de beurre en broche* (ou *en branche*) ou *que de beurre au cul,* il n'y (en) a pas du tout. ‖ *Baigner dans le beurre,* v. BAIGNER.

beurré adj. Ivre : *Il est rentré complètement beurré.*

beurrée n. f. Ivresse, biture*. ‖ *Il en fait une beurrée,* il fait chaud.

bézef adv. Beaucoup (s'emploie surtout sous la forme négative) : *Y en a pas bézef.*

bibard n. m. Ivrogne, alcoolique.

bibelot n. m. Outil de cambrioleur (arg.).

bibi n. m. Moi : *Qui c'est qui trinque ? C'est bibi.* ‖ Soldat de deuxième classe : *Comme tout le monde, j'ai commencé simple bibi.* ‖ Fausse clef, bibelot* (arg.). ‖ Petit chapeau de femme.

bibine n. f. Boisson de mauvaise qualité.

bic n. m. Arabe, bicot*. — *Être de la pointe bic,* aimer physiquement les Arabes.

bicause prép. À cause de, parce que (accentué en *bicause d'à cause*) : *Pourquoi tu viens pas ! — Bicause. — Bicause quoi ? — Bicause d'à cause.* S'emploie toujours sans « de » : *Je sors pas bicause la pluie.*

bicher v. i. Aller bien ; être satisfait : *Alors, p'tite tête, ça biche ? — Bicher comme un pou,* ou *bicher comme un pou dans la crème fraîche,* jubiler.

bichonnet n. m. Menton.

bichoter v. i. Aller bien, bicher* : *Ça bichote.*
◆ v. t. Voler, dérober.

biclo ou **biclou** n. m. Bicyclette, clou*.

bicot ou **bic** n. m. Arabe.

LES BESTIAUX

greffier

gaille

cador, chienchien, clébard,
clebs, toutou

corbaque

laps

piaf

fifi, pierrot

poiscaille

galopard, gau,
piocre, toto

crabe, morbac, morpion,
fantassin, papillon d'amour

mie de pain à ressort

gaspard

bidard adj. Chanceux : *Il a du pot, c'est pas croyable. Quel bidard !*

bidasse n. m. Soldat.

bide n. m. Ventre : *Gras du bide.* ‖ *Faire* ou *prendre un bide,* subir un échec en scène, se ramasser* (spect.).

bidel n. m. Capitaine d'armes, chargé de la discipline (marine), chef du personnel, chef de chantier, proviseur, etc.

bidet n. m. *Eau de bidet,* quelque chose d'insignifiant, sans valeur.

bidochard n. m. Proxénète pourvoyeur (prost.).

bidoche n. f. Viande. — Chair humaine. — Bétail humain.

bidon n. m. Ventre. ‖ Boniment trompeur. — *C'est du bidon,* c'est faux. ‖ Simulation : *Faire le bidon de tomber dans les vapes.* ‖ Mauvaise marchandise (brocante). ‖ Réservoir à essence (moto).
◆ adj. De peu de valeur, faux : *Non aux bidonvilles, non aux villes-bidon* (mai 1968). ‖ Simulé, truqué : *Un attentat bidon, une grippe bidon.*

bidonnant adj. Très drôle, très amusant.

bidonner v. t. Tromper, baratiner* : *Fais gaffe à pas te faire bidonner.*
◆ **bidonner (se)** v. pr. Rire, se marrer*.

bidonneur n. m. Hâbleur, menteur, escroc.

bidule n. m. Objet dont on ignore le nom, chose, machin, truc : *À quoi ça sert, ce petit bidule ?* ‖ Matraque de policier (police).

bière (ce n'est pas de la petite) loc. Ce n'est pas peu de chose, ce n'est pas rien.

bif n. m. Bifteck.

biffe n. f. Métier de chiffonnier, de biffin* : *Monsieur Joseph a commencé dans la biffe.* ‖ Infanterie.

biffeton ou **bifton** n. m. Billet de banque : *Les poches bourrées de biffetons.* ‖ Billet, lettre que l'on transmet clandestinement (arg.). ‖ Billet, ordonnance, certificat : *Le docteur m'a fait un biffeton.* ‖ Billet de spectacle, de transport, etc., ticson*.

biffin n. m. Chiffonnier. ‖ Soldat d'infanterie.

bifteck n. m. Corps humain : *Une dragée dans le bifteck.* ‖ Moyen de subsistance : *Gagner son bifteck.* ‖ *Il est bifteck moins cinq,* il est bientôt l'heure de manger.
◆ Anglais : *Les Biftecks sont dans le Marché commun.*

bigeard n. f. Casquette en toile camouflée portée par les parachutistes (armée).

bigler v. t. Regarder, examiner. — Loucher sur.

bigleux adj. et n. Qui louche. ‖ Myope : *T'es complètement bigleux ou quoi ?*

bigne n. m. Prison.

bignole n. m. ou f. Concierge : *Bignole ou bignolon, c'est du kif, ils en croquent tous.*

bignolon n. m. Agent de la Sûreté.

bigophone n. m. Téléphone : *Un coup de bigophone.*

bigor n. m. Soldat d'artillerie de marine : *Ah ! la belle vie que l'on mène/Dans un régiment de bigors...*

bigorne n. f. Bataille, combat : *Aller à la bigorne.*

bigorneau n. m. Téléphone. — Micro. ‖ Soldat d'infanterie.

bigorner v. t. Endommager, donner des coups : *Je me suis fait bigorner en voiture.*
◆ **bigorner (se)** v. pr. Se battre, se donner des coups.

bigrement adv. Beaucoup, très : *Il fait bigrement chaud.*

bijouterie n. f. Poids des hercules de foire.

bijoutier du clair de lune n. m. Truand, gangster (arg.).

bijoux de famille n. m. pl. Testicules.

bilboquet merdeux n. m. Homosexuel atteint d'une maladie vénérienne.

biler (se) v. pr. S'inquiéter, se faire du souci, se faire de la bile.

bileux adj. Qui se fait du souci, de la bile : *Il est pas bileux.*

billancher v. i. Payer (arg.).

billard n. m. Route droite et plane : *L'autoroute, c'est un billard.* ‖ Table d'opérations chirurgicales : *Passer sur le billard.* ‖ *Dévisser son billard,* mourir. ‖

Brosser le billard, balayer la cour (armée). ‖ *C'est du billard,* c'est très facile.

bille n. f. Tête : *Une drôle de bille.* — *Bille de clown,* imbécile. ‖ *Bille en tête,* directement, carrément : *Il est entré dans le burlingue du singe, bille en tête.* ‖ *Reprendre ses billes,* se retirer d'une affaire, d'une entreprise.
◆ adj. Crétin : *T'es pas un peu bille ?* ‖ Ivre : *Il est bille.*

billet n. m. *Prendre un billet de parterre,* faire une chute. ‖ *Je te fiche mon billet que,* je t'assure, je t'affirme.

biner v. i. Dire deux messes le même jour (ecclés.).

binette n. f. Tête, visage : *Une drôle de binette.*

biniou n. m. Instrument de musique à vent. Orgue. Hautbois. Trompette. ‖ Téléphone : *Filer un coup de biniou.* ‖ Arme automatique : *Jouer un air de biniou* (arg.).

binôme n. m. Ancien portant le même numéro d'entrée qu'un nouveau (Saint-Cyr).

bin's n. m. Pagaille : *Quel bin's !*

bique n. f. Chèvre. — *C'est de la crotte de bique,* c'est sans valeur, sans qualité. ‖ Vieille femme revêche : *Une vieille bique.* ‖ Vieux cheval. ‖ *Bique et bouc,* homosexuel passif et actif.

biroute n. f. Membre viril. ‖ Manche à air indiquant la direction du vent. ‖ Cône mobile de signalisation provisoire sur les chaussées.

bisbille n. f. Petite querelle : *Être en bisbille avec quelqu'un.*

Biscaille n. pr. Bicêtre (asile de vieillards).

biscottos n. m. pl. Biceps : *Jouer des biscottos.*

biscuit n. m. Contravention : *Un biscuit sur le pare-brise.* ‖ *Avoir des biscuits, ne pas partir sans biscuits,* avoir des informations, ne pas s'engager dans une affaire sans être renseigné. ‖ *Tremper son biscuit,* forniquer.

bise n. f. Baiser sur la joue : *Faire la bise.* ‖ *Fend-la-bise,* se dit d'un individu pressé : *Alors, fend-la-bise, tu prends pas le train ?*

biser v. t. Donner un baiser, une bise*.

bisness n. m. (orthographe déformée de « business »). Travail : *Chacun son bisness.* ‖ Trafic douteux, affaire peu claire : *Un drôle de bisness.* ‖ *Faire le bisness,* faire le trottoir (prost.).

bisou n. m. Baiser, bise* : *Faire un bisou.*

bistouille n. f. Mélange de café et d'alcool : *Tous les matins, il lui faut sa bistouille.*

bistouquette n. f. Membre viril.

bistre n. m. Débit de boissons, bistrot*.

bistroc n. m. Débit de boissons, bistroquet*.

bistroquet n. m. Débit de boissons, bistrot* et troquet*.

bistrot n. m. Débit de boissons. ‖ Patron de bistrot, marchand de vin.

bistrote n. f. Épouse d'un patron de bistrot.

bite n. f. Membre viril. ‖ *Rentrer la bite sous le bras,* rentrer bredouille. ‖ *Con à bouffer de la bite,* complètement idiot. ‖ *Bite à Jean-Pierre,* matraque (arg.).

biter v. tr. Forniquer (homme). ‖ Comprendre (employé à la forme négative) : *Je n'y bite rien.*

bitos n. m. Chapeau.

bitume n. m. Trottoir. — *Travailler sur le bitume,* faire le trottoir.

biture n. f. Ivresse, saoulerie : *Une bonne biture.* ‖ *A toute biture,* à toute vitesse.

biturer (se) v. pr. Se saouler.

bizut ou **bizuth** n. m. Élève de première année dans une grande école (étud.).

bizutage n. m. Action de bizuter* (étud.).

bizuter v. t. Faire subir des brimades à un bizut*.

blabla ou **blablabla** n. m. Verbiage, discours mensonger.

blablater v. i. Faire du blabla, parler pour ne rien dire.

blague n. f. Mensonge : *Il raconte des blagues.* — Plaisanterie, tromperie : *Sans blague ?* ‖ *Blague à tabac,* sein tombant.
◆ **blague dans le coin** loc. adv. Plaisanterie mise à part, pour parler sérieusement : *Blague dans le coin, viens pas trop tard.*

blaguer v. i. Dire des blagues.
◆ v. t. Railler : *Blaguer quelqu'un.*

blagueur n. et adj. Qui dit des blagues*.

blair n. m. Nez. — Physionomie : *Il a un drôle de blair.*

blairer v. t. Avoir de la sympathie ; supporter (surtout négativement) : *Je peux pas le blairer.*

blanc n. m. Vin blanc : *Prendre un petit blanc.* ‖ Sperme (prost.). ‖ *Saigner à blanc,* épuiser toutes les ressources financières de quelqu'un.
◆ adj. Innocent : *Dans cette affaire, je suis blanc.* — Avoir un casier judiciaire vierge (arg.).

blanc-bleu adj. ou n. Homme de toute confiance.

blanche n. f. Cocaïne, neige* (drogue). — *Blanche de Marseille,* héroïne ne contenant que 2 p. 100 d'héroïne pure.

blanchecaille n. f. Blanchisseuse. — Blanchissage.

Blanche-Neige n. pr. Surnom donné à un Noir.

blancheur n. f. *Avoir la blancheur Persil,* être tout à fait blanc (au pr. et au fig.).

blanchouillard adj. Blanc.

blanco n. m. et adj. Blanc, pâle, blême. — Innocent.

blase ou **blaze** n. m. Nom, état civil : *Tu parles d'un blase !* ‖ Nez, blair*.

blé n. m. Argent (monnaie). —

Être fauché comme les blés, n'avoir pas un sou.

bléchard, blèche adj. Laid : *Une gonzesse blèche à gerber.* ‖ Mauvais, indigne : *Prendre des otages, c'est blèche.* ‖ Vieux : *Il est bléchard, ton tacot.*

bled n. m. Localité isolée offrant peu de ressources. — Lieu d'origine : *Mon bled, c'est Marseille.*

bleu n. m. Débutant ; jeune soldat : *Se faire avoir comme un bleu.* ‖ C. R. S. ou gendarme mobile en tenue de combat. ‖ *Bleu de Nanterre,* agent de la police parisienne puni, chargé des rafles de clochards. ‖ *Passer au bleu,* ne pas mentionner.

bleubite n. m. Débutant, jeune soldat, bleu*.

bleusaille n. f. Débutant, jeune soldat, bleu*. — *La bleusaille,* les bleus.

blinde n. m. Part, fade* (arg.).

blinder v. t. Transmettre la syphilis. ‖ *Être blindé,* être ivre : *À mon sixième godet, j'étais blindé.* ‖ Être endurci : *Vous pouvez gueuler, je suis blindé.* ‖ Avoir du culot : *Faire un hold-up, faut être blindé.*

bloblote (avoir la) loc. Avoir la fièvre ; avoir peur ; avoir la tremblote*.

bloc n. m. Prison, salle de police.

bloche n. m. Asticot : *Le calendo, paradis des bloches.*

bloquer n. m. Recevoir, encaisser : *Bloquer une pêche.*

blot n. m. Prix à forfait : *Je prends*

tout le lot, fais-moi un blot. ‖ *En avoir son blot,* en avoir assez, avoir son compte. ‖ *Ça fait mon blot,* ça me convient. ‖ *C'est le même blot,* c'est pareil.

bloum n. m. Chapeau (insolite ou ridicule).

blouse de plâtrier n. f. Surplis (ecclés.).

blouser v. t. Tromper, escroquer : *Je me suis encore fait blouser.*

blouson noir n. m. Jeune voyou de banlieue (généralement en bande).

bobard n. m. Fausse nouvelle, mensonge.

bobèche n. f. Visage, bobine*.

bobi ou **bobinard** n. m. Maison de prostitution : *Quel chouette bobi !*

bobine n. f. Tête, visage : *Une drôle de bobine.* ‖ *Rester en bobine,* tomber en panne.

bobinette n. f. Jeu de hasard prohibé, à trois dés ou trois cartes ; bonneteau.

bobino n. m. Bande magnétique.

bobo n. m. Petite blessure, petite douleur. — *Avoir bobo,* avoir mal (enfants). ‖ *Y a pas de bobo,* il n'y a pas de mal, pas de casse.

bobs n. m. pl. Dés. — *Pousser les bobs,* jeter les dés.

boc ou **bocard** n. m. Maison de prostitution, boxon* : *Tu te souviens du boc de Nancy.*

bocal n. m. Local : *On se réunira au bocal.* ‖ Bassin de natation (sport).

boche n. m. et adj. Allemand.

bœuf n. m. *Faire son bœuf,* se faire une carrière lucrative, gagner de l'argent. ‖ *Faire un effet bœuf,* faire de l'effet. ‖ *Faire un bœuf,* jouer pour le plaisir dans un orchestre auquel on n'est pas attaché (jazz).

bôf ! interj. Marque l'indifférence, l'incertitude, le doute, l'ironie.

bois n. m. *Gueule de bois,* bouche pâteuse. ‖ *Chèque en bois,* chèque sans provision.

boîte n. f. École ; usine ; lieu de travail : *Je vais à la boîte.* ‖ Bouche : *Ferme ta boîte.* ‖ Boîte de vitesses (auto). ‖ Confessionnal (ecclés.). ‖ *Boîte à bachot,* école de préparation intensive aux examens. ‖ *Boîte à chocolat, boîte à dominos,* cercueil (pompes fun.). ‖ *Boîte à lait,* sein. ‖ *Boîte à camembert,* mitraillette à chargeur circulaire. ‖ *Boîte à merde,* pot de peinture (peintres). — Encrier de presse (impr.). ‖ *Boîte à mensonge,* bouche. ‖ *Boîte à ouvrage, boîte aux lettres,* sexe de la femme. ‖ *Boîte à ragoût,* estomac. ‖ *Boîte à sel,* chaire des contrôleurs de théâtre (spect.). — Chaire d'église. ‖ *Boîte à vice,* homme intelligent et rusé. ‖ *Mettre en boîte,* se moquer, railler, chambrer*.

bol n. m. Chance : *Avoir du bol.* ‖ Cul* : *En avoir ras le bol,* ne pas supporter quelque chose, être excédé, en avoir plein le cul. ‖ *Ne pas se casser le bol,* ne pas se faire de souci. ‖ *Il en fait un bol,* il fait très chaud.

bombarder v. t. Nommer, élever à un grade : *Il a été bombardé contrecoup.* ‖ Malmener (boxe). ‖ Fumer du tabac : *Qu'est-ce que tu bombardes !*

bombardier n. m. Cigarette de haschisch (drogue).

bomber v. i. Foncer, se presser : *On a mis dix minutes pour arriver : on a bombé !*
◆ **bomber (se)** v. pr. Se priver, se passer de : *Il croit que je vais douiller ? Il peut se bomber !*

bon adj. Être pris, arrêté, ou près de l'être : *Voilà les flics, on est bons !* ‖ *Bon à lap,* bon à rien. ‖ *Être bon pour,* être disposé à : *Pour la rigolade, je suis toujours bon.* — Être tout désigné pour : *Sans pébroque, on est bon pour le rhume.* ‖ *Bon d'époque,* authentique (brocante). ‖ *Avoir à la bonne,* avoir de la sympathie, aimer : *Je crois qu'elle m'a à la bonne.*

bona, bonap ou **bonaparte** n. m. Billet de 500 F.

bon' ap'! interj. Bon appétit !

bondieusard n. et adj. Bigot, dévot.

bondieuserie n. f. Bigoterie. — Objet de piété.

bonhomme n. m. Homme : *Ce qui compte, c'est pas la machine, c'est le bonhomme.* ‖ Membre viril en érection.

boni n. m. Bénéfice, bénef* : *Sur ça, j'ai pas de boni.*

bonir v. t. Parler, faire un boniment (arg.).

bonisseur n. m. Camelot.

bonjour n. m. *Vol au bonjour,* vol effectué sans effraction, en feignant de s'être trompé de porte. ‖ *Bonjour d'Alfred,* pourboire. ‖ *T'as le bonjour d'Alfred !* Interj. ironique. ‖ Interj. péjor. : *Quel film dégueu... bonjour la télé !*

bonjourier n. m. Voleur au bonjour*.

bonnard adj. Bon*.

bonne ferte n. f. Bonne aventure (gitans).

bonnet n. m. Bonneteau (arg.). ‖ *Gros bonnet,* personnage important. ‖ *Prendre sous son bonnet,* prendre la responsabilité de quelque chose.

bonniche n. f. Bonne, domestique : *Je suis pas ta bonniche.*

boom n. m. Fête annuelle d'une grande école.

bordel n. m. Maison de prostitution. ‖ Désordre. ‖ Jurons : *Bordel ! Bordel de Dieu ! Bordel de merde !*

bordelaise (partie de) n. f. Ébats amoureux. (V. PARTIE.)

bordille ou **bourdille** n. f. Indicateur, délateur. ‖ Mauvaise marchandise (brocante).

bords (sur les) loc. adv. À peu près, de façon peu claire ni très nette : *Les bignoles sont toutes un peu flics sur les bords.*

borduré adj. Interdit de séjour. — Indésirable dans un lieu public ou privé.

bordurer v. t. Condamner à l'interdiction de séjour (arg.).

borgne n. f., **borgno, borgnon** n. m. Nuit (arg.).

borgnoter v. t. Épier, regarder. ‖ Se coucher.

borne n. f. Kilomètre.

boscot (otte) n. et adj. Bossu.

boss n. m. Chef de bande, caïd (arg.). ‖ Patron : *Mon boss, il est en séminaire.*

bosse n. f. Côte, pente à monter (cyclisme).

bosser v. tr. Travailler.

bosseur n. et adj. Travailleur, appliqué au travail.

botte n. f. Paquet de cent billets de 10 F (banque). ‖ Paquet de lettres liées (postes). ‖ *La botte,* les élèves les mieux classés à la sortie de l'École polytechnique. ‖ *Proposer la botte,* proposer de faire l'amour. ‖ *Des bottes,* beaucoup : *Des gars réguliers, y en a pas des bottes.* ‖ *Faire dans les bottes de quelqu'un,* importuner, gêner en se mêlant de ce qui ne vous regarde pas, déranger volontairement. ‖ *Coup de botte,* emprunt par un tapeur*.

botter v. i. Convenir : *Ça me botte.* ‖ Donner des coups de pied : *Botter le cul.* ‖ Emprunter de l'argent.

bottine n. f. Lesbianisme : *Elle travaille dans la bottine.*

bouc n. m. *Qu'est-ce qui pue ? C'est le bouc !* Scie à l'adresse d'un barbu. (V. BIQUE.)

boucan n. m. Bruit, vacarme : *Faire du boucan.*

boucanade n. f. Pot-de-vin au placier (forain).

bouché adj. Qui ne comprend rien : *Bouché à l'émeri.*

boucher v. t. *En boucher un coin, en boucher une surface à quelqu'un,* étonner, laisser coi.

bouchon (mettre un) loc. Contraindre à se taire ; être contraint de se taire : *Mets un bouchon !*

bouchon (prendre du) loc. Vieillir, prendre de l'âge.

bouclarès adj. inv. Fermé : *Depuis Marthe Richard, les boxons sont bouclarès* (arg.).

boucler v. t. Se taire : *Boucle-la.* ‖ Fermer : *Boucler la lourde.* ‖ Enfermer : *Il s'est fait boucler.*

boude n. m. Fille laide, boudin*.

boudin n. m. Pneu : *Vérifier la pression des boudins.* ‖ Rouleau de pièces de monnaie. ‖ Gain d'une prostituée. ‖ Fille ou femme sans beauté, ou franchement laide : *C'est un vrai boudin.* — Compagne : *Ce soir, tu viens seul, ou avec ton boudin ?* ‖ *S'en aller* ou *tourner en eau de boudin,* échouer, s'achever piteusement, finir en queue de poisson. ‖ *Avoir du boudin,* posséder les cartes maîtresses (jeu).

bouffarde n. f. Pipe.

bouffe n. f. Nourriture. ‖ Repas : *On se fait une bouffe ?*

bouffer v. t. Manger. ‖ *Se bouffer le nez,* se disputer.

bouffi (tu l'as dit) loc. Acquiescement ironique.

bougie n. f. Tête.

bougnat adj. et n. Auvergnat. — Charbonnier. ‖ Petit débit de boissons (vins et charbons).

bougnoul n. m. Noir, Arabe, métis.

bougre n. m. Individu : *C'est le bon bougre.* ‖ *Bougre de.* Insulte : *Bougre de saligaud !*

bougrement adv. Beaucoup, très, bigrement*.

boui-boui n. m. Maison de prostitution. — Café mal famé.

bouic n. m. Maison de prostitution. — Café mal famé, bouiboui*.

bouif n. m. Cordonnier : *Mes pompes sont chez le bouif.*

bouille n. f. Visage : *Une bonne bouille.* ‖ Vieille machine à vapeur, bouillotte* (ch. de fer).

bouillie pour les chats loc. Chose peu intelligible, travail confus et inutile.

bouillon n. m. *Boire un bouillon,* se noyer (pr. et fig.), subir une perte d'argent. ‖ *Bouillon d'onze heures,* breuvage empoisonné.
◆ n. m. pl. Exemplaires invendus de journaux ou de périodiques : *Pilonner les bouillons* (presse).

bouillonner v. i. Avoir des invendus : *Ce canard bouillonne à 30 p. 100.*

bouillotte n. f. Tête. ‖ Locomotive à vapeur (ch. de fer).

boul' ou **boule** n. m. Boulevard : *Draguer sur les boules, sur le boul' Mich'.*

boulange n. f. Métier de boulanger : *Travailler dans la boulange.* ‖ Argent. — Fausse monnaie : *Dédé la Boulange. — La Boulange aux faffes,* la Banque de France (arg.).

boulanger (remercier son) loc. Mourir.

boule n. f. Tête. — *Boule de billard,* crâne chauve. — *Coup de boule,* coup de tête dans le visage ou l'estomac. — *Perdre la boule,* devenir fou. ‖ *Boules de loto,* yeux ronds. ‖ Ballon de football. ‖ *Faire boule de gomme,* succion des bourses. ‖ *Se mettre en boule,* se mettre en colère. ‖ Jour de prison : *Encore soixante boules à tirer.* ‖ Vente importante (commerce, brocante). ‖ *Arriver dans les boules,* dans les trois premiers (turf). ‖ *Avoir la boule,* avoir le trac (spect.) — *Avoir les boules,* avoir peur, être angoissé.

bouler v. t. *Envoyer bouler,* repousser, éconduire, faire tomber. ‖ *Bouler un rôle,* le dire trop vite (spect.).

boulet Bernot n. m. Individu de race noire.

boulette n. f. Bévue, gaffe : *Faire une boulette.*

boulevard des allongés loc. Cimetière.

bouliner v. tr. Percer : *Bouliner un plafond* (arg.).

boulonner v. i. Travailler beaucoup.

boulot n. m. Travail : *Tous au boulot.* — *Être boulot-boulot,* zélé au travail. — Emploi : *J'ai un bon boulot.* ‖ Travailleur : *On est tous des boulots.*

boulotter v. t. Manger. — Dilapider : *Boulotter un héritage.*

boum n. m. Grande animation : *Vous arrivez en plein boum.* ‖ *Se faire boum,* se masturber.
◆ n. f. Surprise-partie, surboum* : *Aller à une boum.*

boumer v. i. Aller, convenir, bien se porter : *Ça boume ?*

bouquet n. m. Gratification à un informateur (arg.). — Cadeau à une prostituée, en plus du tarif (arg.). ‖ *C'est le bouquet !* Interj. : C'est un peu fort, exagéré.

bouquin n. m. Livre.

bouquiner v. t. Lire. — Fouiner chez un bouquiniste*, feuilleter un bouquin*.

bouquinerie n. f. Échoppe de bouquiniste*.

bouquineur n. m. Qui aime lire, qui aime fouiner dans les bouquins*.

bouquiniste n. m. Marchand de bouquins* d'occasion.

bourdille. V. BORDILLE.

bourdon (avoir le) loc. Avoir des idées noires, avoir le cafard* : *Pas ce soir, j'ai le bourdon.*

bourge n. m. Bourgeois.

bourgeoise n. f. Femme, épouse : *Je vous présente ma bourgeoise.*

bourgeron n. m. Surplis (ecclés.).

bourguignon n. m. Soleil.

bourlingue n. f. Voyage à l'aventure.

bourrage de crâne n. m. Persuasion par propagande mensongère.

bourratif adj. Nourrissant.

bourre n. m. Policier en civil, bourrique*. — Policier en uniforme (plus rare) : *Méfie-toi des bourres !*
◆ n. f. *De première bourre* ou *de première,* de première qualité : *Un couscous de première bourre.* ‖ *Se tirer la bourre,* faire un match, lutter (au jeu). ‖ *Être à la bourre,* être en retard. ‖ *Bonne bourre !* Interj. Souhait de succès amoureux.

bourré adj. Riche : *Il est bourré de fric.* ‖ Ivre, plein* : *Il est bourré comme un coing.*

bourrer v. i. Accélérer, bomber*. ‖ Faire une surenchère sur l'enchère d'un confrère, au cours d'une vente publique (brocante). ‖ Posséder une femme. ‖ *Bourrer le crâne, bourrer le mou,* faire du bourrage* de crâne.

bourrichon (se monter le) loc. Se faire des illusions.

bourrin n. m. Cheval. ‖ Moto. ‖ Fille facile, peut-être prostituée.

bourrique n. f. Indicateur, policier en civil. ‖ *Plein comme une bourrique,* ivre. ‖ *Faire tourner en bourrique,* abrutir par des exigences.

bourriquer v. i. Pour un ordinateur, exécuter un calcul (informatique).

bousculer le pot de fleur loc. Exagérer, charrier*, cherrer* dans les bégonias*.

bouseux n. m. Paysan, cultivateur.

bousillage n. m. Action de bousiller* par coups ou tatouages.

bousille n. f. Action de tatouer : *La bousille, c'est bon pour les snobs.* — Tatouage.

bousiller v. t. Endommager irrémédiablement. — Tuer. — Tatouer.

boustifailler v. i. Manger.

boustiffe ou **boustifaille** n. f. Nourriture.

bout n. m. *En connaître un bout,* avoir de l'expérience. ‖ *Tenir le bon bout,* être près de réussir. ‖ *Discuter le bout de gras,* discuter, palabrer. ‖ *Mettre les bouts* ou *les mettre,* s'enfuir. ‖ Membre viril ; gland.

boutanche n. f. Bouteille.

bouteille (prendre de la) loc. Vieillir.

boutique n. f. Organes sexuels de l'homme ou de la femme.

bouton n. m. Clitoris.

boutonnière n. f. Blessure à l'arme blanche.

bouzin n. m. Maison de prostitution. ‖ Bruit, chahut, désordre.

bouzine n. f. Ventre. ‖ Locomotive à vapeur (ch. de fer). ‖ Vieille voiture automobile. ‖ Ordinateur.

boxon ou **boxif** n. m. Maison de prostitution. ‖ Désordre.

boyautant adj. Très amusant, comique.

bracelets n. m. pl. Menottes (arg.).

braguette n. f. Prostituée travaillant sous les portes cochères.

braire v. i. Crier ; protester.

braise n. f. Argent, monnaie.

brancards n. m. pl. Jambes. ‖ *Ruer dans les brancards,* résister, refuser, protester.

branche n. f. *Vieille branche,* terme d'amitié.

branché adj. et n. Introduit dans les milieux à la mode.

brancher v. t. Mettre en rapport, en relation d'affaires : *Je me suis branché avec un fourgue.*

brandillon n. m. Bras.

brandon n. m. Membre viril.

branler v. i. *Ça branle dans le manche,* ça ne va pas, ça commence à se gâter.
◆ **branler (se)** v. pr. Se masturber. ‖ *S'en branler,* s'en moquer, être indifférent. ‖ *Se branler les couilles,* ne rien faire, paresser : *Qu'est-ce que vous attendez, au lieu de vous branler les couilles !*

branlette n. f. Masturbation.

branleur n. m. Jeune garçon (méprisant).

branleuse n. f. Fillette.

branque n. m. Client d'une prostituée. ‖ Idiot, fou : *Il faut être un peu branque pour braquer les guignols !*

branquignol n. m. Loufoque.

braquage n. m. Attaque à main armée, hold-up.

braque n. m. Moteur usé (auto). ◆ adj. Fou, écervelé.

braquemart n. m. Membre viril.

braquer v. t. Mettre en joue avec une arme à feu.

braqueur n. m. Gangster qui n'hésite pas à faire usage de ses armes.

bras n. m. *Gros bras,* homme fort. — Homme influent. ‖ *Avoir le bras long,* avoir de l'influence. ‖ *Bras d'honneur,* geste de colère ou de mépris. ‖ *Avoir les bras retournés* ou *à la retourne,* être paresseux.

bravo interj. *Faire bravo, avoir les miches qui font bravo,* avoir peur, claquer des miches*, comme on claque des dents.

brelica n. m. Revolver, « calibre » (verlan, arg.).

brème n. f. Carte à jouer : *Taper les brèmes.* ‖ Toute carte ou tout « papier » d'identité. ‖ Télégramme (postes). ‖ Carte perforée (informatique).

Breton (coup de tête de) n. m. Coup de boule* dans l'estomac ou le visage.

brevet colonial (faire passer le) loc. Initier à la sodomie.

bréviaire n. m. Livre : *Il a toujours le nez dans son bréviaire.* ‖ Indicateur des rues de Paris (police).

bric n. m. Maison de prostitution.

bricard n. m. Brigadier-chef.

bricheton n. m. Pain.

bricolage n. m. Résultat d'un travail qui laisse à désirer, œuvre d'un bricoleur*.

bricole n. f. *Faire des bricoles à quelqu'un,* exercer sur lui des sévices graves.

bricoler v. i. Faire toutes espèces de métiers. ◆ v. t. *Bricoler une femme,* entreprendre des caresses intimes.

bricoleur n. m. Individu qui n'a pas de métier fixe, dont le travail laisse à désirer.

bride n. f. Serrure (arg.). ‖ Chaîne : *Une bride en or.*

brider v. t. Fermer : *Brider la lourde.* ‖ Terminer. ‖ Empêcher d'agir, tenir la bride : *Il est bridé par ses vieux.*

briffe n. f. Nourriture. — *Aller à briffe,* aller manger.

briffer v. t. Manger.

briffeton n. m. Casse-croûte ; nourriture.

brigadier n. m. Bâton pour frapper les trois coups (spect.). ‖ *Brigadier d'amour,* doigt médius.

brignolet n. m. Pain.

briller v. i. Éprouver l'orgasme, reluire*.

BLASES

le bonjour d'Alfred.
ça colle, Anatole ?
se faire appeler Arthur.
tout juste, Auguste!
appeler Azor.
tranquille comme Baptiste.
à l'aise, Blaise !
adieu Berthe!
tu parles, Charles!
tranquille, Émile !

à la tienne, Étienne!
le coup du père François.
faire le Jacques.
Jean-nu-tête.
se faire appeler Jules.
vas-y, Léon!
pas de ça, Lisette!
cool, Raoul !
les doigts dans le nez, René !
faire sa Sophie.

LA BROCASSE

ancien	caillou	fourgat	puces
bidon	château	genre de	pucier
bon d'époque	chifforton	graffin	ravalo
bordille	chiftir	laver	rêver
boule	chine	mouton à cinq pattes	rossignol
brocasse	chtrope	nanar	roustissure
broco	daubé	nourrice	style
bronzaille	drouille	occase	toile
broque	farci	pana	truqueur
		panne	

brindezingue n. m. Ivre ; fou. — *Être dans les brindezingues*, en état d'ivresse.

bringue n. f. Noce : *Faire la bringue.* ‖ *Grande bringue*, femme dégingandée.

brioche n. f. Ventre. — *Avoir de la brioche*, embonpoint. ‖ *Les brioches*, les fesses. ‖ *Partir* ou *barrer en brioche*, défaillir, se laisser aller.

brique n. f. 10 000 F. ‖ *Bouffer des briques*, n'avoir rien à manger.

briquer v. t. Nettoyer vigoureusement, soigneusement.

briser v. t. Importuner, casser* : *Tu me les brises.*

briseur de nougats n. m. Journaliste (casse-pieds*).

broc [brok] ou **broco** n. m. Brocanteur.

brocasse n. f. Marchandise vendue par le broc* (brocante).

bronzaille n. f. Articles de bronze de qualité courante (brocante).

bronze (mouler un) loc. Déféquer.

bronzé comme un petit-suisse loc. Qui a le teint pâle.

broque ou **broquille** n. f. Minute : *Il est trois plombes et vingt broques.* ‖ Petite monnaie : *Il ne me reste plus que dix balles et des broques*, « et des poussières ». ‖ De la brocante sans valeur.

brosser v. t. Faire jouir, faire reluire*.

◆ **brosser (se)** v. pr. Se passer de : *Le loufiat, question pourliche, il peut se brosser.*

brouette n. f. *Semelles en cuir de brouette*, semelles en bois.

brouille-ménage n. m. Vin rouge.

brouter v. t. Manger, croûter. ‖ *Brouter le cresson*, pratiquer le cunnilingus. — *Brouter la tige*, pratiquer la fellation.
◆ v. i. Marcher par à-coups : *Un moteur qui broute.*

brouteuse n. f. Lesbienne.

brown sugar n. m. Héroïne contenant 33 p. 100 d'héroïne pure (drogue).

brûle-parfum n. m. Revolver.

brûler v. t. *Être brûlé*, être découvert. ‖ *Brûler un feu rouge*, ne pas respecter le signal d'arrêt. ‖ *Brûler le dur*, voyager en chemin de fer sans billet.

brutal n. m. Métro : *Si vous avez le feu au derche, prenez le brutal.* ‖ Eau-de-vie ou vin rouge ordinaire : *Un coup de brutal.*

bu adj. Ivre : *Il est bu.*

bûche n. f. Chute : *Ramasser une bûche.* ‖ Allumette. ‖ Brin de tabac grossier.

bûcher v. t. Travailler ferme.

bucolique n. f. Prostituée des jardins publics.

buffet n. m. Estomac : *J'ai rien dans le buffet.* ‖ *N'avoir rien dans le buffet*, être lâche, n'avoir rien dans le ventre.

buis n. m. *Coup de buis,* défaillance, coup* de pompe. ‖ *Racine* ou *dent de buis,* dent jaune. ‖ *Patte de buis,* jambe artificielle.

bulle n. f. Repos ; sommeil. — *Coincer la bulle,* faire la sieste ; dormir. ‖ *Le nez dans la bulle,* presque à plat ventre derrière le pare-brise (moto).

bulletin de naissance (avaler son) loc. Mourir.

bureau des pleurs n. m. Bureau des réclamations.

burettes n. f. pl. Testicules.

burlain n. m. Employé de bureau.

burlingue n. m. Bureau (local ou meuble). ‖ Ventre, estomac : *Un coup de boule dans le burlingue.*

burnes n. f. pl. Testicules : *Un coup de tatane dans les burnes.*

burnous (faire suer le) loc. Exploiter des ouvriers.

bus n. m. Autobus.

business. V. BISNESS.

buter v. t. Tuer.

buvable adj. Supportable (surtout sens négatif) : *Il a une gueule pas buvable.*

buveton n. m. Buvard (écolier).

cabane n. f. Maisonnette ; domicile. — Prison : *Il a passé deux ans en cabane.* — *Cabane à lapins,* maisonnette mal construite ; ensemble d'appartements exigus, où l'on vit entassés comme des lapins : *Les cabanes à lapins de la banlieue parisienne.* ‖ *Attiger la cabane,* exagérer, charrier*.

caberlot n. m. Petit débit de boissons campagnard. ‖ Tête, crâne.

cabestron n. m. Naïf, cave* (arg.).

cabinces n. m. pl. Cabinets d'aisances.

câblé adj. Branché*.

cabochard adj. et n. Entêté.

caboche n. f. Tête.

cabochon n. m. Feu de position (auto).

cabot n. m. Chien. ‖ Caporal (armée) ; contremaître. ‖ Comédien (au pr. et au fig.).

cabotin n. et adj. Comédien (au pr. et au fig.).

cabotinage n. m. Comportement de cabotin.

cabotiner v. i. Faire le cabotin*, parader.

caboulot n. m. Petit débit de boissons.

cabriolet n. m. Menottes.

caca n. m. Excrément. — *C'est caca,* c'est sale (enfant).

cacasse (aller à la) loc. Forniquer (arg.).

cache-frifri n. m. Cache-sexe.

cachemire n. m. Torchon du

garçon de café : *Un coup de cachemire sur le piano,* coup de torchon sur le comptoir.

cachet n. m. Somme versée par une prostituée à un souteneur (prost.).

cacheton n. m. Cachet, honoraires : *Courir le cacheton* (spect.).

cachetonneur n. m. Comédien qui court après le cachet.

cacique n. m. Élève reçu premier à l'École normale supérieure, à un concours (étud.).

cactus n. m. Ennui, difficulté : *Il y a des cactus.* ‖ *Avoir un cactus dans le portefeuille,* être avare.

cadavre n. m. Bouteille vidée.

cadeau n. m. Rémunération d'une prostituée : *Pense d'abord à mon petit cadeau.* ‖ *Ne pas faire de cadeau,* être sévère, intransigeant ; corriger sévèrement.

cadène n. f. Chaîne, collier de femme. — Au pl. Menottes (arg.).

cador n. m. Chien. ‖ Homme fort, caïd*.

cadran (faire le tour du) loc. Dormir douze heures ou plus.

cadre n. m. Tableau : *Picasso, il a fait des beaux cadres.*

cafard n. m. Tristesse ; idées noires, bourdon*. ‖ Mouchard (enfants).

cafardage n. m. Action de cafarder*.

cafarde n. f. Lune (arg.).

cafarder v. t. Moucharder.

café n. m. *C'est un peu fort de café,* c'est exagéré. ‖ *Prendre le café du pauvre,* faire l'amour.

cafeter v. tr. Dénoncer, rapporter, cafarder* (enfants).

cafeteur n. m. Dénonciateur, rapporteur, cafard* (enfants).

cafetière n. f. Tête, crâne : *Un coup sur la cafetière.* ‖ Rapporteur, cafeteur* (enfants).

cafeton n. m. Café (boisson).

cafouillage n. m. Travail ou raisonnement sans ordre.

cafouiller v. i. Agir ou fonctionner de façon désordonnée : *Un moteur qui cafouille.* ‖ Bafouiller : *Un conférencier qui cafouille.*

cafouilleux adj. Qui agit de façon désordonnée, brouillonne.

cafouillis n. m. Résultat d'un cafouillage*.

cage n. f. Prison (arg.). — *Cage à poules,* cage dans laquelle on enferme les détenus dans les commissariats. ‖ *Cage à poules,* dans les jardins publics, construction en tubes métalliques où grimpent les enfants. ‖ *Cage à lapins,* v. CABANE. ‖ But : *Le goal n'est pas sorti de la cage* (football).

cageot n. m. Fille ou femme sans beauté.

cagna n. f. Maison, domicile : *T'es jamais venu dans ma cagna ?*

cagne n. f. Classe de préparation à l'École normale supérieure (lettres), ou khâgne* (étud.).

cagneux n. m. Élève de cagne*.

caïd n. m. Homme énergique, chef. ‖ *Comme un caïd,* comme un chef*, adroitement : *Il s'est démerdé comme un caïd.* ‖ Champion : *Noah, c'est un caïd.*

caillasse n. f. Cailloux, graviers.

caille n. f. Merde, mouscaille* : *Ça pue la caille.* ‖ *Œil à la caille,* œil tuméfié. ‖ *L'avoir à la caille,* être contrarié, emmerdé*. ‖ *Être à la caille,* ne pas avoir de chance.

cailler v. i. Faire froid : *Ça caille.* ◆ v. t. Avoir froid : *Je caille ; on se les caille.* ‖ *Se cailler le sang,* se faire du souci.

caillou n. m. Tête, crâne : *Pas un poil sur le caillou.* ‖ Objet en pierre : *Je vends des cailloux* (brocante). ‖ Diamant, pierre précieuse : *J'ai vendu mes cailloux à un fourgue.*

caïman n. m. Surveillant à l'École normale supérieure (étud.).

caisse n. f. Poitrine : *Il s'en va de la caisse.* ‖ Crâne : *Bourrer la caisse,* bourrer le crâne. ‖ Salle de police (milit.). ‖ Confessionnal (ecclés.). ‖ Automobile. — *Caisse à savon,* véhicule hétéroclite (auto, wagon). ‖ *Aller à fond la caisse,* rouler très vite (moto). ‖ Appareil photo de modèle ancien. ‖ *Voyez caisse !* Exclam. à l'adresse de quelqu'un qui « encaisse » des coups. ‖ *C'est du caisse* ou *du kès,* c'est pareil, c'est du kif* (largonji : lifkès*).

caisson n. m. Crâne. — *Se faire sauter le caisson,* se brûler la cervelle.

calanche n. m. Mort. — *Une calanche V.P.,* un décès sur la voie publique (arg. police).

calancher v. i. Mourir.

calbar n. m. Caleçon, calcif* : *Il s'est fait la paire en calbar.*

calbombe n. f. Ampoule électrique. ‖ *Tenir la calbombe,* favoriser les amours des autres, tenir la chandelle*.

calcer v. t. Posséder, baiser une femme : *Il a calcé une nana.*

calcif n. m. Caleçon, slip. ‖ *Filer un coup dans le calcif,* posséder une femme, calcer*.

calculé pour (c'est) loc. C'est prévu, voulu, déterminé par un calcul auquel on fait confiance : *Ça marche comment, ton engin ? — C'est calculé pour.*

caldif n. m. Calcul différentiel (étud.).

caldoche ou **caledoche** n. et adj. Calédonien d'origine européenne.

cale n. f. *Être à fond de cale,* n'avoir plus aucune ressource. ‖ *Mettre en cale,* engrosser.

calé adj. Instruit, fort : *Il est calé en maths.* ‖ Difficile, compliqué : *Les maths, c'est calé.* ‖ Refusé, recalé* à un examen : *Il a été calé à cause des maths.*

calebar n. m. Caleçon, slip, calcif*.

calebasse n. f. Tête : *Un coup sur la calebasse.*

caleçon n. m. Colis (prisons).

calendo ou **calendos** n. m. Camembert.

caler v. t. et i. Bloquer, arrêter : *J'ai calé le moteur; le moteur a calé.* ‖ Renoncer : *Devant ses prétentions, j'ai calé.* ‖ *Se caler les joues, les amygdales,* manger.

calfouette n. m. Caleçon.

calibre n. m. Revolver. ‖ *Être du même calibre,* se valoir (au fig.).

calmer v. t. Assommer un adversaire (arg.).

calmos adj. Calme.

calot n. m. Œil : *Rouler des calots.* ‖ Bille en verre (enfants).

calotin n. m. Clérical.

calotte n. f. Clergé : *À bas la calotte !*

calotter v. t. Dérober, voler.

calouse n. f. Jambe. — *Jouer des calouses,* marcher.

calouser le bitume loc. Marcher dans la rue.

calpette n. f. Langue de bavard.

calter v. i. Se sauver, s'enfuir : *Caltez, volailles !*

cam adj. inv. Camouflé : *Tenue cam des parachutistes* (milit.).

cam n. m. Camelot.

cambrio n. m. Cambrioleur.

cambriole n. f. État de cambrioleur.

cambrousard ou **cambroussard** n. m. Paysan.

cambrouse ou **cambrousse** n. f. Campagne.

cambuse n. f. Maison mal tenue.

cambut n. m. Substitution d'un objet de valeur par un faux (arg.).

cambuter v. t. et i. Échanger du faux contre de l'authentique ; échanger de faux billets de banque (arg.).

cambuteur n. m. Escroc au cambut* (arg.).

came n. f. Marchandise en général (brocante, camelots, forains). ‖ Drogue.

camé adj. et n. Drogué : *Camé jusqu'aux yeux.*

camembert n. m. Piédestal circulaire d'où les agents règlent la circulation (police). ‖ Chargeur rond de mitraillette.

camp (foutre le) loc. Partir, s'enfuir.

campagne (aller à la) loc. Aller en prison (prost.). ‖ *Emmener à la campagne,* mépriser quelqu'un, s'en ficher.

campo n. m. Congé : *Avoir campo.*

canadienne en peau de sapin n. f. Cercueil.

canard n. m. Journal : *Acheter un canard.* ‖ Fausse nouvelle, bobard* : *Croire tous les canards.* ‖ Fausse note, couac : *Faire un canard* (musique). ‖ Client difficile (commerce). ‖ Cheval. ‖ Spéculum (méd.). ‖ Sucre trempé dans le café ou l'alcool. ‖ *Trempé comme un canard,* fort mouillé (par la

LA CAME

accroché	douce	laotienne	poussette
acid	dross	liban	prise
acid-party	dynamite	ligne	reniflette
afghan	ensuqué	lili-pioncette	ringard
amphés	envapé	lourde	shira
bambou	fixe	manque	shit
blanche	flash	marie-jeanne	shoot
brown-sugar	flipper	merde	shooteuse
chanvre	fourmi	naphtaline	sirop
charge	freak	neige	snif
cheval	fumette	noir	square
chicha	guenon	op	stick
chnouffe	guêpe	overdose	stone
coco	h	petite	stup
colombienne	hasch	piano du pauvre	touche
dada	herbe	picouse	touche-piqûre
défonce	high	pills	toufiane
déprime	joint	piquer	toxico
doping	kif	poudre	trip

pluie). ‖ *Marcher comme un canard*, en se dandinant. ‖ *Ça ne casse pas trois pattes à un canard*, ce n'est pas extraordinaire. ‖ *Baiser en canard*, « more canino ».

canarde n. f. Règlement de comptes (arg.).

canarder v. t. Tirer des coups de fusil.

canasson n. m. Cheval.

caneçon n. m. Caleçon.

caner v. i. Mourir. ‖ Avoir peur. ‖ Renoncer : *Au bout d'une heure de marche, j'ai cané*.

canne n. f. Jambe. — *Mettre les cannes*, s'enfuir. ‖ *Avoir la canne*, être en érection.

canon n. m. Verre de vin : *Boire un canon*. ‖ *Avoir une balle dans le canon*, être en érection.

canonnier n. m. et adj. Bon marqueur de buts (football).

canticard n. et adj. Qui chante de façon traînante.

cantoche n. f. Cantine.

canulant adj. Ennuyeux.

canuler v. i. Importuner, ennuyer. ‖ Marchander (prost.).

caoua n. m. Café (boisson).

cap adj. Capable : *T'es pas cap.*

capésien ou **capessien (ienne)** n. Étudiant qui a obtenu le C. A. P. E. S.

capilotade (en) loc. En pièces : *Une heure de marche, j'ai les pinceaux en capilotade.*

capital n. m. Virginité : *Entamer son capital.*

capo (être) loc. Perdre au jeu.

capote anglaise n. f. Préservatif masculin.

capsule n. f. Casquette.

cara n. m. Caractère : *Un mauvais cara.*

carabin n. m. Étudiant en médecine : *Plaisanterie de carabins.*

carabiné adj. Fort, excessif : *Une cuite carabinée.*

carabistouille n. f. Petite escroquerie.

caractériel n. Coléreux, tatillon, emmerdeur* : *Mon patron, c'est un caractériel.*

carafe n. f. Panne : *Rester en carafe.*

carafon n. m. Tête.

carambolage n. m. Chocs en série : *Un carambolage de voitures.*

caramboler v. t. Faire un carambolage. ‖ Posséder une femme.

carambouillage n. m., ou **carambouille** n. f. Achat de marchandise à terme, revendue au comptant sans régler le créancier (escroquerie).

carambouilleur n. m. Escroc qui pratique la carambouille*.

carante n. f. Table (arg.).

carapater (se) v. pr. S'enfuir.

carat n. m. Année (âge) : *Une môme de vingt carats.* ‖ *Prendre du* *carat,* vieillir. ‖ *Jusqu'au dernier carat,* jusqu'au dernier moment.

caravelle n. f. Prostituée de luxe.

carbi n. m. Charbon. — *Aller au carbi,* aller au charbon* (arg.). ‖ *Sac à carbi,* prêtre en soutane.

carboniser v. t. Ruiner la réputation de quelqu'un, le brûler*.

carburant ou **carbure** n. m. Argent : *Pour prendre ma retraite, il ne me manque que le carbure.*

carburer v. i. Marcher, fonctionner : *Robert carbure au pastaga.* ‖ Avoir de l'activité : *Les tapineuses, ça carbure aujourd'hui.* ‖ Réfléchir, faire travailler son esprit : *Carbure un peu, tu finiras par trouver la coupure.*

carcan n. m. Mauvais cheval (turf).

carlingue ou **carluche** n. f. Prison.

carmer v. t. Payer, acheter.

carne n. f. Mauvais cheval. — Mauvaise viande.

caroline n. f. Homosexuel passif ; travesti.

carotte n. f. Mensonge permettant de soutirer de l'argent : *Tirer une carotte à quelqu'un.* ‖ *Les carottes sont cuites,* c'est raté, c'est terminé.
◆ adj. invar. De couleur rousse : *Avoir des cheveux carotte.*

carotter v. t. Extorquer de l'argent ou un avantage.

carotteur ou **carottier** n. m. Personne qui carotte.

caroubier n. m. Cambrioleur qui opère avec de fausses clés : *Les rossignols du caroubier.*

carouble n. f. Fausse clé (arg.). — Serrure (arg.).

caroubler v. t. Ouvrir avec une clé. ‖ Voler.

caroubleur n. m. Cambrioleur utilisant de fausses clés.

carpe (faire la) loc. S'évanouir de plaisir.

carpette n. f. Individu veule, paillasson*.

carre n. f. Cachette ; réserve.

carré n. m. Élève de deuxième année d'une grande école (étud.). ‖ *Carré blanc,* signe conventionnel, rectangulaire, indiquant qu'une émission de télévision est déconseillée aux enfants (s'emploie au pr. et au fig.) : *Avec une gueule comme ça, il devrait mettre le carré blanc,* il fait peur aux enfants.

carreau n. m. Verre de lunettes. — Au pl. : lunettes. — Yeux. — *En avoir un coup dans les carreaux,* être ivre. ‖ *Rester sur le carreau,* demeurer assommé ou mort. ‖ *Se tenir à carreau,* rester tranquille, se tenir sur ses gardes.

carrée n. f. Chambre, chambrée.

carrée (partie) n. f. Partie de plaisir entre deux couples.

carrelingue n. m. Verre de lunettes ; vitre. — Au pl. Lunettes.

carrer v. t. Cacher, dissimuler. ‖ *Tu peux te le carrer dans le train,* refus, je n'en veux pas, tu peux te le garder.

◆ **carrer (se)** v. pr. S'enfuir : *Il s'est carré en province.*

carrossée adj. f. Bien faite, bien roulée*.

carrousel adj. inv. Ivre.

Carrousel n. pr. Salle des pas perdus du Palais de justice, à Paris.

cartahu n. m. Quartier-maître (mar.).

carte n. f. *Être en carte,* être fiché ; être en possession d'une carte professionnelle, être sous contrat (expression reprise à l'arg. des prostituées). ‖ *À la carte,* au choix : *Vacances à la carte.* ‖ *Carte de France,* trace de pollution nocturne dans les draps.

carton n. m. *Faire un carton,* tirer sur quelqu'un. — Posséder une femme rapidement.

cartonner v. i. Avoir des vents, péter.

caser v. t. et pr. Procurer un emploi, un logement, une situation : *Il n'a pas encore réussi à se caser.*

cash adv. Au comptant : *Payer cash.*

casier n. m. Casier judiciaire.

casquer v. i. Payer, faire les frais : *C'est toujours les mêmes qui casquent.*

casquette n. f. *Ramasser les casquettes,* arriver dernier (turf). ‖ *Avoir une casquette en peau de fesse,* être chauve.

casse ou **cassement** n. m. Cambriolage par effraction : *Faire un casse.*

casse n. f. Action de briser : *Payer la casse.* — *Envoyer* ou *vendre une voiture, une machine à la casse,* la vendre au poids à un récupérateur de métaux.

casse-bonbons n. m. Importun, casse-pieds*.

casse-couilles n. m. et adj. Importun, emmerdeur*, casse-pieds*.

casse-dale n. m. Casse-croûte.

casse-noisette n. m. Mâchoire de fauve (forains). — *Faire casse-noisette,* contracter les muscles du vagin.

casse-pattes n. m. Vin lourd. — Eau-de-vie très forte.

casse-pieds n. m. Importun.

casse-pipe n. m. Guerre : *Aller au casse-pipe.* ‖ *Aller au casse-pipe,* rouler très vite (moto).

casse-poitrine n. m. Eau-de-vie.

casser v. t. Cambrioler avec effraction. ‖ Démonter une voiture, une machine pour en récupérer les pièces et les métaux. ‖ Débrocher un livre. ‖ *Casser la tête,* fatiguer par du bruit, des paroles. ‖ *Casser la gueule,* frapper au visage. ‖ *Casser les pieds, les burnes, les bonbons* ou *les couilles, le cul,* importuner, agacer. — *Tu me les casses,* tu m'embêtes. ‖ *Casser sa pipe* ou *la casser,* mourir. ‖ *Casser son œuf,* faire une fausse couche. ‖ *Casser la graine,* manger. — *Casser* ou *manger un morceau,* manger rapidement. ‖ *Casser* ou *manger le morceau* ou *le morcif,* avouer. ‖ *Casser le bail,* divorcer, quitter le conjoint. ‖ *Casser le pot* ou *la rondelle,* pratiquer le coït anal. ‖ *Casser les prix,* pratiquer une baisse brutale, sans accord professionnel. ‖ *Casser la baraque,* déchaîner l'enthousiasme (spect.). — *À tout casser,* sans frein : *Une bringue à tout casser.* ‖ *Ne rien casser,* être sans valeur. — *Ne pas casser trois pattes à un canard,* ne présenter aucune originalité.

◆ **casser (se)** v. pr. S'en aller : *Je me casse.* ‖ *Se casser le nez,* échouer ; trouver porte close. ‖ *Se casser la tête,* s'appliquer (surtout nég.) : *Te casses pas la tête !* ‖ *Se casser la gueule,* faire une chute, avoir un accident. ‖ *Ne pas se casser le bonnet, ne rien se casser, ne pas se casser,* ne pas faire d'efforts superflus, ne pas se faire de souci.

casserole n. f. Prostituée. ‖ Indicateur, mouchard. ‖ Projecteur (spect.). ‖ Mémoire centrale (informatique). ‖ *Passer à la casserole,* posséder avec brutalité ; déflorer.

casseur n. m. Cambrioleur (par effraction). ‖ Fanfaron : *Jouer les casseurs.* ‖ Récupérateur de métaux et de pièces détachées. ‖ Celui qui se livre volontairement à des déprédations : *Les casseurs seront les payeurs.* — *Loi anticasseurs,* de 1970, définissant et réprimant certains types de violences et de déprédations collectives.

cassis n. m. Tête, crâne. ‖ *Cassis de lutteur,* vin rouge.

cassure n. f. Comédien vieilli : *Une vieille cassure* (spect.).

castagne n. f. Combat, bagarre : *Aller à la castagne.* — Coup, marron*.

castagner v. t. Frapper, donner des coups.

◆ **castagner (se)** v. pr. Se battre : *Fallait les voir se castagner !*

castapiane n. f. Blennorragie.

castrole n. f. Casserole.

casuel n. m. Location de chambre d'hôtel à l'heure : *Faire le casuel.*
◆ adj. Fragile, cassant : *La verrerie est casuelle.*

cat n. m. Amateur ou musicien de jazz.

catalogue n. m. Code pénal (arg.).

cataloguer v. t. Juger quelqu'un, le classer dans une catégorie : *Celui-là, je l'ai tout de suite catalogué.*

catapulter v. t. Envoyer quelqu'un dans un lieu éloigné pour une intervention rapide : *J'ai été catapulté dans une succursale de province.*

catastrophe (en) loc. adv. Immédiatement, toutes affaires cessantes : *Quand il l'a su, il s'est ramené en catastrophe.*

catastropher v. t. Étonner, abattre : *Cette nouvelle m'a catastrophé.*

catholique adj. Conforme à la morale et aux mœurs : *Il n'a pas un air très catholique.*

catimini (en) loc. adv. En cachette, discrètement.

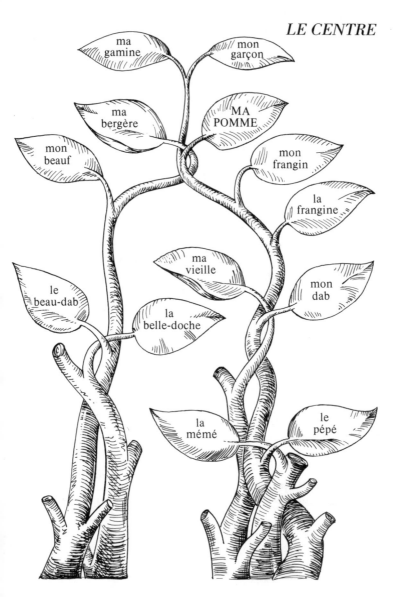

ma gamine

mon garçon

ma bergère

MA POMME

mon beauf

mon frangin

la frangine

ma vieille

mon dab

le beau-dab

la belle-doche

la mémé

le pépé

65

catin n. f. Prostituée; femme de mauvaises mœurs.

causant adj. Communicatif.

causer v. i. Parler.

cavale n. f. Évasion; désertion; fuite. — *Être en cavale*, être en fuite.

cavaler v. i. Courir. ‖ Ennuyer, courir* : *Tu me cavales.* ‖ Poursuivre les femmes de ses assiduités, courir*.
◆ **cavaler (se)** v. pr. S'enfuir, s'en aller.

cavalerie n. f. *De la grosse cavalerie*, du tout-venant : *Pas un livre de valeur dans sa bibliothèque, rien que de la grosse cavalerie.* ‖ *Traite de cavalerie*, traite de complaisance : *Faire de la cavalerie* (compt.). ‖ *Balancer la cavalerie*, dénoncer ses complices (arg.).

cavaleur n. m. Coureur de filles.

cave n. m. Individu non affranchi, niais; client d'une prostituée.
◆ n. f. *Descente à la cave*, cunnilingus.

caviarder v. t. Supprimer un passage dans un article de presse, dans un livre.

cavouse ou **cavouze** n. f. Cave souterraine (arg.).

ceinture n. f. Privation. — *Se mettre, se serrer la ceinture*, se priver.

cello n. m. Pellicule cellulosique.

cellotte n. f. Cellule de prison.

cendar n. m. Cendrier.

centrale n. f. Prison centrale, maison d'arrêt.

centre n. m. Nom propre ou sobriquet, nom usuel (arg.). ‖ Sexe de la femme (arg.).

centrouse n. f. Prison centrale, centrale* (arg.).

cerceau n. m. Volant d'automobile. ‖ Côte de la cage thoracique.

cercle ou **cercle de barrique** n. m. Côte de la cage thoracique, cerceau*.

cercueil n. m. Cocktail (bière, Picon et grenadine).

cérébral n. m. Intellectuel, penseur : *C'est un cérébral.*

cerf n. m. *Se déguiser en cerf*, prendre la fuite. ‖ V. BANDER.

cerise n. f. Malchance : *Avoir la cerise* (arg.). ‖ *Se refaire la cerise*, rétablir sa santé.

certif n. m. Certificat; certificat d'études primaires : *Mon gamin a eu son certif.*

certificat n. m. Certificat d'arrêt de travail délivré par un médecin.

césarienne n. f. Ouverture au rasoir d'un sac ou d'une poche pour en voler le contenu (arg.).

césarin, césarine n. m. et f. Lui, elle. Var. de cézig* : *Comme par hasard, c'est toujours césarin qui est le premier au rab.*

ceuille n. f. Rafle.

cézig n. pr. et n. m. Lui. — *Cézig pâteux*, celui-là (péjor.). — Le f. de *cézig* est *césarine*.

chabanais n. m. Maison de prostitution. ‖ Vacarme, désordre : *Quel chabanais !*

chabler v. t. Frapper, cogner violemment (arg.).

chabraque adj. Fou.

chabrot (faire) loc. Verser du vin dans la soupe.

chagatte n. f. Vulve, chatte* (javanais).

chagrin (aller au) loc. Porter plainte (arg.). ‖ Se rendre au travail.

chahut n. m. Tapage, vacarme. — Perturbation d'un cours, d'une réunion.

chahuter v. t. Faire du bruit, perturber un cours, une conférence : *Chahuter un professeur.* ‖ Secouer, agiter : *Ce qu'on est chahuté, dans le dur !*

chahuteur n. Perturbateur bruyant. — Élève dissipé, qui chahute.

chaille n. f. Dent : *Le vioc perd ses chailles.*

chaîne n. f. Liaison qu'on ne parvient pas à briser : *Entre Paul et Marguerite, c'est la chaîne.*

chaleur (être en) loc. Rechercher le mâle (se dit des femmes comme des femelles des animaux).

chaloupée ou **valse chaloupée** n. f. Valse populaire.

chambard n. m. Vacarme ; protestation violente.

chambardement n. m. Bouleversement, renversement de l'ordre établi. — *Le grand chambardement*, la révolution.

chambarder v. t. Bouleverser, mettre en désordre.

chambre (en) loc. À domicile. — *Imprimeur en chambre*, courtier indépendant ; agence.

chambrer v. t. Se moquer, railler, mettre* en boîte.

chameau n. m. Personne acariâtre : *Un vieux chameau.* ‖ Toboggan pour déceler les boules farcies (jeu de boules). ‖ Table d'examen de gynécologue.

champ' n. m. Vin de Champagne.

champignon n. m. Accélérateur : *Appuyer sur le champignon.*

champion adj. inv. Remarquable : *Venise, c'est champion.*

Champs (les) n. pr. Les Champs-Élysées, à Paris.

chandelle n. f. Bougie (auto). ‖ Article sur une seule colonne (presse). ‖ Morve qui coule du nez. ‖ Prostituée qui racole à un point fixe. ‖ *Tenir la chandelle*, assister à des rapports amoureux ou les favoriser ; être un mari ou une épouse complaisants.

changer v. i. Se dit pour ÉCHANGER, et se construit généralement avec *pour* et non avec *contre* : *Changer un cheval borgne pour un aveugle.* ‖ *Change pas de main.* Loc. : Continue, tout va bien ; même sens dans le domaine érotique. ‖ *Changer de disque*, changer de conversation : *Change de disque !*

◆ **changer (se)** v. pr. Mettre d'autres vêtements.

chansonnette n. f. Petite chanson sans prétention : *Pousser la chansonnette.* ‖ Interrogatoire de police (arg.). ‖ Chantage.

chanstiquer v. t. et i. Changer, transformer, bouleverser (arg.).

chanter v. i. Plaire : *Est-ce que cela vous chante ?*

chanvre n. m. Haschisch (drogue).

chanvré adj. Intoxiqué, drogué au haschisch.

chapardage n. m. Petit vol, larcin.

chaparder v. t. Commettre de petits larcins.

chapardeur n. Voleur, qui chaparde*.

chapeau n. m. *Chapeau !* Interj. : Bravo : *Grand-père à trente-cinq berges, chapeau !* ‖ *Perdre son chapeau de paille,* pour un homme, perdre son pucelage. ‖ *Porter le chapeau,* assumer une responsabilité, en supporter les inconvénients. ‖ *Sur les chapeaux de roue,* à toute vitesse : *Un virage sur les chapeaux de roue* (auto). ‖ *Travailler du chapeau,* être fou. ‖ *En baver des ronds de chapeau,* subir une contrainte éprouvante.

chapeauter v. t. Couvrir d'un chapeau ; recouvrir. — Avoir hiérarchiquement la responsabilité d'un ou plusieurs services.

chaque adj. ind. Se dit pour CHACUN : *C'est dix francs chaque.*

char n. m. Charre*.

charançons n. m. pl. Gonocoques (arg.).

charbon (aller au) loc. Exercer un travail de façade ; exercer irrégulièrement un travail. ‖ S'astreindre à un travail pénible.

charcutage n. m. Opération chirurgicale maladroite.

charcuter v. t. Faire une opération chirurgicale ; faire du charcutage*.

charcutier n. m. Chirurgien.

charge n. f. Drogue. — Dopage (sport).

chargé adj. Être sous l'influence de l'alcool, de la drogue ou du dopage.

chariboter v. i. Exagérer, charrier* : *Dis donc, tu charibotes un peu...*

Charlemagne (faire) loc. Se retirer du jeu après avoir gagné, sans accorder la revanche à l'adversaire.

Charles n. pr. *Tu parles, Charles !* acquiescement ironique.

charlot n. m. Individu sans valeur : *Les chanteurs d'aujourd'hui, tous des charlots.*

Charlot n. pr. *La bascule à Charlot,* la guillotine. ‖ *Amuser Charlot* ou *s'amuser comme Charlot,* se masturber (homme).

charlotte n. f. Pince à effraction (arg.).

charmeuses n. f. pl. Moustaches : *Dire que les garçons de café ont dû faire grève pour avoir droit de porter des charmeuses !*

charmouille adj. Charmant.

charre n. m. Exagération. — *Sans charre ?* Sans blague ? ‖ Mensonge, bluff : *Arrête ton charre ;* ou : *Arrête ton char, Ben-Hur !* ‖ Moquerie : *C'est sérieux ou c'est des charres ?* ‖ *Faire du charre,* flirter. ‖ *Faire des charres,* faire des infidélités.

charrette n. f. Licenciement collectif : *Il a été vidé dans une charrette.* ‖ Automobile : *Je t'emprunte ta charrette.* ‖ *Faire charrette,* se hâter de terminer un projet (étud. Beaux-Arts) ; donner un coup de collier, sans cesse ni repos. ‖ *Sauter en charrette,* sauter simultanément des deux côtés de l'avion, à rythme rapide (parachutistes).

charriage n. m. Attaque brutale. ‖ Exagération, mensonge, bluff, moquerie, charre*.

charrier v. t. Se moquer : *Charrier un collègue.*
◆ v. i. Exagérer : *Tu charries un peu, avec tes vannes.* ‖ *Charrier dans les bégonias,* exagérer, attiger*.

charron (crier au) loc. Appeler au secours.

chasse n. m. Chasse-neige.
◆ n. f. Accélération pour rejoindre des coureurs cyclistes « échappés » (sport). ‖ *Être en chasse,* chercher l'âme sœur, draguer*.

châsse n. m. Œil : *Donner un coup de châsse ; fermer les châsses.*

chasselas (avoir un coup de) loc. Être ivre, être chlâsse*.

chasser v. i. Prendre part à une chasse* (sport). ‖ Chercher l'âme sœur, être en chasse*, draguer*.

châssis (beau) n. m. Femme au corps harmonieux.

chat n. m., ou **chatte** n. f. Sexe de la femme. ‖ *Il n'y a pas un chat,* il n'y a personne.

châtaigne n. f. Coup de poing. — Bagarre.

château n. m. Pièce exceptionnelle (brocante) : *Le dessus de ta bronzaille, c'est pas un château.* ‖ *Château-Lapompe,* eau (boisson).

chatouille n. f. Chatouillement.

chatouiller v. i. Accélérer par à-coups (auto).

chaud adj. Agité : *Les syndicats nous préparent un printemps chaud.* ‖ *Ça ne me fait ni chaud ni froid,* cela m'est indifférent. ‖ *Chaud de la pointe, chaud de la pince* ou *chaud lapin,* érotomane, coureur de filles. ‖ *Chaud !* ou *Chaud devant !* Cri des garçons de café et de restaurant pour demander le passage.

chaude-lance, chaude-pisse ou **chaude-pince** n. f. Blennorragie.

chauffard n. m. Automobiliste imprudent et maladroit.

chauffer v. t. Chaparder, dérober : *On m'a chauffé mon pébroque.* ‖ Presser, mener vivement : *Chauffer une affaire.* ‖ Préparer graduellement à l'enthousiasme : *Chauffer l'auditoire.*
◆ v. i. S'animer, s'exalter. ‖ Jouer de façon à faire monter l'enthousiasme des auditeurs : *Ça chauffe* (jazz).

chaussette n. f. Pneu (auto). ‖ *Chaussette à clous,* grosses chaussures. — Policiers. ‖ *Mettre les chaussettes à la fenêtre,* pour une femme, ne pas éprouver d'orgasme. ‖ *Avoir la voix dans les chaussettes,* ne pas avoir la voix « placée » (chant).

chauve à col roulé n. m. Membre viril.

chbeb n. m. Joli garçon homosexuel (arg.).

chébran adj. Branché* (verlan).

chef n. m. Individu que l'on respecte, sans pour autant que l'on reconnaisse son autorité : *Salut, chef!* ‖ *Comme un chef,* parfaitement : *Il s'est démerdé comme un chef.*

chèque en bois n. m. Chèque sans provision.

chèqueton n. m. Chèque.

chercher v. t. Provoquer : *Tu me cherches?* ‖ *Chercher des crosses à quelqu'un,* lui chercher querelle. ‖ *Chercher la petite bête,* être méticuleux à l'excès. ‖ *Chercher dans,* atteindre : *Ça va chercher dans les 100 F.*

chéro adj. inv. D'un prix élevé : *Cent balles le caoua, c'est chéro.*

cherrer v. i. Exagérer, charrier*, attiger*.

cheval n. m. *Cheval de labour,* travailleur infatigable. — *Grand cheval,* femme trop grande. — *Cheval de retour,* récidiviste. — *Ce n'est pas le mauvais cheval,* il n'est pas méchant. ‖ *Ça ne se trouve pas sous le pas d'un cheval,* c'est rare, difficile à trouver. ‖ *Fièvre de cheval,* fièvre très forte. — *Remède de cheval,* remède très énergique. ‖ *À un cheval près,* approximativement, à un poil* près. ‖ *Cheval,* héroïne (drogue). ‖ Article sur plusieurs colonnes en bas de page (presse).

cheveu n. m. Fine fêlure ou défaut dans une pièce métallique ou dans la porcelaine. — *Il y a un cheveu,* il y a un ennui, un défaut. ‖ *Couper les cheveux en quatre,* faire des distinctions subtiles. ‖ *Raisonnement tiré par les cheveux,* paradoxal, trop subtil. ‖ *Se prendre aux cheveux,* se quereller. ‖ *Se faire des cheveux,* se faire du souci. ‖ *Avoir mal aux cheveux,* avoir mal à la tête à la suite d'excès de boisson. ‖ *Arriver comme un cheveu sur la soupe,* mal à propos. ‖ *Ne tenir qu'à un cheveu,* dépendre de très peu de chose. ‖ *À un cheveu,* à peu de chose près.

cheville n. f. Connivence, complicité : *Être en cheville avec quelqu'un,* être en rapport d'affaires.

cheviller (se) v. pr. S'aboucher, se mettre en cheville*.

chiader v. t. Travailler d'arrache-pied (étud.). ‖ Soigner un travail.

chialer v. i. Pleurer, gémir ; se plaindre.

chialeur n. Qui chiale*.

chiant adj. Ennuyeux.

chiard n. m. Petit enfant.

chiasse n. f. Diarrhée. — Peur. ‖ Ennui, emmerdement* : *Déjà deux heures, quelle chiasse !*

chibis (faire) loc. S'évader (arg.).

chibre n. m. Membre viril.

chic (de) loc. adv. Au bluff, au chiqué*.

chicha n. m. Haschisch (verlan, drogue).

chiche ! interj. Défi.
◆ adj. inv. *T'es pas chiche de sauter*, tu n'oserais pas.

chichi n. m. Manière, simagrée : *Faire des chichis.*

chichite n. f. Maladie imaginaire.

chichiteux n. Qui fait des chichis* ; hésitant ; pingre.

chicorée n. f. Réprimande. || *Être chicor* ou *chicorée*, être ivre, noir*. || *Défriser la chicorée*, pousser très loin un flirt.

chie-dans-l'eau n. m. Marin.

chiée n. f. Grande quantité : *Des gars honnêtes, y en a pas des chiées.* || Onze : *Combien t'en as ? — Une chiée.* (V. MÉGACHIÉE, POLYCHIÉE.)

chien n. m. *Être chien avec quelqu'un*, être chiche, avare. || *Ne pas attacher ses chiens avec des saucisses*, être très avare. || *Avoir du chien*, avoir du charme, du chic. || *Métier de chien*, métier difficile et désagréable. — *Vie de chien*, vie difficile. || *Être malade comme un chien*, être très malade. || *Avoir un mal de chien*, avoir des difficultés. || *Temps de chien*, mauvais temps. — *Coup de chien*, tempête soudaine. || *Ce n'est pas fait pour les chiens*, on doit s'en servir. || *Chien du commissaire*, secrétaire de commissariat de police. — *Chien de quartier*, adjudant (armée). || *Chien vert*, valet de pique (jeu de cartes).

chiendent n. m. Difficulté, embarras. || *Arracher le chiendent*, attendre, poireauter*. || *Fumer le chiendent*, fumer de la marijuana (drogue).

chiennerie n. f. Autorité des mâles et des phallocrates.

chier v. t. Déféquer. || *À chier partout*, se dit d'un repas abondant et succulent. || *Envoyer chier*, éconduire. || *Faire chier*, déranger, ennuyer, importuner : *Fais-moi pas chier.* || *Faire chier des gaufrettes à quelqu'un*, lui faire subir des mauvais traitements. || *Se faire chier*, s'ennuyer. || *Chier dans le pot, dans la colle*, exagérer, manquer de tact. || *Chier dans les bottes de quelqu'un*, l'importuner. || *Ça va chier !*, attention, il va y avoir des désagréments, de la bagarre ; ça va barder*. || *À chier*, mauvais, sans intérêt : *Ce comédien, il est à chier.* || *On dirait qu'il a chié la colonne Vendôme*, se dit d'un individu vaniteux. || *Il y a pas à chier, faut que ça chie*, ce n'est pas la peine d'hésiter, il faut se mettre au travail. || *Une gueule à chier dessus*, un visage antipathique. || *Chier du poivre*, échapper à la police (arg.).

chierie n. f. Désagrément, ennui, ensemble de choses chiantes*.

chifforton n. m. Chiffonnier.

chifftire ou **chiftire** n. m. Chiffonnier. || Chiffon.

chignole n. f. Mauvaise voiture ; tout véhicule (vélo, locomotive, avion...). ‖ Machine (dans toutes les professions).

chignon (n'avoir rien sous le) loc. Être borné, imbécile.

chine n. f. Commerce non sédentaire de vielleries et d'objets de rebut. ‖ *De Chine,* d'emprunt : *Tabac de Chine.*

chiner v. t. Railler, critiquer. ‖ Demander avec insistance, mendier.
◆ v. i. Faire commerce non sédentaire d'objets de rebut. — Aller à la recherche de marchandise à acheter (brocante). — Fouiller les étalages des marchés aux puces et des brocanteurs.

chinetoque adj. ou n. Chinois ; tout individu de race jaune.

chineur n. m. Brocanteur. ‖ Railleur, moqueur. ‖ Emprunteur, tapeur*.

chinois n. m. Membre viril : *Se polir le chinois,* se masturber.

chiotte n. f. Automobile (péjor.). ‖ *C'est la chiotte !* C'est ennuyeux. ‖ Au pl. Lieux d'aisances : *Aux chiottes, l'arbitre !*

chipé adj. Amoureux, séduit : *Je suis chipé pour ma voisine* (se construit toujours avec *pour*).

chipolata n. m. Membre viril.

chipoter v. i. Manger sans appétit, du bout des lèvres. ‖ S'attarder à des vétilles. ‖ Marchander.

chipoteur n. Qui chipote.

chips n. m. pl. Billets de 10 F.

chique n. f. Fluxion dentaire : *Avoir la chique.* ‖ *Poser* ou *avaler sa chique,* mourir. ‖ *Mou comme une chique,* sans énergie. ‖ *Couper la chique,* couper la parole.

chiqué n. m. Affectation : *Faire du chiqué.* — Bluff : *Faire quelque chose au chiqué.* — Simulation : *C'est du chiqué.*

chiquer v. t. Simuler, bluffer.
◆ v. i. Ergoter, hésiter.

chirdent n. m. Chirurgien-dentiste.

chizbroc n. m. Scandale, bruit, bagarre, chproum*.

chlaffe n. f. Sommeil : *Aller à la chlaffe.*

chlasse n. m. Couteau.

chlâsse adj. Ivre ; fatigué.

chleu n. m. et adj. Allemand.

chlinguer, chlingoter v. i. Sentir mauvais.

chlipoter v. i. Sentir mauvais.

chloffe n. m. Sommeil : *Aller à chloffe.*

chmoutz n. m. Juif.

chnique. V. SCHNICK.

chniquer v. i. Sentir mauvais.

chnoque n. m. et adj. Imbécile : *Vieux chnoque.*

chnouffe n. f. Héroïne (drogue).

chnouffer (se) v. pr. Se droguer à l'héroïne.

choc adj. inv. Frappant : *Prix choc.* ‖ *De choc,* dynamique : *Curé de choc.*

chochotte n. f. Femme maniérée. — Jeune homme efféminé.

chocolat (être ou **faire)** loc. Être dupé, frustré, privé : *Tout le monde a eu de la tarte, moi j'ai fait chocolat.*

chocotte n. f. Dent. ‖ *Avoir les chocottes,* avoir peur.

chocotter v. i. Trembler de peur.

choir (laisser) loc. Abandonner, cesser de s'occuper de quelqu'un, laisser tomber.

chômedu n. m. Chômeur.

choper v. t. Prendre, attraper : *Choper un rhume.* ‖ Voler, dérober, chiper : *Choper un portefeuille.*

chopin n. m. Bonne affaire : *Faire un chopin.* ‖ Belle fille : *B. B., c'est un chopin.* ‖ Béguin (pour une femme).

chopotte n. f. Petite bouteille. — Membre viril.

chou n. m. Tête. — *En avoir dans le chou,* être intelligent. — *Avoir le chou farci,* avoir des soucis en tête. — *Se taper le chou,* bien manger. ‖ *Bête comme chou,* simple, facile. ‖ *Feuille de chou,* journal. ‖ *Feuilles de chou,* oreilles. ‖ *Être dans les choux,* être en retard ; être dans les derniers (turf). ‖ *Faire chou blanc,* rater, subir un échec. ‖ *Faire ses choux gras de quelque chose,* en faire son profit. ‖ *Aller planter ses choux,* se retirer à la campagne. ‖ *Chou pour chou,* mot pour mot, sans changement : *Composer chou pour chou* (impr.). — Relations homosexuelles au cours desquelles les partenaires, hommes ou femmes, changent de rôle.
◆ adj. inv. Gentil : *Tu es chou.* — Joli : *Il est chou, son petit chapeau.*

chouaga adj. inv. Beau, bien, choupaïa*.

choucard adj. Beau, belle, agréable, de bonne qualité.

chouchou, chouchoute n. Préféré, favori.

chouchouter v. t. Gâter, dorloter.

choucroute n. f. *Petite choucroute,* chevelure frisée. ‖ *Pédaler dans la choucroute,* avancer avec peine. (V. PÉDALER.)

chouette adj. Beau, bon, agréable. — *Chouette !* ou *Chouette, papa !* ou *Chouette, papa, maman fume !* Interj. de satisfaction. — Honnête, correct, gentil : *C'est une chouette fille.* — *Avoir quelqu'un à la chouette,* avoir pour lui de la sympathie ou de l'amour, l'avoir à la bonne. ‖ *Se faire chouette, être chouette,* se faire prendre, être bon*, être pris, berné.
◆ n. m. Anus. — *Donner* ou *filer du chouette,* pratiquer la pédérastie passive. — *Prendre du chouette,* pratiquer la pédérastie active.
◆ n. m. pl. Papiers d'identité authentiques (arg.).

chouettos adj. inv. Synonyme de chouette* : *Vivre à la campagne c'est chouettos.*

chou-fleur n. m. *Avoir les oreilles en chou-fleur,* déformées par les coups. ‖ *Avoir des choux-fleurs,* des hémorroïdes.

chouïa ou **chouille** n. m. Petite quantité : *Donne-m'en juste un chouille.* — *Pas chouïa,* peu : *Y en a pas chouïa.*

choupaïa adj. inv. Bon, beau, chouette*.

choupette n. f. Houppe.

choupinet adj. Mignon, gentil.

chourave n. f. Vol (arg.).

chouraver v. t. Voler.

chouriner v. t. Tuer à coups de couteau, suriner*.

chourineur n. m. Assassin dont l'arme est le couteau, surineur*.

chpile (avoir beau) loc. Réaliser facilement, avoir beau jeu.

chproum n. m. Scandale, colère. — *Faire du chproum,* faire du scandale.

chrono n. m. Chronomètre (sport).
◆ adj. : *Il fait du 140 chrono.*

chroumer v. t. Piller dans les voitures en fourrière (arg.).

chtar n. m. Coup. ‖ Cachot (arg.).

chtouille n. m. Maladie vénérienne (blennorragie ou syphilis).

chtrasse n. f. Chambre d'hôtel de passe (prost.).

chtrope n. m. Mauvaise marchandise malgré l'apparence (brocante).

chtuc n. m. Petit morceau.

chute (point de) loc. Lieu de rendez-vous, de rencontre.

cibiche n. f. Cigarette.

ciboulot n. m., ou **ciboule** n. f. Crâne, cerveau : *Il en a, dans le ciboulot.*

cifelle n. f. Ficelle (verlan). ‖ *La tour Cifelle,* la tour Eiffel, à Paris.

ciflard n. m. Saucisson, sauciflard*.

cigare n. m. Tête. — *Y aller du cigare,* risquer sa tête. — *Le coupe-cigare,* la guillotine. ‖ *Cigare à moustaches,* membre viril.

cigler v. i. Payer.

cigogne n. pr. Palais de justice ; préfecture de police (arg.).

cigue n. m. Vingt francs. — *Avoir un cigue,* avoir vingt ans.

ciguer v. t. Payer.

cil (jeter un) loc. Faire une œillade.

cinéma n. m. Comédie. — *C'est du cinéma,* c'est invraisemblable. — *Faire tout un cinéma,* faire une démonstration compliquée et vaniteuse. — *Se faire du cinéma,* faire des illusions ; être mythomane ; gamberger*.

cinoche n. m. Cinéma. — *Se faire du cinoche,* se faire des illusions, imaginer.

cinq sur cinq loc. adv. Parfaitement (télécomm. ; armée) : *Je vous reçois cinq sur cinq.*

cintième n. m. Se dit pour CINQUIÈME : *Madame Irma demeure au cintième sur la cour.*

cintre n. m. Guidon de bicyclette.

cintré adj. Fou.

cipale n. f. Voie principale (ch. de fer).

cirage (être dans le) loc. Ne plus rien voir, être dans le noir, être dans le vague ; ne pas comprendre ; être évanoui ; être ivre ; avoir des embarras d'argent ; etc.

circuit (ne pas être dans le) loc. N'être pas informé des habitudes d'une profession.

cirque n. m. Agitation, désordre : *Qu'est-ce que c'est que ce cirque ?* — Lieu d'agitation, d'activité. ‖ *Mener le petit au cirque,* faire l'amour.

cisaillé adj. Ruiné, fauché* : *Je suis complètement cisaillé.*

cisailler v. t. Frapper de stupeur : *Cette nouvelle l'a cisaillé.*

ciseaux n. m. pl. *En ciseaux,* saut en écartant et rapprochant les jambes (sport). — Prise de lutte avec les jambes (sport). ‖ *Faire petits ciseaux,* introduire simultanément l'index et le médius dans l'anus et le vagin.

citoyen n. m. Individu : *Un drôle de citoyen* (péjor.).

citron n. m. Tête. — *Se creuser le citron,* réfléchir, chercher une idée. — *Se lécher le citron,* s'embrasser.

citrouille n. f. Tête.

civelot n. m. Civil (par opposition à MILITAIRE).

claboter v. i. Mourir.

clair adj. *Clair comme de l'eau de roche,* parfaitement clair et compréhensible. ‖ *Clair comme de l'eau de vaisselle,* incompréhensible. ‖ *Clair comme un tas de boue* ou *comme un pavé dans la gueule d'un flic,* évident, parfaitement clair.

clampin n. m. Individu vague, de profession et de moralité indéfinies : *Il y avait deux ou trois clampins qui godaillaient dans le coin.*

clamser v. i. Mourir.

clandé n. m. Maison de prostitution clandestine. ‖ Tripot (clandestin).
◆ n. f. Prostituée travaillant dans une maison de prostitution : *C'est une clandé.*

claouis n. m. pl. Testicules.

claper v. t. Manger : *J'ai rien à claper.*

clapet n. m. Bouche. — *Ferme ton clapet,* tais-toi.

clapier n. m. Petit logement dans un grand ensemble, cabane* à lapins. — Logement malpropre.

claque n. m. Maison de prostitution.
◆ n. f. Gifle. — *Tête à claques,* physionomie d'idiot. ‖ *En avoir sa claque,* être excédé, en avoir assez.

claquer v. t. Dépenser, gaspiller : *Claquer son fric.* ‖ Fatiguer, éreinter : *Ce travail m'a claqué.*
◆ v. i. Mourir : *Il vient de claquer.* — *Claquer du bec,* avoir faim. ‖ Échouer : *L'affaire m'a claqué dans les doigts.*
◆ **claquer (se)** v. pr. Se fatiguer,

se ruiner la santé : *Je me suis claqué.* ‖ *Se claquer un muscle,* le déchirer sous l'effort.

clarinette n. f. Membre viril : *Jouer un air de clarinette baveuse.* ‖ Pince de cambrioleur (arg.).

classe n. f. *Être de la classe,* faire partie du contingent qui sera libéré du service militaire dans l'année. (L'expression s'applique à toute cessation de travail, mise à la retraite, par ex.) — Date de libération : *Vive la classe !* — *Faire ses classes,* recevoir les premiers rudiments d'instruction. ‖ *En avoir classe,* en avoir assez, en avoir marre*. ◆ adj. Élégant. *Être classe,* avoir de l'élégance. — *C'est classe,* c'est chic.

classique adj. Habituel, courant : *C'est le coup classique.*

classiques (avoir ses) loc. Avoir ses règles.

clébard n. m. Chien (péjor.) : *Quel sale clébard !*

clebs n. m. Chien : *Je vais faire pisser mon clebs.*

clefs (rendre ses) loc. Mourir.

Cléopâtre (faire) loc. Pratiquer la fellation.

cliche n. f. Diarrhée : *Avoir la cliche.*

cliché n. m. Visage laid, antipathique, gueule* : *Quel cliché !*

clicli n. m., ou **cliquette** n. f. Clitoris.

client (ne pas être) loc. Ne pas être disposé à effectuer un acte désavantageux ou désagréable : *Vingt bornes à pince ? Merci, je ne suis pas client.*

clille n. m. Client : *Depuis ce matin, j'ai pas vu un clille.*

cliques n. f. pl. *Prendre ses cliques et ses claques,* s'en aller.

clito n. m. Clitoris.

clochard n. Mendiant, sans domicile fixe ; individu mal habillé.

cloche n. f. L'état de clochard : *Être de la cloche.* ‖ Clochard : *C'est une cloche.* ‖ Estomac : *Se taper la cloche,* bien manger. ‖ *Déménager à la cloche de bois,* sans avoir payé son loyer. ‖ *Sonner les cloches à quelqu'un,* le réprimander vertement.
◆ adj. Laid ; bête : *Pas besoin d'être clodo pour être cloche.*

clodo n. m. Clochard*.

clope n. m. Mégot de cigarette ou de cigare : *Un piqueur de clopes.* — Cigarette : *T'as des clopes ?* (Souvent au f.)

clopinettes (des) n. f. pl. Rien : *Ils m'ont laissé des clopinettes.*

cloporte n. m. ou f. Concierge : *Dépose le pacson chez la cloporte.*

cloque (mettre en) loc. Engrosser.

cloquer v. t. Donner, jeter, flanquer, mettre : *Cloquer une beigne.*

clou n. m. Attraction principale d'un spectacle : *Le clou de la soirée.* ‖ Mont-de-piété : *Mettre sa montre au clou.* ‖ Bicyclette : *Prête-moi ton clou.* ‖ Machine de mauvaise qualité : *Ma bécane, c'est un clou.* ‖ *Têtes de clous,* caractères typographiques usés (impr.). ‖ *Ça ne vaut pas un clou, ça ne vaut rien.* ‖ *Des clous!* Interj. : Rien! Non! ‖ *Maigre comme un clou,* très maigre.

coaltar n. m. Vin rouge épais.

coccinelle n. f. Petite automobile Volkswagen.

cocher n. m. Pilote (aéron.). ‖ Chef d'orchestre (musique).

cochon n. m. *Travail de cochon,* travail mal exécuté. — *Comme un cochon avec sa queue,* maladroitement. ‖ *Jouer un tour de cochon,* nuire par une action malveillante. ‖ *Tête de cochon,* individu buté et désagréable. ‖ *Copains comme cochons,* familiarité excessive.
◆ adj. Sale, malpropre. ‖ Licencieux : *Une histoire cochonne.*

cochonceté n. f. Saleté, cochonnerie* (au pr. et au fig.).

cochonnaille n. f. Charcuterie.

cochonner v. t. Exécuter malproprement et maladroitement. — Salir.

cochonnerie n. f. Malpropreté. ‖ Propos obscènes : *Raconter des cochonneries.* ‖ Objet sans valeur : *Il ne vend que des cochonneries.*

coco n. m. Individu douteux : *Un joli coco!* ‖ Essence : *Vingt litres de coco.* ‖ Adhérent du parti communiste : *C'est un coco.* ‖ Œuf (enfant).
◆ n. f. Cocaïne (drogue).

cocotier (grimper au) loc. Se mettre rapidement en colère.

cocotte n. f. Femme entretenue; prostituée. ‖ Cheval : *Hue, cocotte!* ‖ Terme d'affection, souvent narquois, à une femme : *Oui, ma cocotte.* ‖ Support des poignées de freins. — *Les mains aux cocottes,* position de relaxation du coureur (cyclisme).

cocotte-minute n. f. Prostituée pratiquant l'abattage*. ‖ Guérite surélevée d'où un agent règle la circulation au centre d'un carrefour.

cocotter v. i. Sentir mauvais : *Ça cocotte, par ici.*

cocu n. m. Époux trompé. (Une des insultes les plus fréquentes ; rarement au féminin.)

coffiot n. m. Coffre, coffre-fort.

coffre n. m. Poitrine. — *Avoir du coffre,* avoir une voix puissante.

coffrer v. t. Emprisonner.

cogiter v. i. Réfléchir (ironique).

cogne n. m. Agent de police, gendarme.

cogner v. i. Sentir mauvais : *Ça cogne.* ‖ *Ça cogne,* il fait chaud, le soleil tape.
◆ **cogner (se)** v. pr. S'administrer, se forcer à faire : *Se cogner une corvée.* ‖ *Je m'en cogne,* je m'en moque.

cognoter v. i. Sentir mauvais.

coiffer v. t. Arrêter : *Je me suis fait coiffer par les lardus.* ‖ Être à la tête : *Il coiffe plusieurs services.* ‖ *Se faire coiffer au poteau,* se laisser dépasser à l'arrivée (au fig.).

coin n. m. Endroit, lieu, quartier : *Ma sœur habite dans le coin.* ‖ *Sur le coin de la gueule,* sur la figure. ‖ *En boucher un coin,* étonner, laisser coi : *Ça t'en bouche un coin !* ‖ *Blague dans le coin,* blague à part. ‖ *Le petit coin,* les cabinets d'aisances.

coincer v. t. Sentir mauvais : *Ça coince.* ‖ *Coincer la bulle,* se coucher, faire la sieste, dormir.

coing (bourré comme un) loc. Complètement ivre.

coinsto n. m. Endroit, lieu, coin*.

-col ou **-colle** suff. arg. des pronoms personnels : *Técol,* toi.

col n. m. *Col blanc,* employé de bureau. ‖ *Se pousser du col,* se vanter, se mettre en avant. ‖ *Faux col,* mousse de la bière : *Garçon, un demi sans faux col.*
◆ n. f. Colonne : *Un article sur deux cols* (presse).

colas n. m. Cou.

colbac n. m. Cou : *Quand il m'a reconnu, il m'a sauté au colbac.*

colibar n. m. Colis.

coliques bâtonneuses (avoir des) loc. Être en érection.

colis n. m. Prostituée envoyée à l'étranger (arg.). ‖ Fille quelconque (sans nuance péjor.).

collabo n. m. ou f. Qui collabore avec l'ennemi, collaborateur.

collage n. f. Union libre, mariage à la colle*.

collant adj. Importun, dont on ne peut se débarrasser.

collante n. f. Convocation à un examen (étud.).

colle n. f. Retenue, punition (arg. scol.). ‖ Interrogation *(id.).* ‖ Union libre, collage* : *Vivre à la colle, être à la colle, mariage à la colle.* ‖ *Match à la colle,* truqué (forain). ‖ *Faites chauffer la colle !* Exclamation quand on entend quelque chose se casser.

coller v. i. Aller, convenir, bien se porter : *Ça colle ?*
◆ v. t. Mettre dans l'impossibilité de répondre à une question : *Je l'ai collé en histoire.* ‖ Refuser à un examen : *Il a été collé au bac.* ‖ Punir : *Donner une colle à un élève.* ‖ *Coller une tarte,* donner une gifle.
◆ **coller (se)** v. pr. Se mettre en ménage.

collet rouge n. m. Commissaire de l'hôtel des ventes, à Paris (brocante).

collidor n. m. Se dit pour CORRIDOR.

collier n. m. *Donner un coup de collier,* fournir un grand effort. — *Reprendre le collier,* se remettre au travail (après les vacances, par ex.).

collimateur (avoir quelqu'un dans le) loc. L'avoir à l'œil, le surveiller plus particulièrement que d'autres.

colo n. m. Colonie de vacances : *Envoyer les mouflets en colo.*

colombienne n. f. Marijuana forte (drogue).

colombin n. m. Étron. — *Avoir les colombins,* avoir peur.

colon n. m. Camarade : *Mon colon, tu m'as fait peur.*

colonne (se taper la) loc. Se masturber (homme).

coloquinte n. f. Tête ; cerveau.

comac ou **comaco** adj. Très gros : *Un cigare comaco.*

combien n. m. inv. Indique le rang : *Tu es arrivé le combien ?* — La date : *On est le combien ?* — La fréquence : *L'autobus passe tous les combien ?*

combientième adj. et n. Indique le rang : *T'es arrivé le combientième ?*

combinard n. et adj. Qui emploie des combines*, des moyens plus ingénieux qu'honnêtes.

combine n. f. Moyen peu scrupuleux pour parvenir à ses fins.

commande n. f. Affaire délictueuse préméditée (arg.).

comme n. f. Commission, pourcentage.

comment ! ou **et comment !** interj. Exprime l'accord, l'approbation : *Tu viendras ? — Et comment !*

commission (grosse ou **petite)** n. f. Besoins naturels (enfants).

commode n. f. Piano (musique).

communale n. f. École primaire.

communard n. m. Vin rouge additionné de cassis.

compagnie n. f. Réunion de plusieurs personnes : *Salut la compagnie ! — Et compagnie,* et cetera : *Tout ça, c'est crapule et compagnie.*

compal n. f. Composition scolaire, compo*.

complet ! (c'est) interj. Se dit quand un dernier ennui vient s'ajouter à une série d'autres.

compo ou **compote** n. f. Composition scolaire, compal*.

compote (en) loc. adv. Meurtri : *Les pieds en compote.*

compotier (agiter les pieds dans le) loc. Mettre les pieds* dans le plat, commettre une gaffe et insister lourdement.

compte à demi n. m. Achat à deux (brocante).

comptée n. f. Recette d'une prostituée remise à son souteneur (arg.).

compteur (relever le) loc. Percevoir la comptée* (arg.).

con n. m. Vagin.
◆ **con (ne)** n. m. et f. Imbécile : *Le roi des cons.* — Locutions : *Si les cons volaient, tu serais chef d'escadrille ; si les cons dansaient, tu ne serais pas à l'orchestre.* ‖ *À la con,* grotesque, ridicule : *Un boulot à la con.* ‖ *Se retrouver comme un con,* tout bête, démuni, seul.

conard adj. et n. Imbécile.

conasse n. f. Vagin. ‖ Fille. — Au pl. : les femmes (péjor.). — Fille ou femme stupide. ‖ Prostituée solitaire travaillant sans « protection ».

concentre n. f. Concentration, réunion de motocyclistes.

concepige n. m. ou f. Concierge.

concocter v. t. Élaborer avec soin.

concours Lépine n. pr. Le cours Albert-Ier et le cours La Reine, à Paris.

condé n. m. Agent de la sûreté : *Mort aux vaches, mort aux condés !* ‖ *Avoir un condé,* une permission, un accord tacite de la police : *Moi, mon cher, j'ai un condé pour faire sauter mes contredanses.*

coneau adj. et n. Imbécile.

confesse n. f. Confession : *Aller à confesse.*

confiture n. f. Pédérastie passive. ‖ Opium prêt à être fumé (drogue).

confrérie (la grande) n. f. Les maris trompés. ‖ Les homosexuels.

cônir v. t. Tuer.

connaissance n. f. Amie de cœur, maîtresse : *Tu me présenteras ta connaissance ?*

connaître v. t. *En connaître un rayon,* ou *en connaître un bout,* bien connaître une question, un sujet.

connard, conneau. V. CONARD, CONEAU.

connerie n. f. Bêtise, imbécillité ; ennui ; paroles stupides.

conobrer v. t. Connaître.

çonomètre (faire péter le) loc. Être excessivement con*.

conséquent adj. Se dit pour IMPORTANT, CONSIDÉRABLE.

constipé adj. Avare : *Constipé du morlingue.* ‖ Sérieux, triste, boudeur.

contact n. m. Individu qui met deux personnes en rapport : *J'ai un contact à Bordeaux.*

contacter v. t. Entrer en rapport avec quelqu'un.

contre adj. *Être contre,* être opposé à : *La musique pop, je suis contre.*

contrecarre n. f. Concurrence ; entrave.

contrecoup n. m. Contremaître.

contredanse n. f. Contravention.

contreficher (se) ou **se contrefoutre** v. pr. Se moquer complètement.

contrer v. t. S'opposer aux avis ou aux actes de quelqu'un.

convalo n. f. Convalescence.

converse n. f. Conversation.

coopé n. f. Coopérative. — *La Coopé,* service effectué dans la Coopération (aide aux pays en voie de développement).

coordonnées n. f. pl. Adresse et numéro de téléphone d'une personne, d'un organisme.

cop n. m. Copain*, camarade : *Ce soir, on sort avec les cops.*

copaille n. f. Bon à rien.

copain, copine n. Camarade : *Viens chez moi, j'habite avec une* *copine.* — *Les petits copains,* les bénéficiaires du copinage*.

copeaux (avoir les) loc. Avoir peur.

copinage n. m. Camaraderie, entente intéressée.

copine. V. COPAIN.

coquard n. m. Ecchymose à l'œil : *Un beau coquard.*

coquelicot n. m. Œil tuméfié. ◆ n. m. pl. Menstrues : *Avoir ses coquelicots.*

coquette n. f. Membre viril.

coquin n. m. Vin qui enivre. ‖ Amant : *Son coquin, c'est René.*

cor au pied n. m. Pétard avertisseur (ch. de fer).

corbaque n. m. Corbeau.

corbeau n. m. Curé en soutane.

corbi n. m. Corbillard.

corde n. f. *Sur la corde raide,* périlleusement, difficilement (au fig.). ‖ *Se mettre la corde au cou,* se marier. ‖ *Sentir la corde,* être suspect.

cormoran adj. inv. et n. m. Israélite.

cornanche n. f. Marque faite à une carte par un tricheur (arg.).

cornard n. m. et adj. Mari trompé, cocu*.

cornes n. f. pl. *Faire les cornes à quelqu'un,* faire un geste de moquerie (enfants). ‖ *Prendre le taureau par les cornes,* aborder résolument une question.

cornet n. m. Estomac : *Se mettre quelque chose dans le cornet.*

corniaud n. m. Imbécile.

corniche n. f. Classe préparatoire à Saint-Cyr.

cornichon n. m. Téléphone : *Souffler dans le cornichon.* ‖ Élève de la classe de corniche*.

corrida n. f. Bagarre, bousculade.

cossard adj. Paresseux.

cosse n. f. Paresse. — *Avoir la cosse,* ne pas avoir envie de travailler.

costard n. m. Costume.

costume en bois (se faire faire un) loc. Mourir.

cote n. f. Réputation : *Avoir la cote.*

côte n. f. Vin des Côtes du Rhône : *Garçon, une côte !* ‖ *Avoir les côtes en long,* être paresseux. ‖ *Être à la côte,* être sans ressources.

côtelette n. f. Commission de discipline des taxis parisiens. — Retrait temporaire de permis de conduire (taxi). ‖ *Pisser sa côtelette,* accoucher.

coton n. m. Difficulté. — *C'est coton,* c'est difficile, compliqué. ‖ *Filer un mauvais coton,* être gravement malade.

couaquer (se faire) loc. Provoquer le cri du corbeau sur son passage (ecclés.).

couche (en avoir une ou **en**

tenir une) loc. Être particulièrement bête.

coucher n. m. Nuit d'amour tarifée (prost.).
◆ v. i. Faire l'amour. ‖ *Un nom à coucher dehors*, difficile à prononcer.
◆ **coucher (se)** v. pr. Abandonner dans une compétition (sport). ‖ Se laisser volontairement battre (boxe).

coucou n. m. Vieux véhicule ; vieille machine.

coude n. m. *Huile de coude*, énergie nécessaire à un travail manuel. ‖ *Lever le coude*, boire. ‖ *Ne pas se moucher du coude*, être vaniteux.

couenne n. f. Peau. — *Se gratter la couenne*, se raser. ‖ Individu stupide : *Quelle couenne, ce gars-là !*

couic (que) loc. adv. Rien, que pouic* : *Je ne pige que couic.*

couille n. f. Testicule. — *À couilles rabattues*, intensément. ‖ *Avoir des couilles au cul* ou *en avoir*, être courageux. ‖ *Tomber, partir* ou *tourner en couille*, défaillir, ne pas réussir, rater. ‖ *Couille molle*, individu sans énergie. ‖ *C'est de la couille*, c'est sans intérêt, sans valeur.

couiller v. t. Tromper, escroquer : *Je me suis fait couiller.*

couillibi n. m. Imbécile.

couillon n. m. Imbécile : *Arrête de faire le couillon.*

couillonnade n. f. Imbécillité. — Maladresse, erreur.

couillonner v. t. Tromper, rouler* : *Je me suis fait couillonner.*

couillonnerie n. f. V. COUILLONNADE.

couineur n. m. Automobiliste qui klaxonne sans utilité : *Un mariage de trente couineurs.*

coulage n. m. Gaspillage. — Petits vols dans une entreprise par le personnel.

coulant adj. Indulgent, accommodant.

coulante n. f. Blennorragie.

coule (être à la) loc. Être au courant, être au parfum.

couler v. t. Discréditer. ‖ *Se couler douce*, ne pas se faire du souci, vivre heureux.

couleur n. f. *Annoncer la couleur*, être franc, prévenir. ‖ *En voir de toutes les couleurs*, subir toutes sortes d'épreuves. ‖ *Ne pas en voir la couleur*, pas même l'apparence.

couleuvre (avaler la) loc. Recevoir un affront sans pouvoir protester.

couloir aux lentilles n. m. Anus.

coup n. m. *Tirer un coup*, faire l'amour. ‖ Action de boire : *Boire un coup*. — *Avoir un coup dans l'aile*, être ivre. ‖ *Coup fourré*, délit, situation malhonnête. ‖ *Coup de Jarnac*, coup déloyal. ‖ *Coup de torchon*, rixe, combat bref ; violent coup de vent en mer. ‖ *Coup de filet, coup de serviette, coup de torchon*, rafle de police. ‖ *Coup de Trafalgar*, attaque, alerte. ‖ *Coup* *de feu*, moment de presse (restaurants). ‖ *Coup de boule*, coup de tête dans la poitrine ou l'estomac. ‖ *Coup de pompe, coup de barre, coup de masse*, fatigue soudaine. ‖ *Coup de bambou*, accès de folie. ‖ *Coup de masse, coup de fusil*, addition trop forte. ‖ *Coup de fil*, appel téléphonique. ‖ *Coup d'épaule*, aide, assistance. — *Coup de pouce*, aide légère ou frauduleuse. ‖ *Coup de châsse*, clin d'œil, œillade. ‖ *Avoir un bon coup de fourchette*, avoir de l'appétit. ‖ *Valoir le coup*, valoir la peine. ‖ *Être dans le coup*, être complice, participer à une affaire. — Être au courant, à la mode. ‖ *Être au coup*, être au courant, au parfum*. ‖ *Écraser le coup*, oublier sa rancune. ‖ *Monter le coup*, tromper. ‖ *En mettre un coup, un vieux coup*, faire un gros effort. ‖ *Prendre un coup de vieux, en prendre un coup*, vieillir brusquement. ‖ *Deux coups les gros*, loc. adv. Aussitôt.

couparès ou **coupé** adj. Sans argent, fauché*.

coupe-chiasse n. m. Pharmacien.

coupe-cigare n. m. Guillotine.

coupe-la-soif n. m. Boisson alcoolisée.

couper v. t. *Couper le sifflet*, couper la parole. — *Couper la chique*, déconcerter : *Ça te la coupe !*
◆ v. i. *Couper à une corvée*, y échapper. — *Ne pas y couper*, ne pas échapper à une corvée, à une punition, etc. ‖ *Couper dans le truc*, donner dans le panneau.

coupure n. f. Renseignement confidentiel, tuyau*. — Excuse, alibi : *Connaître la coupure*, être au courant d'un expédient.

courailler v. i. Courir de côté et d'autre : *Courir les filles*.

courant d'air n. m. Indiscrétion. ‖ *Faire courant d'air avec les chiottes*, sentir mauvais (de la bouche) : *Tais-toi, tu fais courant d'air avec les chiottes*.

courante n. f. Diarrhée : *Avoir la courante*.

courette n. f. Poursuite.

coureur n. m. Qui cherche la fréquentation des femmes : *Coureur de jupons*.

courir v. t. *Courir les filles*, être coureur*.
◆ v. i. *Courir sur l'haricot* ou *courir*, agacer, énerver, importuner : *Tu me cours*.

courrier n. m. Valet (jeu de cartes).

cours (ne pas avoir) loc. Être inadmissible : *En croquer, ça n'a pas cours*.

course n. f. *Ne pas être dans la course*, ne pas s'adapter à son temps, à une situation. ‖ *Course à l'échalote**, poursuite en touchant presque la voiture qui précède (auto).

court-circuit n. m. Douleur vive et rapide : *Un court-circuit dans le gésier*. (V. COURT-JUS.)

court-circuiter v. t. Ne pas passer par la voie normale ou habituelle : *J'avais posé ma candidature, mais je me suis fait court-circuiter*.

courtines n. f. pl. Courses hippiques : *Flamber aux courtines.*

courtineur n. m. Chauffeur de taxi des champs de courses (taxi).

court-jus n. m. Court-circuit : *Attraper un court-jus.* ‖ Douleur vive et rapide : *Court-jus dans la penseuse,* migraine.

couru (c'est) loc. C'est certain.

cousu adj. *Du cousu main,* sûr, certain, facile, sans difficulté. ‖ *Une toute cousue,* une cigarette toute faite (non roulée à la main).

couverte n. f. Couverture (literie) ; couverture (alibi).

couverture n. f. Profession fictive servant d'alibi. — Responsabilité prise par un supérieur : *Je ne le ferais pas si je n'avais pas une couverture.* ‖ *Tirer la couverture à soi,* accaparer le bénéfice d'une affaire.

couvrante n. f. Couverture (literie) ; couverture* (alibi).

couvrir v. t. Prendre la responsabilité : *Je m'en fous, je suis couvert.* ‖ *Couvrir un événement,* en assurer l'information complète (presse).

cow-boy n. m. Agent de police en mobylette.

crabe n. m. Gardien de prison (arg.). ‖ Caporal (armée). ‖ Comédien (cinéma). ‖ Pou de pubis, morpion. ‖ *Vieux crabe,* vieillard. ‖ Pince pour ôter les agrafes.

craché (tout) adj. Ressemblant : *C'est lui tout craché.*

cracher v. t. Payer à contrecœur. ‖ Avouer (arg.). ‖ *Ne pas cracher sur quelque chose,* ne pas dédaigner, aimer : *Il ne crache pas sur le pinard.* ‖ *Cracher son venin,* éjaculer.

cracher (se) v. pr. Quitter la route par accident, se scratcher* (auto, moto).

crachoir (tenir le) loc. Parler longuement de façon importune.

crachouiller v. i. Crachoter.

cracra adj. Crasseux, sale : *Sors pas avec cette fille-là, c'est la même cracra.*

crade, cradingue, crado ou **cradoc** adj. Crasseux, sale.

craignos adj. V. craindre*.

craindre v. i. Être incompétent : *Je crains en anglais.* ‖ *Ça craint. c'est craignos :* c'est difficile. dangereux : démodé.

cramer v. tr. Brûler, carboniser : *Ça sent le cramé.*

cramouille n. f. Vulve.

crampe n. f. *Tirer sa crampe,* faire l'amour.

crampon n. m. Importun, tenace.

cramponner v. t. Importuner.

crampser ou **cramser** v. i. Mourir, clamser*.

cran n. m. Jour de punition, de prison, d'arrêts : *Vous me ferez quatre crans* (armée). ‖ *Être à cran,* être exaspéré.

crâne n. m. *Crâne de piaf,* prétentieux, imbécile. ‖ *Faire un crâne,* procéder à une arrestation (arg. police).

crapahu n. m. Exercice de combat au sol (armée).

crapahuter v. i. Faire du crapahu* (armée).

crapaud n. m. Petit enfant. ‖ *Crapaud de murailles,* ouvrier maçon.

crapautard n. m. Porte-monnaie.

crape n. et adj. Crapule.

crapoteux adj. Sale, crasseux.

craps n. m. Jeu de dés.

craquant adj. Épatant, chouette*.

craque n. f. Mensonge, hâblerie : *Raconter des craques.*

craquer v. i. Subir une défaillance, s'effondrer nerveusement. — Défaillir de plaisir : *Quand je vois Venise, je craque.* ‖ Dire des craques*.

craquette n. f. Vulve.

craspec ou **craspect** adj. Crasseux, sale.

crasse n. f. Indélicatesse, méchanceté : *Faire une crasse.*

crasseux n. m. Peigne.

crassouillard adj. Sale, crasseux.

crassouille n. f. Saleté, crasse.

cravate n. f. Esbroufe, vantardise. ‖ *Faire une cravate,* passer le bras par-derrière autour du cou de l'adversaire. ‖ *S'en jeter un derrière la cravate,* boire un verre. ‖ Serviette hygiénique : *Cravate à Gaston, cravate à Gustave,* etc.

cravater v. t. Appréhender : *Se faire cravater.* ‖ Voler, chaparder : *On m'a cravaté mon portefeuille.* ‖ Tromper par un récit, des vantardises. ‖ Faire une cravate*.

cravateur n. m. Hâbleur.

crayon n. m. Crédit : *Avoir du crayon.* ‖ Cheveu. ‖ Canne.

crayonner v. i. Accélérer (auto) : *Crayonne, Lulu !*

créature n. f. Femme de mauvaise vie.

crèche n. f. Chambre, domicile.

crécher v. i. Habiter : *Je crèche en banlieue.*

crédence n. f. Abdomen.

crédo n. m. Crédit.

crème n. m. Café crème : *Garçon, un crème !*
◆ n. f. Travail facile. ‖ Le meilleur : *Dans un lot, la crème est toujours au-dessus.*

crémerie n. f. Café, restaurant. — Établissement quelconque : *Changeons de crémerie.*

créneau n. m. Espace qui sépare deux véhicules à l'arrêt entre lesquels un troisième peut se garer. — *Faire un créneau,* manœuvrer pour se garer entre deux véhicules (auto).

crêpage de chignon n. m. Dispute entre femmes.

crêpe n. f. *Se retourner comme une crêpe,* changer complètement d'opinion. ‖ Casquette. ‖ Imbécile : *Quelle crêpe !*

cresson n. m. Cheveux. ‖ Poils

du pubis : *Brouter le cresson.* ‖ Argent : *Le cresson ne pousse pas sans effort.* ‖ *Idem au cresson* loc. adv. Pareil, la même chose.

creuser v. i. Donner de l'appétit : *La marche, ça creuse.*
◆ **creuser (se)** v. pr. *Se creuser la tête, la cervelle, le citron,* réfléchir laborieusement.

creux (avoir un) loc. Avoir faim.

crevant adj. Fatigant : *Le travail, c'est crevant.* ‖ Drôle, amusant : *Le travail, c'est pas toujours crevant.*

crevard n. m. Insatiable, qui a toujours faim.

crève n. f. Maladie. — *Avoir la crève,* être malade. — *Attraper la crève,* s'enrhumer.

crevé adj. Fatigué, épuisé : *Je suis crevé.*

crever v. i. Mourir. ‖ Avoir une crevaison (auto). ‖ *Crever de faim,* avoir grand-faim. ‖ *Crever la faim,* être dans la misère.
◆ v. t. Tuer : *Crever la peau.*

crevette n. f. Sigle de la compagnie Air France (aéron.). ‖ *Sentir la crevette,* odeur « sui generis », « odor di femina ».

cri n. m. *Un cri sec,* une escroquerie (arg.). ‖ *Aller au cri,* faire du scandale ; dénoncer. ‖ *La bête a lâché son cri,* il a éjaculé.

cric n. m. Eau-de-vie.

crime n. m. *Avoir du crime, ne pas manquer de crime,* avoir du toupet.

crincrin n. m. Instrument à cordes, violon.

crise n. f. Hilarité : *Tu parles d'une crise !*

crobar n. m. Croquis (dessin) : *Il te faut un crobar ?*

croc ou **crochet** n. m. Dent. — *Avoir les crocs,* avoir faim.

crocher v. t. Crocheter : *Crocher une serrure.* — *Crocher dedans,* se saisir (mar.).

croire que c'est arrivé loc. Se faire des illusions. — *Croire au père Noël,* être naïf, se faire des illusions. — S'en croire, être vaniteux.

croix n. f. Client exigeant (prost.). ‖ Ignorant, individu sans intérêt. ‖ *Croix des vaches,* cicatrice en forme de croix sur la joue en punition d'une trahison (arg.).

croquant n. m. Paysan, rustre.

croque n. m. Croque-mort, employé des pompes funèbres.

croquenot n. m. Gros soulier.

croquer v. t. Manger : *J'ai rien croqué aujourd'hui.* ‖ *Croquer avec une côtelette dans le genou,* jeûner. ‖ Dilapider : *Croquer un héritage.* ‖ *En croquer,* être indicateur de police ; assister à une scène érotique (voyeurisme).

croquignolet n. m. Petit, mignon, gentil.

crosser v. t. Provoquer, chercher querelle. ‖ Traiter durement, punir.

crosses n. f. pl. *Chercher des crosses,* provoquer, chercher querelle. ‖ *Au temps* ou *autant pour les crosses,* c'est à recommencer.

crotte de bique (de la) loc. Sans valeur, sans qualité.

crotter v. i. Déféquer.

crouille n. m. Arabe.

croulant n. m. et adj. Vieux.

croume n. m. Crédit : *Vendre et acheter à croume.*

crouni adj. Mort, décédé.

crounir v. i. Mourir.

croupanche n. m. Croupier de casino.

croupion n. m. Postérieur : *Un coup de latte dans le croupion.*

croupionner v. i. Tortiller des fesses en marchant.

croûte n. f. Mauvais tableau. ‖ *Gagner sa croûte,* gagner sa vie. ‖ *Casser la croûte,* manger. — *Casser une croûte,* faire un repas léger.

croûton (vieux) n. m. Vieillard arriéré et acariâtre.

cube n. m. Élève de troisième année d'une grande école. ‖ *Gros cube,* motocyclette de 500 cm³.

cuber v. i. Coûter très cher : *Une villa au bord de la mer, ça cube.*

cucul adj. Niais, idiot.

cueillir v. t. Passer prendre en voiture : *Je passerai te cueillir demain matin.* ‖ Appréhender : *Se faire cueillir.* ‖ Se faire siffler : *Il s'est fait cueillir* (spect.).

cuillère n. f. Main. — *Serrer la cuillère,* serrer la main. ‖ *En deux coups de cuillère à pot,* presque instantanément, très vite. ‖ *Être à ramasser à la petite cuillère,* être privé de toute énergie. ‖ *Ne pas y aller avec le dos de la cuillère,* opérer sans ménagement.

cuir n. m. Blouson de cuir. ‖ Peau humaine.

cuisine n. f. Manœuvre louche : *La cuisine électorale.* ‖ Tour de main, secret de fabrication : *Chacun a sa petite cuisine.*

cuisiner v. t. Interroger pour obtenir un aveu, harceler de questions.

cuistance n. f. Cuisine : *On fait la cuistance dans la cuistance.*

cuistot (ote) n. Cuisinier (ière).

cuit adj. Ivre. ‖ *Être cuit,* être perdu, ruiné, sur le point d'être pris. ‖ *C'est cuit,* c'est manqué ; c'est fini ; c'est gagné. — *C'est du tout cuit,* c'est gagné d'avance.

cuite n. f. Excès de boisson : *Prendre une cuite, avoir sa cuite.*

cul n. m. Postérieur. ‖ *Avoir du cul,* de la chance, du pot*. — *Avoir le cul bordé de nouilles,* avoir de la chance. ‖ *Avoir du poil au cul,* être courageux. ‖ *En avoir plein le cul,* en avoir assez, ras le bol*. ‖ *L'avoir dans le cul,* ne pas avoir de chance, être la victime. ‖ *Avoir au cul,* mépriser : *Le taulier, je l'ai au cul.* ‖ *Aller au cul,* aller faire l'amour. — *Le cul,* la pornographie et son industrie : *La presse du cul.* ‖ *Tirer au cul,* échapper à sa tâche, tirer au flanc*. ‖ *Mon cul !* Interj. négative. — *Mon cul, c'est du poulet.* Scie qui équivaut à un refus. ‖ *Gros-cul,*

tabac de troupe. — Camion poids lourd. ‖ *Cul béni,* clérical ; catholique pratiquant. ‖ *Cul de plomb,* préparateur en pharmacie. — Employé de bureau. ‖ *Cul terreux,* paysan. ‖ V. TROU.
◆ adj. inv. Stupide, idiot.

culbutant ou **culbute** n. m. Pantalon.

culbute (faire la) loc. Vendre le double du prix d'achat ; doubler la mise.

culbuter v. t. Posséder une femme.

culeter v. t. Forniquer.

culot n. m. Audace, effronterie. ‖ Dernier reçu à un concours. ‖ Dernier-né d'une famille.

culotte n. f. Perte au jeu : *Ramasser une culotte.* ‖ *Culotte de peau,* officier rétrograde. ‖ *Porter la culotte de zinc,* se dit de certains ordres religieux d'une discipline rigoureuse (ecclés.).

culotté adj. Effronté, audacieux.

cunimbe n. m. Cumulo-nimbus (aéron.).

cunu n. m. Calcul numérique (étud.).

cure-dent n. m. Couteau.

curieux n. m. Juge d'instruction.

cuterie n. f. Bêtise.

cuti n. f. Cuti-réaction. ‖ *Virer sa cuti,* subir un changement radical dans son existence : perdre sa virginité, changer de femme, d'opinion politique, etc.

cuver son vin loc. S'endormir après l'ivresse.

cyclo n. m. Cyclomoteur.

cygne (en). V. BAISER.

D (système) n. m. Débrouillardise : *Système débrouille* ou *système démerde.*

dab n. m. Père : *Mon vieux dab.*

dabesse n. f. Mère (emploi rare).

dabs n. m. pl. Parents (père et mère). V. DARON.

dac ! V. ACC (D').

dache n. m. Lieu indéterminé et lointain : *C'est à dache.* ‖ *Envoyer à dache* ou *chez dache,* envoyer promener, éconduire.

dada n. m. Marotte : *Enfourcher son dada.* ‖ Cheval (enfants). ‖ Mélange d'héroïne et de cocaïne (drogue).

dalle n. f. Palais, bouche. — *Se rincer la dalle,* boire. — *Avoir la dalle en pente,* avoir toujours soif.

‖ *Que dalle,* rien : *N'entraver que dalle.*

dallepé n. f. et adj. Homosexuel, pédale* (verlan).

dam (aller à) loc. Tomber. — *Envoyer à dam,* repousser, faire tomber (au pr. et au fig.).

dame n. f. Épouse : *Comment va votre dame ?*

damer v. i. Tomber.

danse n. f. Correction : *Recevoir une danse.*

danseuse (en) loc. adv. Pédaler debout, en portant effort alternativement sur chaque pédale.

dard n. m. Membre viril. ‖ *Filer comme un dard,* comme une flèche.

dardillon n. m. Membre viril.

dare-dare loc. adv. À toute vitesse.

dargeot ou **dargif** n. m. Postérieur. — *Faire fumer le dargeot à quelqu'un*, le corriger, le fesser.

daron n. m. Père. (V. DAB.). — Patron. — Au pl. Les père et mère : *Mes darons*.

daronne n. f. Mère.

darrac n. m. Marteau : *Passe-moi le darrac*. ǁ Membre viril.

datte n. f. Rien. — *Ne pas en faire une datte*, ne rien faire. — *Des dattes*, rien, jamais. — *C'est comme des dattes*, c'est impossible, cela ne se fera jamais.

daubé adj. Truqué : *Un meuble daubé* (brocante).

dauffer v. t. Sodomiser.

davantage que adv. Se dit pour PLUS QUE.

dé n. m. *Passer les dés*, être conciliant, renoncer, abandonner : *Il ne suffit pas de jouer au con, il faut savoir passer les dés.* ǁ *Dé à coudre*, anus.

débâcher v. i. S'en aller, déménager (forains).
◆ **débâcher (se)** v. pr. Se lever, sortir du lit.

débâcler v. t. Ouvrir : *Débâcler la lourde.*

débagouler v. t. Parler, bavarder, bonimenter. — *Débagouler la chansonnette*, chanter.

déballage (au) loc. adv. Sans maquillage, au saut du lit : *Vaut mieux pas la voir au déballage !*

déballer v. i. Raconter, avouer : *Allez, déballe.* ǁ *Déballer ses outils*, avouer ; se déculotter*.

déballonner (se) v. pr. Perdre courage, renoncer par crainte ; ne pas exécuter une prouesse dont on s'est vanté, se dégonfler* : *À la dernière minute, il s'est déballonné.*

débander v. i. Cesser d'être en érection. ǁ Avoir peur.

débarbot ou **débardot** n. m. Avocat défenseur.

débardeur n. m. Maillot de corps.

débarquement n. m. Apparition des menstrues.

débarquer v. t. Congédier : *Il s'est fait débarquer.*
◆ v. i. Être naïf : *Alors quoi, tu débarques ?* ǁ *Débarquer chez quelqu'un*, arriver à l'improviste. ǁ *Ils ont débarqué*, les menstrues sont là.

débarrasser le plancher loc. Partir : *Allez, oust ! débarrassez le plancher...*

débectant adj. Dégoûtant.

débecter v. tr. Dégoûter : *Il me débecte !*

débile ou **deb** adj. Idiot, crétin, infantile : *Une émission complètement débile.* (Ant. : GÉNIAL.)

débilitant adj. Qui rend triste, cafardeux : *Un docu débilitant sur la chasse aux phoques.*

débinage n. m. Médisance.

débine n. f. Misère, découragement : *Être dans la débine.* ‖ Déroute : *La grande débine de juin 40.*

débiner v. t. Dénigrer. — *Débiner le truc,* dévoiler.

◆ **débiner (se)** v. pr. Prendre la fuite.

débineur n. Personne qui dénigre ou dévoile.

débiter v. t. Parler sans réfléchir : *Qu'est-ce qu'il débite comme conneries !*

débleuir v. t. Initier, affranchir, dessaler*.

débloquer v. i. Blaguer, dire des sottises, déraisonner.

déboisé adj. Chauve.

déboiser (se) v. pr. Perdre ses cheveux.

déboucler v. t. Fracturer une porte, un coffre-fort (arg.). ‖ Libérer quelqu'un qui est enfermé.

débouler v. i. Démarrer rapidement (cyclisme).

déboulonner v. t. Révoquer d'un poste important, limoger ; faire perdre son prestige à quelqu'un.

débourrer v. i. Déféquer.

débousille n. f. Action de faire disparaître un tatouage.

déboutonner (se) v. pr. Dire tout ce qu'on pense ; avouer.

débrider v. t. Ouvrir de force : *Débrider la lourde* (arg.). ‖ Dégainer une arme (arg.).

débris (vieux) n. m. Vieillard gâteux.

débrouille n. f. Débrouillardise. (V. DÉMERDE.)

débrouiller v. t. Tirer d'embarras, éclaircir : *Restez là, je vais vous débrouiller ça.*

◆ **débrouiller (se)** v. pr. Se tirer d'affaire.

déca n. m. Café décaféiné : *Trois, dont un déca !*

décalcifier (se) v. pr. Retirer son slip, son calcif*.

décaniller v. i. S'enfuir, se sauver, déguerpir.

décapant adj. Râpeux (en parlant d'un vin).

décapotable adj. Jolie femme, bien carrossée*, qui accepte volontiers de se déshabiller.

décapoter v. i. Décalotter.

décarcasser (se) v. pr. Se donner beaucoup de peine.

décarpillage n. m. Inventaire d'un butin (arg.). ‖ Déshabillage : *Faut pas la voir au décarpillage !*

décarrade n. f. Départ ; évasion.

décarrer v. i. Partir ; s'évader ; sortir ; fuir.

décati adj. Qui a perdu sa fraîcheur.

décatir v. i. ou pr. Perdre sa fraîcheur : *Elle commence à décatir* ou *à se décatir.*

décesser v. t. Se dit pour CESSER : *Vous décessez pas de faire du bruit.*

déchard adj. Misérable, dans la dèche*.

décharge n. f. Éjaculation.

décharger v. i. Éjaculer.

dèche n. f. Pauvreté. ‖ Superflu : *La dèche, ce sont les cigarettes, le journal, l'apéro...*

décheur adj. Dépensier.

décoller v. i. Dépérir : *Il a décollé depuis sa maladie.* ‖ S'éloigner de quelques pas du partenaire (spect.). ‖ *Sans décoller,* sans arrêter.

déconnage n. m. Action de déconner*.

déconnecter v. i. S'isoler, rompre le contact avec ses activités professionnelles.

déconner v. i. Dire des conneries*, déraisonner.

déconneur n. Celui qui déconne*.

déconnographe n. m. Téléscripteur (presse).

déconnomètre n. m. Poste de radio ou de télévision, téléphone, microphone.

décors (aller, rentrer, foncer ou **valser dans les)** loc. Quitter la route accidentellement.

decrassing-room n. m. Salle de bains.

décrocher n. m. Obtenir, réussir : *Décrocher une commande, une première place.* — *Décrocher la timbale,* atteindre un but. ‖ Dégager des objets du mont-de-piété. ‖ Être en perte de vitesse (aéron.). ‖ Cesser de se droguer. ‖ Prendre sa retraite.

déculottée n. f. Perte au jeu.

déculotter (se) v. pr. Avouer. — Renoncer par lâcheté.

dedans adv. *Mettre dedans,* tromper, escroquer, mystifier. ‖ *Être dedans,* être en prison : *Je vous fous dedans* (milit). ‖ *Rentrer dedans,* attaquer. ‖ *Faire du rentre dedans,* flirter.

défarguer (se) v. pr. Se disculper en chargeant quelqu'un.

défausser (se) v. pr. Se débarrasser d'un objet inutile ou compromettant. — Se débarrasser de cartes inutiles (jeu).

défendre (se) v. pr. Montrer de l'habileté, bien connaître et pratiquer son métier. ‖ Se débrouiller, vivre d'un travail plus ou moins vague. ‖ Résister aux épreuves de l'âge. ‖ Se livrer à la prostitution (prost.).

défense (avoir de la) loc. Se défendre*.

défiler (se) v. pr. S'esquiver ; se dérober devant une tâche.

déflaquer v. i. Déféquer.

défonce n. f. Drogue.

défoncer (se) v. pr. Se donner à fond, fournir un effort maximal. ‖ Se droguer.

défonceuse n. f. Membre viril.

défouler (se) v. pr. Libérer ses instincts.

défourailler v. t. Dégainer, sortir une arme à feu. — *Défourailler dedans,* tirer (arg.). ‖ Sortir de prison (arg.).

défrimer v. t. Dévisager ; reconnaître quelqu'un.

défringuer v. t. et pr. Déshabiller.

défriser v. t. Contrarier, désappointer : *Rien que voir sa gueule, ça m'a défrisé.*

défroquer (se) v. pr. Se déculotter, retirer son froc*.

défrusquer v. t., ou **se défrusquer** v. pr. Déshabiller ou se déshabiller.

dég adj. inv. Sale, repoussant, dégueulasse*.

dégager v. i. Sentir mauvais ; péter. ‖ Partir, s'en aller : *Allez, dégage !*

dégaine n. f. Allure, attitude.

dégarnir (se) v. pr. Perdre ses cheveux.

dégauchir v. t. Découvrir, trouver : *Dégauchir un appartement.*

dégelée n. f. Volée de coups.

déglinguer v. t. Démolir, désarticuler, abîmer.

dégobillade n. f. Vomissure.

dégobillage n. m. Action de vomir.

dégobiller v. t. Vomir.

dégoiser v. t. Parler abondamment, dire.

dégommer v. t. Destituer, dégrader : *Il a été dégommé.* ‖ Abattre : *Il l'a dégommé au premier round.* ‖ Recevoir une semonce : *Qu'est-ce que j'ai dégommé !*

dégonflage n. m. Acte de lâcheté.

dégonfler (se) v. pr. Renoncer par peur, manquer de courage, se déballonner*.

dégonflé, dégonfleur adj. et n. Lâche ; qui ne tient pas ses promesses.

dégoter v. t. Découvrir, trouver. ‖ Avoir de l'allure : *Qu'est-ce qu'il dégote !*

dégoulinante n. f. Horloge, pendule.

dégoûtant n. m. Individu grossier ; voyeur.

dégoûtation n. f. Chose qui dégoûte, qui répugne.

dégrafer (se) v. pr. Renoncer.

dégraisseur n. m. Percepteur.

degré (deuxième) n. m. Passage à tabac.

dégréner v. t. Débrayer, faire grève.

dégringolade n. f. Décadence : *Grandeur et dégringolade des Romains.*

dégringoleur n. m. Habile dans les descentes (cyclisme).

dégrouiller v. i., ou **se dégrouiller** v. pr. Se hâter, se grouiller*.

degueulando adv. « Glissando » (musique).

dégueulasse ou **dégueu** adj. Dégoûtant, répugnant, sale : *Ce petit pinard, c'est pas le frère à dégueulasse.*

dégueulasserie n. f. Chose qui dégoûte. ‖ Indélicatesse : *Il m'a fait une dégueulasserie.*

dégueulatoire adj. Qui donne envie de vomir.

dégueulbi, dégueulbif ou **dégueulbite** adj. Dégoûtant, répugnant, dégueulasse*.

dégueuler v. t. Vomir. ‖ *Dégueule, on va trier*, parle comme tu peux, on essaiera de comprendre.

dégueulis n. m. Vomissure.

dégueuloir n. m. Bouche.

déguiser (se) v. pr. *Se déguiser en courant d'air*, s'éclipser ; *en cerf*, s'enfuir.

déguster v. i. Recevoir des coups : *Qu'est-ce qu'on a dégusté !*

déharnacher v. t. Déshabiller une femme.

déhotter v. t. Trouver, dénicher, dégoter*.
◆ v. i. Partir.
◆ **déhotter (se)** v. pr. S'en aller.

Deibler (à la) loc. Coupe de cheveux dégageant la nuque.

déloquer v. t. Déshabiller.
◆ **déloquer (se)** v. pr. Se déshabiller : *Elle s'est déloquée dare-dare.*

délourder v. t. Ouvrir la porte : *La lourde est délourdée.*

demain il fera jour loc. À chaque jour suffit sa peine.

démancher (se) v. pr. Se démener, se décarcasser*. — *Se*

démancher le trou du cul, se donner du mal.

démantibuler v. t. Démonter, rendre impropre à servir.

démaquer (se) v. pr. Se séparer de son compagnon ou de sa compagne.

déménager v. i. Déraisonner. ‖ *Déménager à la cloche de bois*, v. CLOCHE.

dément adj. Extraordinaire : *Un film dément.*

démerdard adj. Débrouillard.

démerde n. f. Débrouillardise : *Système démerde*, système D*.
◆ adj. *Un gars démerde.*

démerder v. t. Débrouiller.
◆ **démerder (se)** v. pr. Se débrouiller ; se dépêcher : *Démerdez-vous !*

démerdeur n. Qui débrouille ; qui se débrouille. — Avocat.

demeuré adj. Imbécile.

demi n. m. Verre de bière. — *Demi direct*, demi de bière à la pression.

demi-jambe, demi-jetée ou **demi-livre** n. f. Cinquante francs.

demi-molle (l'avoir ou **être en)** loc. Manquer d'énergie.

demi-portion n. m. Individu petit, avorton.

demi-sac n. m. Cinq cents francs.

demi-sel n. m. Personnage qui se croit affranchi.

demoiselle n. f. Fille (par filiation) : *Il y a longtemps que je n'ai pas vu votre demoiselle.* || Pouliche (turf).

démon de midi n. m. Andropause (ou ménopause).

démonté adj. Privé de son automobile.

démouler v. i. Faire un lit, en découvrant la couverture (hôtels, wagons-lits).

démouscailler (se) v. pr. Se débrouiller, se démerder*.

démurger v. t. Sortir, quitter un lieu.

déniaiser v. t. Déflorer.

dent n. f. *Avoir la dent,* avoir faim.

dentelle n. f. *Avoir les pieds en dentelle,* avoir mal aux pieds ; refuser de « marcher », refuser.

dentiste (aller au) loc. Chercher de quoi manger.

dep n. m. Homosexuel, pédé* (verlan).

dépagnoter (se) v. pr. Sortir du lit.

dépannage n. m. Action de dépanner*.

dépanner v. t. Tirer d'embarras.

déphasé adj. Qui a perdu contact avec la réalité : *Il est gentil, mais il est complètement déphasé.*

dépiauter v. t. Enlever la peau ; démonter ; désosser*.

déplanquer v. t. Sortir de sa cachette, de sa planque* ; dégager du mont-de-piété.

◆ **déplanquer (se)** v. pr. Sortir de sa planque*.

déplumer (se) v. pr. Perdre ses cheveux.

déponer v. i. Déféquer.

déposer son bilan loc. Mourir.

dépoter v. t. Déposer un client (taxi). || Exhumer (pompes fun.).

dépouille n. f. Action de voler.

déprime n. f. Dépression nerveuse ; cafard ; neurasthénie.

dépuceler v. t. Déflorer. — Se servir de quelque chose ou l'ouvrir pour la première fois.

der adj. Dernier. — *Le der* ou *le der des der,* le dernier verre avant de se séparer. || *Dix de der,* à la belote, dernière levée, comptant dix (v. PARTIE).

dérailler v. i. Déraisonner, divaguer.

derche n. m. Cul. || *Faux derche,* traître, hypocrite, faux* jeton. || *Peigne derche,* avare, pingre, peigne-cul.

dérive n. f. Vie errante.

derjo prép. Derrière, en arrière.

dernière n. f. Dernière nouvelle ; récente histoire drôle : *Tu connais la dernière ?*

dérouillée n. f. Volée de coups.

dérouiller v. t. Donner des coups.
◆ v. i. Recevoir des coups. || Trouver le premier client, le premier acheteur de la journée : *Je*

n'ai pas encore dérouillé ce matin.

◆ **dérouiller (se)** v. pr. *Se dérouiller les jambes,* les dégourdir.

dérouler v. i. Aller de café en café.

désaper (se) v. pr. Se déshabiller.

descendre v. t. Tuer, abattre : *Descendre un flic.*
◆ v. i. Faire une descente* (police). ‖ *Descendre en flammes,* critiquer violemment, dénigrer, perdre la réputation ou annihiler les arguments de l'adversaire. ‖ *Faire descendre,* avorter. ‖ *Descendez, on vous demande !* Expression ironique lancée à quelqu'un qui tombe.

descente n. f. Rafle de police. ‖ Irruption d'une bande dans le local d'une bande rivale. ‖ *Avoir une bonne descente,* bien supporter la boisson. ‖ *Descente de lit,* individu veule, prêt à toutes les bassesses. ‖ *Descente à la cave, au barbu* ou *au lac,* cunnilingus.

désert n. m. Déserteur.

désordre adj. Désordonné, qui n'a pas d'ordre.

désossé adj. Maigre.

désosser v. t. Démonter en pièces détachées. *Désosser* une voiture pour récupérer les pièces vendables ; un livre dépareillé pour vendre séparément les gravures ; une forme pour distribuer les éléments (impr.). — *Désosser le jonc,* casser les bijoux pour faire fondre l'or (arg.).

dessaler v. t., et **se dessaler**

v. pr. Initier. affranchir. débleuir*.

dessin (faire un) loc. Expliquer : *Faut te faire un dessin ?*

dessouder v. t. Tuer. — *Se la dessouder,* mourir.

dessur prép. Se dit pour SUR : *Mets la bouteille dessur la table.*

dessus n. m. Dans un lot, le meilleur, le dessus du panier (brocante).

destroy n. m. Action de casser : *Faire un destroy.*

destructeur n. m. Vin rouge.

détail (ne pas faire de) loc. Ne pas lésiner.

dételer v. i. Arrêter de travailler, prendre sa retraite : *En amour, ne pas dételer.*

détente (être dur à la) loc. Ne donner de l'argent qu'avec peine, être radin*. ‖ Ne comprendre qu'avec peine.

déterré (avoir une mine de) loc. Être pâle, défait.

détrancher (se) v. pr. Changer d'avis à la dernière minute avant de parier (turf).

détraqué adj. Fou.

détréper v. i. Éloigner les curieux qui n'achètent pas (camelots).

détroncher (se) v. pr. Détourner la tête, tourner la tête, regarder en arrière.

deuche n. f. Automobile 2 CV Citroën, deux*-pattes.

deuil n. m. *Faire son deuil de quelque chose,* se résigner à y renoncer. ‖ *Porter le deuil,* avertir d'un danger ; porter plainte. ‖ *Avoir les ongles en deuil,* sales, noirs.

deux adj. num. *Ça fait deux, c'est tout différent.* ‖ *En moins de deux,* en un rien de temps. ‖ *Deux coups les gros,* aussitôt. ‖ *De mes deux,* expression de mépris : *La concierge de mes deux.*
◆ *Deux-pattes* n. f. Voiture 2 CV Citroën. ‖ *Deux-roues* n. m. Tout véhicule à deux roues. ‖ *Deux-temps* n. m. Moteur à deux temps.

deuxio adv. Deuxièmement.

dévalisé (être) loc. Avoir vendu la totalité des articles en magasin (commerce).

devant n. m. Organes génitaux : *Le petit a mal à son devant.*

dévisser v. t. Blesser, tuer. ‖ Trouver. ‖ *Dévisser* ou *dévisser son billard,* mourir.
◆ v. i. Lâcher prise (alpinisme).
◆ **dévisser (se)** v. pr. Partir, mourir.

dézinguer v. t. Démolir, déglinguer*.

diam n. m. Diamant, pierre précieuse. — Au pl. : *Les diam's.*

diapo n. f. Diapositive.

diche n. f. Directrice (étud.).

dico n. m. Dictionnaire.

dictionnaire (passe-moi le) loc. Attention, police ! (la rousse*).

didite (faire) loc. Jouer un cheval qui arrive dead-heat (turf).

dieu n. m. *C'est pas Dieu possible !,* ce n'est pas croyable. ‖ *Marcher le feu de Dieu,* aller très fort. ‖ *Au feu de Dieu,* très loin. ‖ *Bon Dieu, Bon Dieu de bon Dieu, Nom de Dieu, Sacré nom de Dieu,* etc., jurons.

digue (que) loc. Rien, que dalle*.

digue-digue n. f. Épilepsie. — *Tomber en digue-digue,* s'évanouir.

dimanche (en) loc. adv. Endimanché : *S'habiller en dimanche.*

dîne n. f. Repas, nourriture. — *Aller à la dîne,* aller manger.

dingo n. et adj. Fou, aliéné : *On l'a mis chez les dingos.*

dingue n. m. Fou : *La maison des dingues.* ‖ *Battre les dingues,* simuler la folie (arg.).
◆ n. f. Fièvre paludéenne ; grippe. — Pince-monseigneur (arg.).
◆ adj. Fou. — Absurde, bizarre : *Une histoire complètement dingue.*

dinguer (envoyer) v. t. Rejeter, renvoyer, éconduire brutalement.

dirlo ou **dirlingue** n. Directeur, directrice.

disciplote n. f. Discipline (armée).

disque (changer de) loc. Changer de conversation, parler d'autre chose.

disserte n. f. Dissertation (étud.).

distribe n. f. Distribution.

dix n. m. Anus. (Syn. : dix sous, dix ronds*.) ‖ *Dix de der.* V. DER.

‖ *Ça vaut dix,* c'est très drôle. ‖ *Sortir dans les dix pour cent,* devenir fou (École polytechnique).

doc n. m. Médecin.

doche n. f. Mère. — *Belle-doche,* belle-mère. — *Les doches,* les parents. ‖ Domino : *La boîte à doches.* ‖ Dé : *Passer les doches,* renoncer, passer la main. ‖ Menstrues : *Avoir ses doches.*

docteur n. m. Se dit pour MÉDE-CIN : *Aller au docteur.*

docu n. m. Document. — Film documentaire, court métrage.

dodo n. m. Lit : *Aller au dodo.* — Sommeil : *Faire dodo* (enfants).

doigt n. m. *Avoir les doigts crochus,* être voleur. ‖ *Y mettre les quatre doigts et le pouce,* saisir à pleine main. ‖ *Arriver les doigts dans le nez,* arriver sans effort. ‖ *Ne pas remuer le petit doigt,* ne faire aucun effort. ‖ *Se mettre le doigt dans l'œil,* se tromper, faire erreur. ‖ *Se mordre les doigts,* regretter. ‖ *Faire un doigt de cour,* flirter. ‖ *Le doigt du cœur,* pour une femme, le médius.

dolluche n. m. Dollar.

domino n. m. Dent.

dondon (grosse) n. f. Grosse femme.

donnant donnant loc. adv. Réciproquement, à titre d'échange : *Avec moi, c'est donnant donnant.*

donner v. t. Dénoncer à la police : *Je me demande qui m'a donné.* ‖ *C'est donné,* ce n'est pas cher. ‖ *En donner* ou *s'en donner,* ne pas ménager ses efforts.

◆ **donner (se)** v. pr. Accorder ses faveurs. ‖ *Se donner de l'air,* s'évader. ‖ *Se la donner,* se méfier. ‖ *Se donner la main,* se valoir : *Ces deux-là, ils peuvent se donner la main.*

donneur n. Dénonciateur.

donzelle n. f. Fille, demoiselle (péjor.).

dopant n. m. Substance qui dope*.

doper v. t. Stimuler. — Administrer un doping*. ‖ Réprimander, corriger, passer un shampooing*.

doping n. m. Emploi d'excitants.

doré (être) loc. Avoir de la chance, l'avoir en or*.

dorer (se faire) loc. Subir un acte de sodomie : *Va te faire dorer !*

dorme n. f. Sommeil : *C'est le moment d'aller à la dorme.*

dos n. m. *Avoir bon dos,* être accusé à la place d'un autre : *Toujours en retard, le métro a bon dos !* ‖ *Se mettre quelqu'un à dos,* s'en faire un ennemi. ‖ *En avoir plein le dos,* en avoir assez, ras le bol*. ‖ *L'avoir dans le dos,* être la dupe, la victime, être privé.

dossière n. f. Derrière. ‖ Slip fendu par-derrière.

doublage n. m. Trahison. ‖ Entretien de deux proxénètes par une seule prostituée (prost.).

doublé (faire un) loc. Mettre au monde deux jumeaux.

doubler v. t. Tromper, duper, rouler*. ‖ Être infidèle. ‖ Réaliser une affaire avant celui qui l'avait projetée : *Quand je suis arrivé, cette vache-là m'avait doublé.*

doublure n. f. Prête-nom.

douce n. f. Marijuana (drogue). ‖ *En douce*, discrètement, subrepticement, en loucedé*.

doucettement adv. Tout doucement.

douche n. f. Pluie pénétrante : *Prendre une douche.* ‖ *Douche écossaise*, réprimande inattendue après un compliment.

doucher v. t. Faire éprouver une déception. ‖ Réprimander. ‖ *Se faire doucher*, recevoir une averse.

doudounes n. f. pl. Seins.

douillard adj. Riche.

douiller v. i. Payer, généralement après marchandage.

douilles n. m. pl. Cheveux : *Se faire faucher les douilles. — Fausses douilles*, perruque.

douillettes n. f. pl. Testicules.

douleur n. f. *La douleur*, individu pénible, difficile à supporter : *Salut, la douleur!* ‖ *Comprendre sa douleur*, réaliser sa déconvenue : *Quand il a fallu payer, j'ai compris ma douleur.* ‖ Au pl. Rhumatismes.

doulos n. m. Chapeau. ‖ Dénonciateur. ‖ Au pl. Cheveux.

douloureuse n. f. Note à payer.

douze n. m. Bévue, erreur, gaffe : *Faire un douze.*

dragée n. f. Balle d'arme à feu.

drague n. f. Action de draguer* : *Les poules, c'est fait pour la drague.*

draguer v. t. Racoler seul ou à plusieurs des filles ou des garçons (sans idée de prostitution).

dragueur n. Qui drague*.

drapeau n. m. Dette impayée. — *Planter un drapeau*, partir sans payer.

draps (être ou **se mettre dans de beaux)** loc. Être dans une situation embarrassante.

draupère n. m. Policier, poulet*, perdreau* (verlan).

driver v. t. Pour un proxénète, surveiller le travail d'une prostituée.

droit-commun ou **droit-co** n. m. Condamné de droit commun.

droitier n. m. ou adj. Étudiant d'extrême droite.

drôlement adv. Extrêmement : *C'est drôlement bath.*

dropper v. i. Aller vite, se dépêcher.

dross n. m. Résidu dans la pipe d'opium (drogue).

drouille n. f. Marchandise sans valeur. — Soldes.

drouilleur n. m. Soldeur.

-du suff. argotique. Chômeur, *chômedu**; loque, *loquedu.*

duce n. m. Signe de connivence (jeux).

duchnoque adj. ou n. Crétin, chnoque*.

ducon ou **duconno, duconnoso, duconnosof** n. m. Imbécile. — *Ducon-la-joie,* imbécile heureux.

dur n. m. Individu qui ne recule devant rien : *Pierrot, c'est un dur.* — *Dur à cuire,* individu endurci. ‖ Métro ; train : *Brûler le dur,* voyager en chemin de fer sans billet. ‖ *Les durs,* les travaux forcés.

◆ adj. *Dur de la feuille,* sourd. — *Dur à la détente,* avare.

◆ interj. exprimant une difficulté, une désillusion : *Ah ! dur !, ah !* merde ! — *Dur-dur !* Pénible !

duraille adj. Difficile et pénible : *Se lever le matin, c'est duraille.*

durillon adj. inv. Difficile et délicat.

dynamite n. f. Cocaïne. — *Marcher à la dynamite,* se doper*.

eau n. f. *Eau plate*, eau ordinaire. — *Eau d'affe*, eau-de-vie. — *Eau à ressort*, eau de Seltz, eau gazeuse. ‖ *N'avoir pas inventé l'eau chaude*, ne pas être très intelligent. ‖ *Tourner en eau de boudin*, ne pas s'achever, finir piteusement, en queue de poisson. ‖ *De la plus belle eau*, ce qu'on fait de mieux (ironique) : *Une crapule de la plus belle eau.*

ébouriffant adj. Extraordinaire, incroyable.

ébouser v. t. Tuer, assassiner.

écailler v. t. Escroquer (arg.).

échalas n. m. Jambe maigre.

échalote n. f. Anus. ‖ *Course à l'échalote*, jeu (?) qui consiste à faire courir l'adversaire en le tenant par le col et le fond du pantalon.
◆ n. f. pl. Ovaires : *Se faire dévisser les échalotes.*

échappé de bocal loc. Gringalet.

échassière n. f. Prostituée de bar.

échauffant adj. Se dit d'un aliment qui constipe.

échelle (monter ou **grimper à l')** loc. Prendre au sérieux une plaisanterie. ‖ Se mettre en colère.

échouer v. i. Finir en un lieu : *C'est ici que j'ai échoué.*

éclairer v. t. Payer : *Il faut toujours finir par éclairer.*

éclater (s') v. pr. Avoir des visions colorées (drogue).

écluser v. t. Boire : *Écluser un godet.*
◆ v. i. Uriner.

écœuré adj. Découragé.

éconocroques n. f. pl. Économies : *Faire des éconocroques.*

écoper v. i. Recevoir des coups, des reproches, des punitions ; être la victime : *C'est toujours les mêmes qui écopent. Écoper de deux jours de tôle.*

écorcher v. t. Faire payer trop cher : *Écorcher le client.*

écosser (en) loc. Travailler dur. ‖ Dépenser.

écoutilles n. f. pl. Oreilles.

écrabouiller v. t. Écraser.

écrase-merde n. f. pl. Larges chaussures.

écraser v. i. Ne pas insister : *Tais-toi, écrase.* ‖ *En écraser,* dormir profondément : *Qu'est-ce qu'il en écrase.*
◆ v. t. *Écraser le champignon,* accélérer (auto). ‖ *Écraser de l'ivoire,* jouer du piano (mus.).

écrémer v. t. Choisir le meilleur : *Écrémer une bibliothèque.* — Alléger.

écrevisse (marcher comme une) loc. Avec lenteur ; sans avancer, comme à reculons.

écrouler (s') v. pr. S'affaler lourdement : *S'écrouler dans un fauteuil.*

écuelle n. f. Assiette.

écureuil n. m. Coureur cycliste sur piste.

écurie n. f. Groupe de voitures, de cyclistes, etc., qui courent pour une même marque. — Artistes ou écrivains groupés chez le même marchand, le même éditeur. ‖ *Vous vous croyez dans une écurie ?* Se dit à quelqu'un qui siffle avec sans-gêne. ‖ *Entrer comme dans une écurie,* sans saluer, sans se présenter.

édredon (faire l') loc. Voler un client endormi, entôler*.

effacer v. t. Faire hâtivement : *Effacer un guindal.* ‖ Tuer.
◆ v. pr. *S'effacer,* mourir.

effeuilleuse n. f. Strip-teaseuse.

égoïner v. t. Évincer, scier*. ‖ Forniquer, limer*.

éjecter v. t. Faire sortir brutalement ; jeter.

élastique (les lâcher avec un) loc. Payer avec regret, avec réticence.

éléphant n. m. Terrien (marine).

emballage n. m. Arrestation.

emballarès adj. Emballé*, appréhendé.

emballer v. t. Appréhender, arrêter : *Se faire emballer par la police.* ‖ Racoler, faire une conquête. — *Emballez, c'est pesé !* Exclam. qui confirme le succès d'un racolage, ou l'achèvement d'une action, d'un travail.
◆ v. pr. S'enthousiasmer ; s'emporter, se mettre en colère : *Il s'emballe pour un rien.*

emballeur n. m. Policier. ‖ Croque-mort.

embaquer (s') v. pr. Perdre au jeu (turf).

embarbouiller (s') v. pr. Se dit pour S'EMBROUILLER : *S'embarbouiller dans ses explications.*

embarquer v. t. Appréhender, arrêter.

embellie n. f. Circonstance heureuse, favorable, coup de chance.

embistrouiller v. t. Embêter, ennuyer, emmerder*.

emboîtage n. m. Action de siffler, de conspuer, d'emboîter*.

emboîter v. t. Mystifier, mettre en boîte*. ‖ *Se faire emboîter,* se faire siffler, conspuer (spect.).

emboucaner v. t. Embêter, emmerder*. ‖ Sentir mauvais.

embouché (mal) adj. Grossier en paroles, d'un abord désagréable.

embourber v. t. Posséder une femme.

embrasser un platane loc. Heurter un arbre des accotements (auto).

embrayer v. t. Commencer, se mettre en train, se mettre en route. ‖ Commencer à comprendre.

embringuer v. t. Engager, enrôler fâcheusement : *Se laisser embringuer dans une sale affaire.*

embrouillamini n. m. Confusion, désordre.

embrouille n. f. Ennui, confusion, tractation louche, malentendu. — *Un sac d'embrouilles,* une cause d'ennuis, de confusion volontaire.

Embrouille (l') n. pr. La Bourse (arg.).

embrouilleur n. m. Qui fait des embrouilles*.

éméché adj. Légèrement ivre.

émeraudes n. f. pl. Hémorroïdes.

emmanché adj. Imbécile. — Homosexuel passif.

emmancher v. t. Sodomiser : *Se faire emmancher.*
◆ **emmancher (s')** v. pr. Commencer, s'engager : *L'affaire s'emmanche mal.*

emmerdant adj. Ennuyeux, embêtant.

emmerde n. f. Ennui, gêne, emmerdement* : *Il va encore nous faire des emmerdes.*

emmerdé adj. Ennuyé, embêté.

emmerdement n. m. Embêtement, ennui grave : *C'est pas demain que cesseront les emmerdements.*

emmerder v. t. Ennuyer, importuner : *Celui-là, il m'emmerde.* — Tenir pour négligeable : *Celui-là, je l'emmerde.*
◆ **emmerder (s')** v. pr. S'ennuyer : *Ah ! ce qu'on s'emmerde ici !* ‖ *Ne pas s'emmerder,* ne pas se gêner, avoir de l'aplomb, savoir profiter : *Au prix du beurre, ils s'emmerdent pas, les épicemars.*

emmerdeur n. m. Importun, gêneur, embêtant, ennuyeux.

emmieller v. t. Importuner, emmerder*.

emmouscailler v. t. Ennuyer, emmerder*.

émotionnant adj. Se dit pour ÉMOUVANT : *Un spectacle émotionnant.*

émotionner v. t. Se dit pour ÉMOUVOIR.

émoustillant adj. Qui rend gai, hilare.

émoustiller v. t. Exciter à la gaieté : *Le roteux émoustille.*

empaffé adj. Efféminé. ‖ Gêneur. (V. PAF.)

empaffer v. t. Sodomiser.

empaillé n. m. Imbécile maladroit.

empalmer v. t. Voler, dérober, subtiliser avec la main.

empapaouter v. t. Sodomiser.

empaqueté adj. Imbécile maladroit, empoté*.

empaqueter v. t. Appréhender, arrêter, emballer*.

empaumer v. t. Tromper, rouler : *Il s'est laissé empaumer. — Se faire empaumer,* se faire prendre.

empêcheur de danser en rond n. Gêneur, importun.

empégaler v. t. Engager au mont-de-piété. (V. PÉGAL.)

empeigne (gueule d') n. f. Visage antipathique.

empiffrer (s') v. pr. Se bourrer de nourriture.

empiler v. t. Duper, escroquer : *Je me suis fait empiler.*

empileur n. Petit escroc, qui empile*.

emplafonner v. t. Frapper d'un coup de tête. — Heurter, emboutir, emplâtrer* (auto).

emplâtre n. m. Coup.

emplâtrer v. t. Heurter, emboutir, emplafonner*.

empoigne (foire d') n. f. Mêlée où gagne le plus fort ou le moins scrupuleux (fig.).

empoisonneur public n. m. Qui importune toute une profession, toute une catégorie d'individus.

empoté adj. Gauche, maladroit.

emproser v. t. Sodomiser.

emprunt forcé n. m. Chantage, racket.

en adv. Lieu inavouable : *Il en sort* (de prison).
◆ pr. pers. Catégorie méprisable : *Il en est.*
◆ prép. De (matière) : *Un escalier en bois.*

en-bourgeois n. m. Policier en civil.

encadrer v. t. Frapper (généralement par succession de coups au visage). ‖ Heurter violemment un obstacle : *Encadrer un arbre.* ‖ *Ne pas pouvoir encadrer quelqu'un,* ne pas pouvoir le supporter.

encaisser v. t. Recevoir des coups : *Qu'est-ce qu'il a encaissé !* ‖ Supporter : *Ils ne peuvent pas s'encaisser.*

encalbécher v. t. Frapper à coups de tête.

encaldosser v. t. Saisir par-derrière. — Sodomiser.

encarrade n. f. Action d'entrer, d'encarrer*.

encarrer v. t. Entrer, faire entrer, adresser, envoyer.

enceintrer v. t. Engrosser, mettre enceinte.

enchtiber v. t. Mettre en prison.

encloquer v. t. Engrosser.

encoinsta ou **encoinsto** n. m. Cale de bois pour forcer les portes (arg.).

encordé adj. Qui fait partie d'un ordre qui porte une cordelière (ecclés.).

encore adv. Encore (emploi pléonastique avant ou après les verbes itératifs) : *Refais-le encore.*

encrister v. t. Appréhender : *Se faire encrister.*

encroumé adj. Endetté.

enculer v. t. Sodomiser. ‖ *Enculer les mouches,* pousser très loin l'analyse, pinailler*.

endauffer v. t. Sodomiser.

endêver (faire) loc. Tourmenter, importuner, emmerder*.

endormir v. t. Donner confiance, bourrer* le crâne.
◆ **endormir (s')** v. pr. *S'endormir sur le rôti, sur le mastic,* paresser.

endosses n. m. pl. Dos ; épaules.

endroit (petit) n. m. Cabinets.

enfant (faire un) dans le dos loc. Trahir la confiance de quelqu'un.

enfifrer v. t. Sodomiser.

enfiler v. t. Forniquer, posséder. ‖ *Enfiler des perles,* perdre son temps.
◆ **enfiler (s')** v. pr. Faire l'amour. ‖ Avaler : *S'enfiler un verre.*

enfle adj. Enflé : *J'ai été piqué par un moustique, je suis enfle.*

enflé n. m., ou **enflure** n. f. Imbécile.

enfoiré adj. Imbécile, gêneur. — Homosexuel.

enfoirer v. t. Sodomiser.

enfoncer v. t. Accuser, charger.

enfouiller v. t. Empocher.

enfouraillé adj. Armé, fouraillé*.

enfourailler (s') v. pr. Se munir d'une arme.

enfourcher un dada loc. Se lancer dans une démonstration, un raisonnement favori.

enfourner v. t. Avaler goulûment.

engelure n. f. Emmerdeur*.

engin n. m. Membre viril.

engourdir v. t. Voler : *Je me suis fait engourdir mon vélo.*

engrainer v. t. Embaucher.

engrais n. m. Argent. — Somme oubliée par des joueurs.

engraisser v. t. Donner régulièrement de l'argent à quelqu'un.

engueulade n. f. Réprimande. — Échange d'insultes.

engueuler v. t. Insulter. ‖ Réprimander.

enguirlander v. t. Réprimander, engueuler*.

énième adj. ord. Au rang suivant d'une certaine quantité : *Pour la énième fois, je vous demande de vous taire.*

ennuyant adj. Ennuyeux.

enquiller v. i. Pénétrer, entrer.
◆ **enquiller (s')** v. pr. S'introduire.

enquiquiner v. t. Ennuyer, importuner.

enragé n. m. Extrémiste. Acharné.
◆ adj. Acharné : *Un joueur enragé.*

enrouler v. i. Pédaler en souplesse (cycliste).

ensoutané adj. et n. Prêtre en soutane.

ensuqué adj. Fatigué, abruti ; drogué.

entamer son capital loc. Perdre sa virginité.

entendu (comme de bien) loc. Se dit pour COMME CONVENU, D'ACCORD, ASSURÉMENT.

entifler v. i. Entrer, pénétrer.

entoiler (se faire) loc. Se faire arrêter.

entôlage n. m. Vol commis par une prostituée aux dépens d'un client (arg.).

entôler v. t. Commettre un entôlage* (arg.).

entonnoir à musique n. m. Oreille.

entortiller v. t. Séduire par des paroles trompeuses.

entourloupe ou **entourloupette** n. f. Mauvais tour, tromperie.

entraver v. t. Comprendre : *Je n'entrave que dalle.*

entrée n. f. *D'entrée*, à première vue, de prime abord, tout de suite : *D'entrée, j'y ai dit merde.* ‖ *Entrée des artistes,* anus.

entremichon n. m. Raie des fesses.

entréper v. t. Attirer les badauds.

entreprendre v. t. Entreprendre de convaincre, de persuader : *Il m'a entrepris sur la politique.*

entuber v. t. Sodomiser. ‖ Duper, escroquer : *Je me suis fait entuber.*

envapé adj. Drogué.

envelopper v. t. Abuser, posséder.

enviander v. t. Sodomiser.

envoyer v. t. *Envoyer promener, envoyer paître, envoyer au bain,* etc., éconduire, repousser. ‖ *Les envoyer,* payer. — *Envoyer la soudure,* payer. ‖ *Ça, c'est envoyé !,* bravo, bien dit, ou bien frappé.
◆ **envoyer (s')** v. pr. Posséder, s'octroyer : *S'envoyer une nana.* ‖ Absorber : *S'envoyer un verre.* ‖ *S'envoyer en l'air,* faire l'amour, prendre son pied*.

épahule n. f. Épaule.

épatamment adv. Admirablement.

épatant adj. Admirable.

épate (faire de l') ou **faire des épates** loc. Chercher à étonner.

épater v. t. Étonner.

épaule (donner un coup d') loc. Venir en aide.

épauler v. t. Venir en aide, aider.

épée n. f. Expert dans sa spécialité.

épicemar n. m. Épicier.

épinard n. m. *Mettre du beurre dans les épinards,* améliorer sa situation matérielle par des travaux, des heures supplémentaires. ‖ *Plat d'épinard,* mauvais tableau de paysage. ‖ *Aller aux épinards,* se faire entretenir par une prostituée.

épingler v. t. Appréhender.

époilant adj. Étonnant.

éponge n. f. Poumon : *Avoir les éponges mitées.* ‖ Ivrogne. ‖ Nymphomane. ‖ *Passer l'éponge,* pardonner, oublier ses rancunes : *J'ai fini par passer l'éponge.*

éponger v. t. Dépouiller complètement quelqu'un. ‖ Subir sans réagir : *Éponger une vanne.*

époques n. f. pl. Menstrues.

époustouflant adj. Étonnant.

époustoufler v. t. Étonner.

erreur d'aiguillage n. f. Erreur d'orientation (d'un dossier, d'un visiteur, etc.).

esbigner (s') loc. S'enfuir, se retirer.

esbroufe n. f. Bluff, vantardise, épate*. — *Vol à l'esbroufe,* au cours d'une bousculade.

esbroufer v. t. Bluffer, faire des épates*.

esbroufeur n. Bluffeur.

escabeau n. m. Échelle d'accès à bord (aéron.).

escagasser v. t. Abîmer, frapper, assommer.

escalope n. f. Pied, panard*.

esgourde n. f. Oreille.

esgourder v. t. Entendre, écouter.

espèce n. m. S'emploie au lieu du f. : *Un espèce d'abruti.*

espérer après quelqu'un loc. L'attendre.

espingo ou **espingouin** adj. et n. Espagnol.

esquinter (s') le tempérament loc. Se donner beaucoup de mal.

essoreuse n. f. Moto bruyante.

essuyer les plâtres loc. Être le premier à essayer une nouveauté, à s'occuper d'une affaire nouvelle, à roder une machine et en subir les inconvénients.

estampage n. m. Tromperie, duperie.

estamper v. t. Faire payer trop cher : *Estamper un client.*

estampeur n. m. Petit escroc,

commerçant indélicat, qui estampe*.

estanco n. m. Bistrot. ‖ Magasin.

estom n. m. Estomac. — Audace, culot, estomac*.

estomac n. m. *Avoir de l'estomac*, avoir du toupet. ‖ *Avoir l'estomac bien accroché*, supporter sans haut-le-cœur une odeur, une vue qui inspirent le dégoût.

estomaquer v. t. Étonner vivement.

estourbir v. t. Assommer ; tuer.

établi n. m. Lit (prost.).

étagère à mégot n. f. Oreille.

étendre v. t. Refuser à un examen : *Il a été étendu au bac.* — Perdre au jeu : *Se faire étendre.*

éternuer dans le sac, dans le son ou **dans la sciure** loc. Mourir par décapitation.

Étienne (à la tienne,) ! Formule de toast.

étincelles (faire des) loc. Être brillant (fig.).

étiquette n. f. Oreille.

étoile filante n. f. Prostituée occasionnelle.

étouffer v. t. Voler : *Je me suis fait étouffer mes alloufs*.* ‖ Boire pendant les heures de travail.

être v. i. *L'être*, être cocu : *Il l'est.* ‖ *En être*, être de la police ; être homosexuel. — *Être pour hommes, être pour femmes*, être homosexuel. ‖ *Être du matin, du soir*, être mieux disposé le matin, le soir. ‖ *Être de corvée*, désigné pour une corvée. — *Être d'enterrement, de noce*, être obligé d'assister à une cérémonie. ‖ *Être là, être un peu là*, être solide (au pr. et au fig.).

étrenner v. t. Réaliser la première vente, la première affaire de la journée : *Je n'ai pas encore étrenné depuis ce matin.*

étriller v. t. Faire payer très cher, estamper*.

eustache n. m. Couteau.

évident (pas) adj. Incertain, difficile, pas sûr, inadapté, ne convient pas.

exam n. m. Examen (étud.).

excusez-moi si je vous demande pardon. Formule ironique de politesse.

exo n. m. Exercice (étud.).
◆ n. f. Place de spectacle exonérée de taxes.

expliquer (s') ou **s'espliquer** v. pr. Se disputer, se battre. ‖ Se livrer à un délit, notamment à la prostitution : *Elle s'explique à Pigalle.*

extra adj. inv. Très bon, parfait : *C'est assez extra.*

fabriquer v. t. Faire : *Qu'est-ce que tu fabriques?* ‖ *Fabriquer quelque chose,* le voler. — *Fabriquer quelqu'un,* l'escroquer. — *Être fabriqué, se faire fabriquer,* se faire voler ; se faire appréhender, se faire faire*.

fac n. f. Faculté (étud.).

facho n. et adj. Fasciste ou, simplement, de droite.

facile adv. Facilement : *Un petit vin comme ça, on en boit un litre facile.*

facteur (pédaler en) loc. En se tenant bien droit (cyclistes).

factionnaire (relever un) ou **faf** ou **une sentinelle** loc. Boire un verre.

fada n. et adj. Simple d'esprit ; fou ; niais.

fade n. m. Part. *Avoir son fade,* sa part de butin. — *Payer* ou *y aller de son fade,* payer sa part. — *Prendre son fade,* prendre sa part de plaisir, prendre son pied*, jouir. — *Avoir son fade,* avoir son compte, soit après avoir été rossé, soit après avoir trop bu.

fadé adj. Qui a son compte, son fade* (ivre, rossé, ou malade). — *C'est fadé,* c'est fort, c'est bien servi.

fader v. i. Partager (un butin, des bénéfices, des frais, un écot, une maladie). ‖ *Se faire fader,* contracter une maladie vénérienne.

faf n. Fasciste, facho.

faffe n. m. Morceau de papier. — Billet de banque. — Au pl. Papiers d'identité.

fafiot n. m. Papier. — Billet de banque.

faflard n. m. Passeport.

fagot n. m. Ancien truand, ancien voleur (amical). — Au pl. Les bois (musique).

fagoté adj. Habillé : *Être mal fagoté.*

faiblard adj. Faible.

faible adj. *Tomber faible,* s'évanouir. ‖ *Tomber faible sur quelque chose,* dérober, chaparder. ‖ *Avoir un faible pour,* avoir un goût prononcé pour : *Il a un faible pour le gros rouge.*

faire v. t. Valoir : *Un tableau qui fait trois briques.* ‖ Opérer : *Faire les porte-monnaie* (voler). — *Faire une femme* (séduire), etc. — *Savoir y faire,* savoir s'y prendre. ‖ *Faire médecin,* faire des études de médecine. ‖ Parcourir, visiter : *Faire l'Italie.* ‖ *Faire cinquième,* obtenir cet ordre dans un classement. ‖ *La faire à,* simuler, jouer la comédie : *La faire aux sentiments. Faut pas me la faire.* ‖ *La faire à l'oseille,* tromper, se moquer. ‖ *Être fait, être fait marron, comme un rat,* perdre, être arrêté. ‖ *Faut le faire!* Exclam. admirative.
◆ **faire (se)** v. pr. *Il faut se le faire,* il faut le supporter, se le farcir. ‖ *S'en faire,* se faire du souci.

faisan ou **faisandier** n. m. Escroc, tricheur, individu louche.

faisandé adj. Suspect ; faux.

falloir v. i. Se dit pour VALOIR : *Il faut mieux.*

falot n. m. Conseil de guerre, tribunal militaire : *Passer au falot.*

falzar n. m. Pantalon.

famille n. f. *La famille tuyau de poêle,* les homosexuels. ‖ *Des familles,* sans prétention : *Un petit gueuleton des familles.*

fan' n. m. Admirateur enthousiaste : *Les fans de la B. D.*

fana adj. et n. Enthousiaste, passionné (étud.).

fanfan n. m. Enfant.

fanfres (tirer aux) loc. Tirer n'importe où (pétanque).

Fanny (baiser) ou **baiser le cul de Fanny** loc. Perdre la partie en n'ayant marqué aucun point (pétanque).

fantaise n. f. et adj. Fantaisie, de fantaisie.

fantaisie n. f. Fellation.

fantassin n. m. Pou de pubis.

fantoche adj. De fantaisie : *Une tenue fantoche* (armée).
◆ n. m. Individu qui ne mérite pas d'être pris au sérieux.
◆ n. f. Fellation.

fanzine n. m. Journal publié avec des moyens de fortune et destiné à un public limité d'amateurs : *Les fanzines de la B. D.*

farce adj. Comique.

farci adj. Truqué : *Un meuble farci* (brocante). *Une boule farcie* (pétanque).

farcir v. t. Cribler de balles.
◆ **farcir (se)** v. pr. S'offrir. — *Se farcir quelque chose,* le voler ; *se farcir un aliment,* l'absorber ; *se*

farcir une femme, la posséder. ‖ *Se farcir quelqu'un,* être obligé de le supporter : *Faut se le farcir !* — S'octroyer le plaisir de le battre : *Celui-là, je vais me le farcir.*

farfadet n. m. Fœtus.

farfouiller v. i. Fouiller en mettant tout sens dessus dessous.

farguer v. t. Accuser, charger (arg.).

fargueur n. m. Témoin à charge (arg.).

faridon (faire la) loc. Faire la noce, faire la foiridon*.

faubert en ville (passer le) loc. Se balader dans les rues (mar.).

faubourg n. m. Postérieur.

fauche n. f. Vol.

fauché ou **faucheman** adj. et n. Sans argent.

faucher v. t. Voler, chaparder : *On m'a fauché mon vélo.*

faute n. f. *C'est de ma faute, de sa faute,* se dit pour C'EST MA FAUTE, C'EST SA FAUTE.

fauter v. i. Pour une jeune fille, se laisser séduire.

fauteuil (arriver dans un) loc. Arriver facilement le premier (turf).

faux adj. *Faux comme un jeton, faux jeton, faux cul, faux derche,* déloyal, sournois, hypocrite. — *Fausse couche, résidu de fausse couche,* individu mal conformé ; lâche, méprisable. ‖ *Fausse poule,* faux policier (arg.).

faux poids n. m. Jeune fille mineure paraissant plus que son âge.

fav' n. m. Favori (turf).

faveur n. f. Fellation.

favouille n. f. Poche, fouille* (javanais).

fayot n. m. Haricot. ‖ Qui fait du zèle ; flagorneur. ‖ Rengagé (armée).

fayotage n. m. Action de fayoter*.

fayoter v. i. Faire du zèle, flatter ses supérieurs.

feignant, feignasse adj. et n. Se dit pour FAINÉANT.

feinte n. f. Piège ; coup simulé (sport).

feinter v. t. Tromper : *Il m'a feinté.*

fêlé (avoir le cerveau) loc. Être un peu fou.

femme n. f. *Bonne femme,* épouse : *Viens dîner avec ta bonne femme.* — Au pl. Les femmes : *Ah ! ce qu'on serait heureux si y avait pas les bonnes femmes !* ‖ *Raisonnement de femme saoule,* propos absurdes. ‖ *Ma femme,* bréviaire (ecclés.). ‖ *Femme du capitaine,* poupée gonflable à usage érotique. ‖ *Coucher avec la femme de l'adjudant,* être puni de salle de police (armée).

fendard, fendant ou **fendu** n. m. Pantalon d'homme.

fendre (se) v. pr. Rire : *Se fendre la gueule, la pipe, la pêche,* etc. ‖

Se fendre de, payer, débourser, donner.

fenêtre (se mettre à la) loc. Essayer de voir les cartes de l'adversaire (jeu). ‖ *Mettre les chaussettes à la fenêtre,* pour une femme, n'éprouver aucun plaisir physique.

fenêtrière n. f. Prostituée qui racole de sa fenêtre (prost.).

fente n. f. Vulve.

fer n. m. *Fer à repasser,* mauvais cheval (turf). ‖ *Avoir un fer à repasser dans chaque poche,* gravir une côte en se dandinant (cyclisme). ‖ *Fer à souder,* grand nez.

fer (mauvais) n. m. Individu dangereux : *Fais gaffe, Henri c'est le mauvais fer.*

fermer v. t. *La fermer, fermer sa gueule,* se taire. — *La ferme !* Interj. : Silence, tais-toi !

férocité (en) loc. Présentation des fauves avec le fouet.

ferraille n. f. Pièces de monnaie.

fers n. m. pl. Outils destinés à ouvrir un coffre-fort (arg.).

fesse n. f. Femme, élément féminin : *Y a de la fesse ici, ce soir.* ‖ Érotisme, pornographie : *Un journal de fesse, un livre de fesse.* — *Pain de fesse,* argent rapporté par la prostitution, ou par le commerce de la pornographie. ‖ *Serrer les fesses,* craindre.

fête (ça va être ta) loc. Menace de correction, de règlement de compte.

feu n. m. Revolver : *Il sort son feu.* ‖ *Péter le feu,* être en pleine forme. ‖ *Avoir le feu quelque part,* sembler très pressé. ‖ *Il n'y a pas le feu,* rien ne presse. ‖ *Donner, recevoir, avoir le feu vert,* recevoir une autorisation.

feuille n. f. Oreille. — *Dur de la feuille,* ou *constipé des feuilles,* sourd. — *Glisser dans les feuilles,* confier un secret. ‖ *Jouer à la feuille,* jouer de mémoire ; *jouer les feuilles mortes,* ne pas avoir d'oreille (musique). ‖ *Feuille de chou,* journal. ‖ *Voir la feuille à l'envers,* faire l'amour (à la campagne). ‖ *Faire feuille de rose,* lécher l'anus. ‖ *Mille-feuille,* liasse de dix billets de 100 F. — Sexe de femme. ‖ *C'est pas du mille-feuille,* ce n'est pas facile.

fias n. m. Individu quelconque : *Tu connais ce fias-là ?*

fiasc ou **fiasque** n. m. Fiasco, échec.

ficelé adj. Habillé, arrangé : *Être mal ficelé.*

ficelle n. f. Cravate. ‖ Galon.
◆ n. f. et adj. Rusé : *Être ficelle.*

ficher ou **fiche** v. t. Mettre, jeter : *Ficher* ou *fiche à la porte.* ‖ Donner : *Ficher une gifle.*
◆ **ficher (se)** ou **fiche (se)** v. pr. Se moquer. (V. FOUTRE.)

fichets n. m. pl. Menottes.

fichu adj. Capable : *Il est fichu d'arriver à la bourre.* ‖ Constitué : *Bien* ou *mal fichu.*

fier adj. Orgueilleux, qui ne salue pas, qui *fait le fier.* ‖ Fort dans son genre : *Un fier imbécile.*

fiérot adj. Vaniteux, fier*.

fiesta n. f. Fête : *Faire une fiesta.*

fieu n. m. Gars ; fils : *C'est un bon fieu.*

fifi n. m. Moineau.

fifille n. f. Fille (terme d'affection).

fifine n. f. Serviette hygiénique.

fifre ! (que) loc. Rien, que dalle*.

fifrelin n. m. Chose sans valeur : *Je n'ai pas un fifrelin.*

fifti-fifti loc. adv. Moitié-moitié, « fifty-fifty », afanaf*.

figne ou **fignard, fignarès, fignedé, fignolet, fion, fouine-darès** n. m. Cul.

figue n. f. Sexe de la femme. Au pl. Testicules. — *Avoir les figues molles,* n'éprouver aucun désir.

figuier (tronc de) n. m. Arabe.

figure de... loc. Insulte.

filer v. t. Donner : *File-moi une pipe.* — *Filer une avoine, une toise, une danse, une trempe,* donner une correction. ‖ Suivre. — *Filer le train,* suivre pas à pas.
◆ v. i. *En filer,* ou *filer du chouette,* pratiquer la sodomie passive.
◆ **filer (se)** v. pr. S'introduire : *Aussi sec, je me suis filé dans le placard.*

filetouze n. m. Filet à provisions.

fileur n. m. Policier qui file* un suspect. ‖ Individu qui cherche à obtenir des tuyaux des entraîneurs ou des jockeys (turf).

fileuse n. f. Indicateur (ou indicatrice) de cambriolages à faire (arg.).

filochard adj. Débrouillard.

filoche n. f. Filature (arg.).

filocher v. t. Prendre en filature:
◆ v. i. Aller vite.

filon n. m. Situation lucrative et peu fatigante. — Chance durable.

filou n. m. Tricheur, voleur adroit.

filouter v. t. Voler. Tricher. Escroquer.

filouterie n. f. Petite escroquerie.

fils à papa n. m. Fils d'un père riche et influent. — *Fils d'archevêque,* pistonné.

fin adj. Bon : *C'est la fine occase.*
◆ adv. Complètement : *Il est fin saoul.*

fin de mois n. f. Prostituée occasionnelle.

fin de saison (sentir la) loc. Vieillir.

fini adj. Achevé, accompli dans son genre : *C'est une vache finie.* ‖ Sans avenir : *Il est fini.*

fiole n. f. Tête.

fion n. m. Anus. ‖ Chance : *Avoir du fion.* ‖ *Donner le coup de fion,* mettre la dernière main. — Balayer, nettoyer.

fiotte n. f. Homme efféminé.

fissa adv. Vite : *Faire fissa* (pataouète).

fissure (mastiquer une) loc. Étonner, en boucher un coin*.

fiston n. m. Fils.

fistot n. m. Élève de première année à l'École navale.

fixe n. m. Piqûre (drogue).

fixer (se) v. pr. Se piquer (drogue).

flac (il y en a) loc. Il y en a assez, il y en a marre*.

flacdal ou **flacdalle** n. m. Mou, imbécile, sans valeur.

Flacmann (aller chez) loc. Déféquer, flaquer*.

flacon (prendre du) loc. Vieillir.

fla-fla n. m. Ostentation, manière : *Faire des fla-flas.*

flag n. m. Flagrant délit : *Tomber en flag.*

flagada adj. Fatigué, sans force.

flagda n. m. Haricot.

flagelle n. f. Flagellation érotique.

flageolet n. m. Membre viril.

Flahute n. pr. Flamand.

flambard adj. Orgueilleux.

flambe n. f. Jeu d'argent.

flambeau n. m. Jeu de tripot. ‖ Chance, affaire profitable : *Avoir du flambeau.*

flamber v. i. Jouer avec passion : *Flamber aux courtines.* ‖ Dépenser sans compter. ‖ *Être flambé,* être ruiné (après une perte au jeu).

flambeur n. m. Joueur.

flan n. m. *Du flan,* pas sérieux, du bidon* : *C'est du flan.* — *À la flan,* pas sérieux, sans soin, à la con* : *Une combine à la flan.* — *Faire du flan,* mentir, tromper. ‖ *Au flan,* au hasard, en comptant sur la chance, au culot. — *Coup de flan,* délit non prémédité (arg.). ‖ *En rester comme deux ronds de flan,* ébahi, stupéfait.

flanc n. m. *Être sur le flanc,* être exténué. ‖ *Se battre les flancs,* s'activer inutilement. ‖ *Tirer au flanc,* se soustraire à une tâche, à une obligation, tirer* au cul.

flanche n. m. Délit (arg.). ‖ Boniment de camelot. ‖ Tripot clandestin.

flancher v. i. Céder, faiblir. Ne pas persister dans une résolution, se dégonfler*.

flanelle n. f. Client qui s'attarde et ne consomme pas : *Faire flanelle.* ‖ Fiasco : *Elle raconte qu'il a fait flanelle.*

flâneuse n. f. Chaise.

flanquer v. t. Mettre, jeter, appliquer : *Flanquer à la porte, flanquer sa main sur la gueule,* etc. (V. FICHER, FOUTRE.)

flanquette (à la bonne) loc. Se dit pour À LA BONNE FRANQUETTE.

flapi adj. Fatigué, épuisé.

flaquer v. i. Déféquer. ‖ Céder, flancher*.

flash n. m. Montée de couleur au visage au moment de l'injection (drogue).

flauper v. t. Battre, rosser.

flèche n. m. Petit sou : *Pas un flèche !*
◆ n. f. Équipe : *Faire flèche.* ‖ Le milieu (arg.).

flécher v. i. Travailler en association, s'associer.

flemmard adj. et n. Paresseux.

flemmarder v. i. Paresser.

flemme n. f. Paresse. — *Tirer sa flemme,* se reposer, paresser.

fleur n. f. Gratification, cadeau, service ; faveur : *Faire une fleur à quelqu'un.* ‖ Virginité : *Perdre sa fleur* ou *sa fleur d'oranger.* ‖ *Être fleur,* être démuni d'argent, fauché*. ‖ *Arriver comme une fleur,* naïvement, avec innocence. ‖ *Fleur de nave,* imbécile. ‖ *Beau comme un paf en fleur,* habillé de neuf.

Fleury n. pr. Centre pénitentiaire de Fleury-Mérogis.

flibuster v. t. Filouter.

flibustier n. m. Filou.

flic n. m. Agent de police. ‖ *C'est clair comme un tas de boue,* ou *comme un pavé dans la gueule d'un flic,* évident, indiscutable.

flicaille n. f. Police : *La flicaille.*

flicard n. m. Agent de police (péjor.). — Indicateur.

flic-flac n. m. Paire de gifles.

flingot, flingue n. m. Fusil de guerre, arme à feu.

flingue ou **flingué** adj. À bout de ressources.

flinguer v. t. Tirer avec une arme à feu ; tuer. ‖ Posséder une femme.

flingueur n. m. Tireur acharné. Tueur.

flippant adj. Qui procure les effets de la drogue (drogue).

flippé adj. Un peu fou ; drogué. — Qui a mauvais moral.

flipper v. i. Planer, délirer (drogue).

flopée n. f. Grande quantité.

flottard n. m. Élève préparant le concours de l'École navale.

Flotte (la) n. pr. L'École navale.

flotte n. f. Eau (sous toutes ses formes) ; pluie.

flotter v. imp. Pleuvoir : *Il flotte.*

flouer v. t. Voler, duper.

flouse n. m. Argent, monnaie : *Du flouse.*

flouser v. i. Péter.

flubard n. m. Téléphone. ◆ adj. Poltron, peureux.

fluber v. i. Avoir peur.

flubes (avoir les) loc. Avoir peur, avoir les grelots*.

flurer le pet loc. Chercher des noises.

flûtes n. f. pl. Jambes : *Jouer des flûtes.*

foie n. m. *Avoir les jambes en pâté de foie,* avoir les jambes molles. ‖ *Avoir les foies* ou *les foies blancs,* avoir peur.

foin n. m. Tabac. ‖ *Faire du foin,* faire du vacarme ; faire scandale.

foirade n. f. Diarrhée. ‖ Reculade.

foire n. f. Tumulte confus. — *Faire la foire, la foiridon* ou *la foirinette,* faire la noce, s'amuser bruyamment, sans réserve. ‖ Diarrhée ; peur.

foirer v. i. Déféquer. — Échouer, manquer son but, rater.

foireux adj. Souillé d'excréments : *Pet foireux.* ‖ Peureux : *C'est un foireux.*

foiridon ou **foirinette (faire la)** loc. Faire la foire*, la noce.

foiron n. m. Postérieur. — *Avoir le foiron flottant,* marcher en tortillant les fesses.

fois (des) adv. Se dit pour PARFOIS, QUELQUEFOIS.

foisonner v. i. Sentir mauvais : *Ça foisonne !*

folichon adj. Gai (s'emploie surtout négativement) : *Ce n'est pas folichon.*

folingue n. et adj. Fou ; original : *Il est un peu folingue.*

folkeux n. Amateur de musique folklorique.

folklo adj. Démodé.

folklorique adj. Pittoresque, mais pas sérieux : *Un député folklorique.*

folle n. f. Homosexuel.

foncer v. i. Aller très vite. ‖ Être actif, efficace.

fonceur n. Individu actif, efficace : *C'est un fonceur.*

fondre v. i. Maigrir.

fondu adj. Fou, inconscient de la conséquence de ses actes.

fonte n. f. Poids et haltères : *Manier la fonte.*

foot n. m. Football.

forcé adj. Inévitable, évident.

forcir v. i. Engraisser.

forfait (déclarer) loc. Renoncer.

format n. m. Billet de 10 F.

forme n. f. Bonne condition physique : *Tenir la forme.*

formidable n. m. Verre de bière d'un demi-litre.
◆ adj. Extraordinaire, excellent.

formide adj. Extraordinaire, formidable*.

fort adj. Difficilement croyable, outré, exagéré, étonnant : *Ça, c'est fort ! — C'est un peu fort de café.*

fortiche adj. et n. Malin, rusé, fort : *Faire le fortiche.*

fossile n. m. et adj. Individu arriéré : *Un vieux fossile.*

fouaron n. m. Cul.

fouettard ou **père Fouettard** n. m. Cul. ‖ Les fesses. (V. PÈRE.)

fouetter v. i. Sentir mauvais : *Ça fouette ici !* ‖ Avoir peur : *Tu fouettes ?*

foufou, fofolle adj. et n. Écervelé.

fouignedé n. m. Anus, figne*.

fouille, fouillouse n. f. Poche. — *C'est dans la fouille*, c'est dans la poche, l'affaire est dans le sac.

fouille-merde n. m. Espion, enquêteur.

fouiller (se) v. pr. Manquer, être privé.

fouinard adj. Indiscret, fouineur*, curieux.

fouine n. f. Indiscret, fouineur*. ‖ Action de fouiner.

fouinedarès n. m. Cul.

fouiner v. i. Se montrer indiscret, fouiller avec curiosité : *Ce que j'aime, aux puces, c'est fouiner.*

fouineur n. et adj. Qui fouine*.

fouler (se) v. pr. Se donner de la peine (s'emploie surtout négativement) : *Celui-là, il se foule pas les méninges.*

foultitude n. f. Foule.

four n. m. Échec complet (spect.).

fouraille n. f. Arme à feu.

fouraillé adj. Armé : *Aujourd'hui, le plus petit casseur est fouraillé.*

fourailler v. t. Fourrer.
◆ v. i. Tirer avec une arme à feu.

fourbi n. m. Toute espèce d'objets : *Un tas de fourbis.* — Objets personnels : *Il porte toujours son fourbi.* — *Fourbi arabe*, désordre incompréhensible.

fourchette n. f. *Avoir une bonne fourchette*, un grand appétit. — *La fourchette du père Adam*, les doigts (pour manger). ‖ *À la fourchette*, à la main. ‖ *Coup de fourchette*, donné dans les deux yeux avec l'index et le majeur.

fourgue ou **fourgat** n. m. Receleur (arg.).

fourguer v. t. Céder à bas prix, bazarder*. — Vendre à un receleur (arg.).

fourmi n. f. Petit toxicomane.

fournée n. f. Ensemble de personnes nommées en même temps aux mêmes dignités.

fourrager v. i. Fouiller en mettant en désordre, fourgonner.

fourragère n. f. Croix pectorale (ecclés.).

fourreau n. m. Pantalon.

fourrer v. t. Introduire, mettre : *Fourrer sa main dans sa poche.* — Enfermer : *Fourrer en prison.* — Faire entrer : *Fourre-toi ça dans la tête.* ‖ *Fourrer son nez dans les affaires des autres*, se mêler de ce qui ne vous regarde pas. ‖ Forniquer : *Fourrer une femme.* ‖ *Se fourrer le doigt dans l'œil*, ou dans *l'œil jusqu'au coude*, se tromper, faire erreur. ‖ *Ne pas savoir où se fourrer*, ne pas savoir comment se dérober à la confusion. ‖ *Se fourrer dans un guêpier*, être mêlé à une sale affaire.

fourrure (humecter sa) loc. Uriner (femme).

foutaise n. f. Vétille.

fouteur de merde n. m. Qui sème le désordre.

foutoir n. m. Chambre en désordre. — Lieu de débauche.

foutral adj. Formidable.

foutre n. m. Sperme.
◆ v. t. Forniquer. ‖ Faire, ficher* : *Ne rien foutre. — Qu'est-ce que ça fout ?* ‖ Donner : *Foutre une baffe.* ‖ Mettre : *Foutre un pain sur la gueule ; foutre en taule.* ‖ *Foutre par terre,* faire tomber. — *Foutre en l'air,* battre, démolir. ‖ *Foutre le camp,* s'en aller, s'enfuir. ‖ *Foutre à la porte,* éconduire. ‖ *Ça la fout mal,* ça fait mauvais effet ; c'est regrettable ; c'est scandaleux.
◆ **foutre (se)** v. pr. Se moquer : *Je m'en fous,* ça m'est égal. — *Tu te fous de moi ?* Tu te moques de moi ? (V. FICHE.)

foutu adj. Perdu, condamné : *Avec son cancer, il est foutu.* ‖ *Bien* ou *mal foutu,* bien ou mal bâti. ‖ Habillé : *Mal foutu ; foutu comme quat'sous, foutu comme l'as de pique.* ‖ Capable : *Il est foutu de le faire.* ‖ Sacré, rude (toujours placé avant le nom) : *Un foutu imbécile.*

fraîche n. f. Argent liquide : *Il faut d'abord penser à la fraîche.* ‖ *Une fraîche,* une carafe d'eau.

fraîchement adv. Avec peu d'empressement : *Être reçu fraîchement.*

frais adj. Qui n'a pas encore été inhumé (pompes fun.).

fraise n. f. Visage. — *Ramener sa fraise,* se manifester hors de propos ; faire le malin. ‖ *Envoyer sur les fraises,* éconduire. ‖ *Sucrer les fraises,* être atteint de tremblements séniles. ‖ *Aller aux fraises,* quitter la route par accident.

fraline n. f. Sœur, frangine*.

framboise n. f. Clitoris.

Franchecaille n. pr. France.

franco adv. Franchement, sans réticence : *Y aller franco.*
◆ adj. Sûr, loyal : *Un gars franco.*

François (coup du père) n. m. Étranglement ; fracture des vertèbres cervicales. ‖ Agression avec étranglement (arg.).

francouillard n. m. Franc (monnaie).

frangin n. m. Frère ; camarade, ami.

frangine n. f. Sœur. ‖ Femme ; maîtresse ; prostituée. ‖ Lesbienne. ‖ Religieuse.

fransquillon n. m. et adj. Français.

frappadingue adj. Fou, frappé*, dingue*.

frappe n. f. Voyou, fripouille : *Une pétite frappe.*

frappé adj. Fou.

frapper v. t. Emprunter, taper*.
◆ **frapper (se)** v. pr. S'émouvoir, s'inquiéter.

frayer v. i. Fréquenter une personne ou un lieu.

freak [frik] n. m. Solitaire neurasthénique et drogué.

frégaton n. m. Capitaine de frégate (mar.).

frelot n. m. Frère ; jeune frère.

fréquenter v. t. Avoir des relations sentimentales : *Il la fréquente, mais c'est pour le marida.*
◆ **fréquenter (se)** v. pr. Se masturber.

frère n. m. Ami, camarade : *T'es un frère.* ‖ Individu mal défini : *Qu'est-ce qu'ils veulent, ces frères-là ?* ‖ *C'est pas le frère à dégueulasse,* il est excellent. ‖ *Petit frère,* membre viril.

frérot n. m. Petit frère.

fric n. m. Argent : *Tu peux sortir ton fric.*

fricassée de museaux n. f. Embrassade.

fric-frac n. m. inv. Vol avec effraction.

frichti n. m. Repas, plat cuisiné. — *Être de frichti,* être chargé de la cuisine.

fricot n. m. Repas.

fricotage n. m. Manigance.

fricoter v. i. Manigancer : *Qu'est-ce qu'il fricote ?* — Vivre de travaux plus ou moins licites.
◆ v. t. Préparer, faire cuire un plat.

fricoteur n. Qui fricote*.

Fridolin n. pr. Allemand.

fri-fri n. m. Sexe de la femme. — *Cache fri-fri,* cache-sexe.

frigo n. m. Réfrigérateur. — Viande frigorifiée. — *Mettre au frigo* ou *au frigidaire,* mettre de côté, en réserve (au fig.).
◆ adj. Froid : *Il fait frigo.*

frimant n. Figurant (spect.).

frime n. f. Visage, silhouette : *Quelle frime !* ‖ Figuration (spect.). ‖ Feinte, fausse apparence, chose futile : *C'est de la frime.* ‖ *Pour la frime,* pour rien, inutilement. ‖ *Laisser en frime,* abandonner, laisser en rade*.

frimer v. t. Regarder, observer.
◆ v. i. Paraître, avoir l'air : *Il frime mal.*

fringué adj. Habillé : *Mal fringué.*

fringuer v. t. Habiller.
◆ **fringuer (se)** v. pr. S'habiller.

fringues n. f. pl. Habits, vêtements. ‖ *Fringues de coulisse,* sous-vêtements.

frio adj. Froid, frigo*.

fripe n. f. Cuisine, préparation des repas. ‖ Au pl. Vêtements. — Vêtements d'occasion.

friquet n. m. Mouchard.

Frisé ou **Frisou** n. pr. Allemand.

frisquet adj. Frais, d'un froid piquant.

fristiquer v. i. Manger, faire un repas.

frit adj. Pris, cuit*.

frite n. f. Visage. ‖ *Avoir la frite,* être en forme. ‖ Coup rapide et douloureux donné sur la fesse avec l'index replié.

fritz adj. et n. Allemand. — *Le fritz,* la langue allemande.

froc n. m. Pantalon. — *Baisser son froc,* s'humilier, se soumettre.

LE FRIC

attriquer
banquer
barda
bassinet
bâton
bazarder
bénef
béquiller
beurre
billancher
blé
bonap
boni
botte
boudin
boulange
bouquet
braise
brique
broques
cactus
cadeau
caillou
carambouille
carmer
cash
casquer
cavalerie
chansonnette
chèque en bois
chéro
chips
cigler
cigue, ciguer
comptée, compteur

constipé
crapautard
crédo
cresson
croume
déchard, dèche,
décheur
demi-jambe
demi-jetée
demi-sac
détente (dur à la)
diams
dolluche
douiller
drapeau
éclairer
éconocroques
écorcher
écosser
élastique (avec un)
embrouille
empiler
emprunt forcé
encroumé
engrais, engraisser
entuber
estamper
étendre (se faire)
faffes, fafiot
fesse-mathieu
fifrelin
fifti-fifti
filtouterie
flambe, flambeau,
flamber, flambeur

flèche
fleur
flingué
flouse
format
fourgat, fourguer
francouillard
fric
fusiller
galette
graisser la patte
Grande Boulange
grande image
grenouille (manger la)
grisbi
grisol
invitation à la valse
jetée
jonc
juif
kilo
kopeck
lâcher
lacsé
laisser-passer
laver
lerche
lessiver
lingue
lourd
manche
mangave
masse
matelas
mille-feuille

LE FRIC

millimètre
mitraille
morlingue
morniflard,
mornifleur
mouise
nap
œil (à l')
omnibus
oseille
osier
paille (homme de)
palper
papier
passe-lacet
 (raide comme un)
pavé
pavoiser
pelote
pèze, pézette
picaillon
pilon
pincée
plein aux as
plomb
plongeon
plumer
pognon

poivré
ponctionner
pot de vin
pouf
pourliche
purotin
quebri
queue
rabat de cop
rabioter
radin
raide
raiguisé
rallonge
rapiat
ras
ratiboiser
refaire
regardant
relever le compteur
rembour
rempocher
répondant
reprise
requin
rétamé
retrousser
richard

ristournando
rond
rotin
rouler sur l'or
rupin
sac
saignée, saigner
salé
sans un
sec
soleil
sortie (être de)
soudure
sous-marin
sucrer (se)
talbin
taxi
thune
ticket
tir (allonger le)
tondre
trèfle
truander
tuile
unité
vaisselle de fouille
valse lente
violette

frocard n. m. Moine, religieux.

frognon n. m. Irritation du périnée causée par la marche et le frottement.

frôler v. t. Échapper de peu : *Frôler un accident.*

from, fromegi, frometon, fromjo, fromgom, fromtegom n. m. Fromage.

fromage n. m. Travail lucratif et peu fatigant, sinécure : *Avoir un bon fromage.* ‖ Chargeur circulaire de mitraillette, dite boîte* à camembert. ‖ *Fromage blanc,* casquette d'uniforme à coiffe blanche. — Chef de train (ch. de fer). ‖ Juré de cour d'assises : *Les douze fromages.* ‖ *En faire tout un fromage,* donner de l'importance à ce qui n'en a pas, en faire tout un plat*. ‖ Au pl. Les pieds : *Marche pas sur mes fromages.*

frotte n. f. Gale.

Frotte (la) n. pr. Hôpital Saint-Louis, à Paris.

frottée n. f. Correction, défaite : *En 40, on a pris une frottée.*

frotter v. i. Flirter. — Danser en serrant de près.
◆ v. t. *Frotter les oreilles,* réprimander.
◆ **frotter (se)** v. pr. Danser. — Se caresser. ‖ S'attaquer : *Il ose pas se frotter à moi.*

frotteuse n. f. Allumette.

frotting n. m. Dancing : *Le samedi, on va au frotting.*

froussard adj. Poltron.

frousse n. f. Peur.

frusquer (se) v. pr. S'habiller.

frusques n. m. pl. Habits.

frusquin (saint-). V. SAINT-FRUSQUIN.

fuite n. f. Indiscrétion, révélation d'un secret. ‖ Libération, départ en vacances : *Vive la fuite !*

fumant adj. Étonnant, extraordinaire : *Un coup fumant.*

fumante n. f. Chaussette.

fumasse (être ou **être en)** loc. Être en colère, fumer*.

fumée n. f. Danger : *Évitez d'aller au tabac, y a de la fumée.* ‖ *Envoyer* ou *balancer la fumée,* tirer des coups de feu. — Éjaculer. ‖ *Avaler la fumée,* pratiquer la fellation et la spermophagie.

fumelle n. f. Femme.

fumer v. i. Être en colère, éprouver du dépit. ‖ *Tiens ! fume, c'est du belge !* Insulte qui accompagne une basane*.

fumerons n. m. pl. Pieds, jambes. ‖ *Avoir les fumerons,* avoir peur.

fumette n. f. Action de fumer le haschisch (drogue).

fumier n. m. Individu méprisable (insulte).

furax adj. Furieux.

furibard adj. Furieux, furibond.

fusain n. m. Prêtre en soutane. — Au pl. Jambes.

fusant n. m. Pet.

fusée n. f. Vomissement.

fusil n. m. Estomac : *Se coller quelque chose dans le fusil.* ‖ *Coup de fusil,* note excessivement chère. ‖ *Fusil à trois coups,* prostituée qui utilise toutes les ressources de son corps.

fusiller v. t. Démolir, bousiller* : *Les ressorts de la tire sont fusillés.* ‖ Faire payer très cher, donner le coup de fusil*. ‖ Dépenser toutes ses ressources : *Fusiller sa paye aux bobs.* ‖ *Se faire fusiller,* perdre au jeu.

futal n. m. Pantalon : *Ma nénette s'est payé un futal.*

fute-fute adj. Malin, intelligent : *Il est pas fute-fute.*

gabelou n. m. Douanier.

gabier de poulaines n. m. Imbécile, incapable (insulte, mar.).

gabouiller v. i. Commettre une maladresse.

gâche n. f. *Une bonne gâche,* emploi de tout repos, bien payé, un bon job*. ‖ Papier gâché en cours de tirage (impr., photo, reprographie, etc.).

gâcher v. i. Travailler. ‖ Gaspiller. ‖ *Gâcher le métier,* faire concurrence en travaillant au-dessous du tarif normal.

gâchette n. f. Tireur : *Une bonne gâchette.*

gâcheuse n. f. Jeune homme efféminé. — Femme prétentieuse.

gadin n. m. Chute, culbute : *Prendre* ou *ramasser un gadin,* faire une chute. ‖ Tête. — *Y aller du gadin,* être condamné à mort ; être exécuté.

gadjé n. m. Tout individu non gitan (gitans). ‖ Naïf, cave*.

gadoue n. f. Boue.

gadouille n. f. Boue. ‖ Pagaille, désordre.

gaffe n. m. Gardien de prison. ‖ *Faire gaffe,* faire attention, se méfier, surveiller.
◆ n. f. Maladresse, impair : *Faire une gaffe.*

gaffer v. i. Faire une gaffe*. ‖ Surveiller ; faire attention, faire gaffe*.

gaffeur n. Qui commet des gaffes*, des maladresses.

gaga adj. et n. Tombé en enfance, sénile, gâteux.

gagne-pain n. m. Postérieur.

gagneur n. m. Bon vendeur.

gagneuse n. f. Prostituée travailleuse (terme flatteur, arg.).

gai adj. Légèrement ivre.

gail, gaille ou **gaye** n. m. Cheval. ‖ Chien.

galapiat n. m. Vaurien.

gale n. f. Personne ayant un mauvais caractère, agressive.

galerie n. f. Ensemble de ceux qui regardent en spectateurs : *Travailler pour la galerie.*

galérien n. m. Chauffeur d'un taxi muni d'une galerie à bagages.

galétard ou **galetteux** adj. Riche.

galetouse ou **galtouse** n. f. Gamelle.

galette ou **galtouse** n. f. Argent (monnaie). ‖ Métrage de film enroulé (cinéma). ‖ Disque : *Envoyez la galette !* (radio).

galine n. f. Jeune homme efféminé.

galipette n. f. Cabriole, culbute. — Écart de conduite.

galoche (faire ou **rouler une)** loc. Embrasser sur la bouche.

galon (prendre du) loc. Avoir de l'avancement. — Évoluer.

galopard n. m. Pou.

galopin n. m. Demi de bière.

galoup ou **galoupe** n. m. Infidélité, indélicatesse, goujaterie.

galtouse n. f. Gamelle. ‖ Galette.

galuche n. f. Cigarette «gauloise».

galure ou **galurin** n. m. Chapeau.

gamahucher v. i. Pratiquer le cunnilingus et la fellation.

gamberge n. f. Réflexion, méditation ; souci. ‖ Flânerie.

gambergeailler v. i. Rêvasser.

gamberger v. i. Réfléchir, imaginer, méditer, combiner. ‖ Flâner.

gambette n. f. Jambe.

gambille n. f. Danse, action de danser.

gambiller v. i. Danser.

gamelle n. f. *Manger à la gamelle,* manger à l'ordinaire de la troupe (armée). — Manger sur le lieu de travail (avec ou sans gamelle). ‖ *Ramasser une gamelle,* tomber, prendre une pelle*. ‖ *S'accrocher une gamelle,* être privé. — *Mettre une gamelle,* renoncer ; s'en aller. — *Attacher une gamelle à quelqu'un,* l'abandonner. ‖ Projecteur (spect.). ‖ Casque (moto). ‖ Mémoire périphérique (informatique). ‖ Filtre à air (auto). ‖ Au pl. Pistons (auto). ‖ Cymbales (musique).

gamin n. m. Fils : *Mon gamin a fait septième en maths.* — Jeune garçon.

gamine n. f. Fille. — Fillette : *C'est encore une gamine.*

gamme (toute la) loc. Toute la série, toute la suite : *Le président, les ministres, toute la gamme !*

ganache n. f. Sot, incapable : *Vieille ganache.*

gandin n. m. Valet du jeu de cartes.

gano n. m. Magot ; butin.

gant n. m. *Aller comme un gant,* convenir parfaitement. ‖ *Retourner comme un gant,* faire changer complètement d'avis.

gapette ou **gâpette** n. f. Casquette, guimpette*.

garage n. m. Chambre d'hôtel (prost.). ‖ *Voie de garage,* endroit, poste où tout avancement est impossible et vers lequel on dirige un dossier ou une personne.

garce n. f. Femme méchante.

garçon n. m. Fils : *C'est mon garçon.* ‖ *Être garçon,* être célibataire.

garde-chiourme n. m. Surveillant, contremaître.

garde-mites n. m. Capitaine d'habillement (armée), magasinier, sergent fourrier.

gare n. f. *À la gare !* Interj. : Allez-vous-en ! ‖ *Envoyer à la gare,* éconduire, mettre dehors.

gare ! ou **gare aux mains !** interj. d'avertissement lancée avant la mise en marche d'une machine.

garé en double file (être) loc. Attendre une prostituée occupée avec un autre client.

gargane n. f. Gorge.

gargariser (se) v. pr. Se délecter (fig.).

gargue n. f. Bouche.

garni ou **garno** n. m. Hôtel de passe, hôtel meublé.

garouse n. f. Gare.

gaspard n. m. Rat.

gâteau n. m. *Partager le gâteau,* le profit. — *Avoir sa part de gâteau,* participer aux bénéfices. ‖ *C'est du gâteau,* c'est facile. (V. TARTE.) ◆ adj. Indulgent : *Un papa gâteau.*

gâterie n. f. Fellation.

gau n. m. Pou.

gauche n. f. *Passer l'arme à gauche,* mourir. ‖ *Jusqu'à la gauche,* jusqu'au bout, complètement. ‖ *En mettre à gauche,* économiser, thésauriser.

gaucho adj. inv. et n. Gauchiste.

gaufre n. f. Visage. — *Se sucrer la gaufre,* se maquiller, se poudrer. ‖ Gamelle. ‖ *Ramasser une gaufre,* prendre une gamelle*. ‖ Erreur : *Faire une gaufre.* ‖ Casquette.

gaufrer v. t. Arrêter, surprendre : *Il s'est fait gaufrer.* ◆ **gaufrer (se)** v. pr. Se régaler : *Qu'est-ce qu'il s'est gaufré !* ‖ Faire une chute.

gaule n. f. Membre viril. — *Avoir la gaule,* être en érection.

gauler v. t. Posséder une femme.

|| *Se faire gauler,* se faire surprendre, arrêter.

gaupe n. f. Femme vulgaire.

gavousse n. f. Lesbienne (javanais).

gaye. V. GAIL.

gaz n. m. Pet : *Lâcher un gaz. — Éteindre son gaz,* mourir. || *Mettre les gaz,* s'enfuir. — *Plein gaz* ou *à plein gaz,* à toute vitesse. || *Il y a de l'eau dans le gaz,* il y a quelque chose qui ne va pas, ou une dispute imminente.

gazer v. i. Aller à toute vitesse. || Aller bien : *Alors, ça gaze ? — Gazer avec,* éprouver un amour réciproque.

gazier n. m. Homme quelconque.

gazon n. m. Toison pubienne. — Chevelure.

gégène n. f. Génératrice d'électricité. || Torture par l'électricité. ◆ n. m. Général (milit.).

gelé adj. Ivre : *Complètement gelé, le mec.* || Fou.

gelée (dans la) loc. Position d'un cheval qui ne peut se dégager du peloton (turf).

gendarme n. m. Hareng saur.

génial adj. Intéressant, bon. || Contraire de débile* : *Un film génial.*

genou n. m. Crâne chauve. || *Faire du genou,* faire un appel* du genou. || *Être sur les genoux,* être fatigué, épuisé.

genre n. m. Faux (brocante) : *C'est un genre de Gallé.*

géo n. f. Géographie (étud.).

géranium (dépoter son) loc. Mourir.

gerbe n. f. Condamnation. || Année de prison, berge* (verlan, arg.). || Vomissement.

gerbement n. m. Jugement ; condamnation (arg.).

gerber v. i. Vomir. ◆ v. t. Être condamné à : *Il a gerbé cinq ans* (arg.). || Condamner ; incarcérer : *Il est gerbé* (arg.).

gerboise n. f. Jeune homosexuel soumis, giton*.

gerce n. f. Jeune femme.

gervais n. m. Mi-travailleur, mi-proxénète. || Demi-sel*.

gésier n. m. Estomac. — *Courts-circuits dans le gésier,* crampes d'estomac.

gi ! interj. Oui, d'accord !

gibier (manger le) loc. Ne pas remettre la totalité de la comptée*.

giclée n. f. Rafale de mitraillette. || Foutre* (éjaculation).

gicler v. i. Partir (arme à feu). || S'enfuir : *Allez, gicle !* ◆ v. t. Faire sortir, jeter.

gicleur n. m. Bouche : *Ferme ton gicleur.*

gidouille n. f. Ventre. — Nombril. — Spirale.

gig n. m. Engagement de courte durée (jazz).

gigo ! interj. Oui, d'accord !, gi* !

gigolette n. f. Très jeune fille.

gigolo n. m. Jeune homme entretenu par une femme. ‖ Valet du jeu de cartes.

gigolpince n. m. Gigolo*.

gigot n. m. Cuisse.

gileton ou **gilton** n. m. Gilet.

Ginette (Sainte-). V. SAINTE-GINETTE.

girafe (peigner la) loc. Perdre son temps à un travail inutile : *Faire ça ou peigner la girafe !...*

girie n. f. Manière affectée : *Faire des giries.*

girond adj. Beau, bien fait : *Elle est gironde.* ‖ Homosexuel soumis ; garçon entretenu, giton*.

girouette n. f. Individu qui change souvent d'opinion, d'avis.

gisquette n. f. Jeune fille.

giton n. m. Jeune homosexuel soumis.

givré n. m. Fou : *Complètement givré.* ‖ Ivre.

glaise n. f. Terre.

glaiseux n. m. Paysan, bouseux*.

gland n. m. et adj. Imbécile.

glande n. f. Se dit pour GANGLION LYMPHATIQUE.

glander v. i. Flâner, perdre son temps. ‖ Faire (vague, sans précision) : *Qu'est-ce que tu glandes, aujourd'hui ?*

glandilleux adj. Difficile, délicat.

glandouiller v. i. Perdre son temps, se promener sans but.

glandouilleur n. m. Qui perd son temps.

glandouilleux adj. Pas clair, difficile.

glandu n. m. Imbécile (verlan).

glasse n. m. Verre à boire ; consommation : *Prendre un glasse.*

glaude n. f. Poche.
◆ n. m. et adj. Imbécile.

glaviot n. m. Crachat.

glavioter v. t. Cracher.

glisser v. t. *Glisser un fil,* uriner (homme). ‖ *Se laisser glisser,* mourir (de maladie ou de mort naturelle).

gluant n. m. Nouveau-né. ‖ Savon.

gluau n. m. Crachat.

gluc n. m. Chance, bol*.

gnace ou **gniasse** n. m. Gars, homme.

gnaf n. m. Cordonnier.

gniard n. m. Enfant en bas âge.

gnière n. m. Gars, homme quelconque, gnace* (péjor.).

gnognote n. f. Chose sans valeur : *C'est de la gnognote.*

gnôle ou **gniole** n. f. Eau-de-vie.

gnon n. m. Coup, jeton*.

gnouf n. m. Prison, poste de police.

-go suff. argotique. Auxiliaire : *auxigo ;* parisien : *parigot.*

Gob' (les) n. pr. Quartier des Gobelins, à Paris.

gober v. t. Croire naïvement. ‖ Aimer : *Elle ne le gobe pas.*
◆ **gober (se)** v. pr. Avoir une haute opinion de soi-même.

goberger (se) v. pr. Se prélasser ; faire bonne chère.

gobette n. f. Habitude de la boisson.

gobeur n. Crédule.

gobi n. m. Nègre.

gobilleur n. m. Juge d'instruction (arg.).

godailler v. i. Flâner, paresser. ‖ Être en érection, goder*.

godant adj. Excitant, intéressant, bandant*.

godasse n. f. Soulier.

gode ou **godemiché** n. m. Membre viril postiche, jacquot*.

goder v. i. Être en érection. — Désirer.

godet n. m. Verre à boire, consommation : *Écluser un godet.*

godeur adj. Ardent en amour.

godiche n. f. Fièvre paludéenne.
◆ adj. Gauche, maladroit.

godille (à la) loc. Sans méthode : *Travailler à la godille.* ‖ De travers : *Un coup de châsse à la godille.*

godiller v. i. Être en érection.

godillot n. m. Grosse chaussure.
◆ adj. Fidèle sans mesure, inconditionnel : *Les députés godillots.*

gogne adj. Mal présenté, mal habillé. ‖ *Lettre gogneuse,* dont l'adresse est mal rédigée (postes).

gogo n. m. Individu crédule ; badaud. ‖ *À gogo,* à satiété.

gogues ou **goguenots** n. m. pl. Lieux d'aisances.

goinfrer v. i. Manger comme un goinfre.
◆ **goinfrer (se)** v. pr. S'approprier, faire des profits.

gomme n. f. Pneu (auto). ‖ *Mettre la gomme,* accélérer, forcer l'allure. ‖ *Remettre la gomme,* rengager. ‖ *À la gomme,* de mauvaise qualité, sans intérêt : *Des bobards à la gomme.* ‖ *Gomme à effacer le sourire,* matraque.

gommé adj. Adouci avec du sirop : *Un blanc gommé.*

gondolant adj. Très drôle, amusant.

gondoler (se) v. pr. Se tordre de rire.

gone n. m. Gamin lyonnais.

gonfle n. f. Gonflement : *Docteur, j'ai la gonfle.*

gonflé adj. Courageux, résolu.

gonfler v. i. Exagérer, bluffer.

gonfleur n. m. Bluffeur.

gonze ou **gonzier** n. m. Individu mâle, homme digne de ce nom.

gonzesse ou **gonze** n. f. Femme, épouse (plus fam. que péjor.). ‖ Homme sans énergie, lâche.

gorgeon n. m. Gorgée, verre à boire.

gorille n. m. Garde du corps.

gosse n. Enfant : *Mes gosses.* — Terme affectueux : *Ma gosse.* — *Être beau gosse,* bel homme et jeune.

gosseline n. f. Fillette.

goualante n. f. Chanson.

gouale n. m. Chantage (arg.).

goualer v. t. Chanter. ‖ *Faire goualer,* exercer un chantage (arg.).

goualeur n. m. Maître chanteur (arg.).

gouape n. f. Voyou, vaurien.

goudou n. f. Lesbienne.

gougnote n. f. Lesbienne.

gougnoter v. t. Pratiquer l'amour lesbien.

gouine n. f. Lesbienne.

goule n. f. Bouche, gueule*.

goulée n. f. Gorgée.

goulot (taper ou **repousser du)** loc. Sentir mauvais de la bouche.

goumi n. m. Matraque de caoutchouc.

goupiller v. t. Arranger, préparer, faire.

goupillon n. m. Membre viril.

gourance n. f. Erreur. ‖ Doute. (V. GOURER.)

gourbi n. m. Chambre, domicile.

gourde adj. et n. Imbécile, pas débrouillard : *Avoir l'air gourde.*

gourdin (avoir le) loc. Être en érection.

gourer (se) v. pr. Se tromper, faire erreur. ‖ *S'en gourer,* se méfier de.

gourmandise n. f. Fellation.

gousse n. f. Lesbienne.

goût n. m. *Faire passer le goût du pain,* tuer.

goutte n. f. Alcool : *Boire la goutte.* ‖ *Boire la goutte,* se noyer ; subir une perte d'argent. ‖ *Goutte militaire,* blennorragie chronique.

gouzi-gouzis n. f. pl. Chatouilles.

goyau n. m. Prostituée de bas étage.

grabasse adj. Ivre.

grabuge n. m. Bruit ; bagarre.

grade (en prendre pour son) loc. Recevoir une sérieuse remontrance.

graffin n. m. Chiffonnier.

graille n. f. Repas, absorption de nourriture : *Aller à la graille.*

grailler v. t. Manger.

grain n. m. *Avoir un grain,* être un peu fou. ‖ *Grain de café,* clitoris.

graine n. f. *Monter en graine,* grandir. ‖ *Casser la graine,* manger. ‖ *En prendre de la graine,* profiter d'un exemple. ‖ *Graine de bois de lit,* nouveau-né. — *Graine de con,* imbécile.

grainer v. i. Manger, casser la graine*.

graisse n. f. *À la graisse d'oie, à la graisse de chevaux de bois,* faux, mensonger. ‖ *Faire de la graisse,* exagérer, baratiner*.

graisser la patte loc. Donner de l'argent pour obtenir de bons offices, donner un pot*-de-vin.

Grande Boulange (la) n. pr. La Banque de France.

grande maison n. f. Préfecture de police, police : *Il fait partie de la grande maison.*

grand-mère n. f. Contrebasse (musique).

grappin (mettre le) loc. Accaparer. ‖ *Poser le grappin,* arrêter.

gras adj. *Gras du bide,* bedonnant. ‖ *Gras-double,* ventre. ◆ adv. *Il n'y a pas gras,* pas beaucoup.

gratin n. m. La haute société : *Il fréquente le gratin.*

gratiné adj. Extraordinaire, outré : *Une cuite gratinée.*

gratouille n. f. Maraca (musique).

gratte n. f. Gratification, prime. — *De la gratte,* du supplément, du rab*. — *Des grattes,* les dernières économies réunies en grattant les fonds de tiroir*. ‖ *La gratte,* la gale ; des démangeaisons. — Action de se gratter. (V. FROTTE.) ‖ Guitare : *Toucher à la gratte.*

gratter v. i. Travailler : *Je gratte de 8 à 12.* ◆ v. t. Dépasser, devancer : *Il croyait m'avoir, mais je l'ai gratté.* ‖ *Gratter le jambonneau,* jouer de la guitare. ‖ *Gratter les fonds de tiroir,* réunir ses dernières économies.

◆ **gratter (se)** v. pr. Hésiter, se tâter* : *Il est grisol, votre cador. Je me gratte.* ‖ Se passer de, se bomber* : *Tu peux te gratter, tu ne l'auras pas.* ‖ *Se gratter la couenne,* se raser la barbe.

gratteur n. m. Violoniste (musique).

Gravelotte (ça tombe comme à) loc. Ça tombe, ça arrive, de tous les côtés. — Il pleut beaucoup.

gravosse n. et adj. Gros, grosse (javanais).

greffier n. m. Chat.

greffière n. f. Sexe de la femme ; pubis ; chatte*.

grelot n. m. Téléphone : *Je te passerai un coup de grelot.* ‖ *Attacher le grelot,* prendre l'initiative. ‖ Au pl. Testicules. — *Avoir les grelots,* avoir peur.

grelotter v. i. Avoir peur.

greluche n. f. Femme ; épouse (familier ou péjor.).

grenouillage n. m. Intrigues douteuses, médisances, complots : *Le grenouillage électoral.*

grenouille n. f. *Grenouille de bénitier,* femme dévote. ‖ *Manger la grenouille,* s'approprier une caisse, un budget que l'on est chargé de gérer. ‖ *Grenouilles de bidet,* traces de sperme. — *Giclée de grenouille,* foutre (spermophagie).

grenouiller v. i. Participer au grenouillage*.

grenouilleur n. Qui grenouille*.

griffe n. f. Main : *Serrer la griffe.* ‖ Pied. — *Aller à griffe,* aller à pied.

griffer v. t. Prendre, attraper : *Griffer un bahut.* ‖ Grimer, maquiller : *Y a pas que les nénettes et les travelots qui se griffent la tronche.* ◆ **griffer (se)** v. pr. Se masturber.

grifton. V. GRIVETON.

grigri n. m. Bijou porté en pendentif : *Mon grigri, c'est une jeannette.*

grille d'égout n. f. Denture.

griller v. t. Fumer (du tabac) : *En griller une.* ‖ Déconsidérer : *Il est grillé.* ‖ Dépasser, devancer : *Il m'a grillé.* ‖ *Griller un feu rouge,* ne pas s'arrêter (auto). ‖ Rater : *Maintenant, c'est grillé.*

grillot n. m. Document compromettant (arg.).

grimpant n. m. Pantalon.

grimper v. t. Posséder une femme. ‖ *Grimper à l'arbre,* croire naïvement, se faire mystifier.

grimpette n. f. Passe*.

grinche n. f. Vol : *Vivre de la grinche* (arg.). ◆ n. m. Voleur : *C'est un grinche.*

grincher v. t. Voler.

gringue (jeter, faire du) loc. Faire la cour. — *Être en gringue,* flirter.

gringuer v. i. Faire de la séduction, du gringue*, flirter.

grinque n. f. Nourriture.

grippette n. f. Sexe de la femme. ‖ Petite grippe, rhume.

grisbi n. m. Argent.

grisol adj. Coûteux, chéro*.

grive n. f. L'armée ; le service militaire : *Faire sa grive.*

griveton ou **grifton** n. m. Soldat.

grognasse n. f. Femme (péjor.).

grolles n. m. pl. Chaussures. ‖ *Avoir les grolles,* avoir peur.

gros n. m. *Les gros,* les riches. ◆ adj. *C'est gros, c'est un peu gros,* c'est exagéré, abusif. ◆ adv. Beaucoup : *Il gagne gros.*

gros-cul n. m. Tabac gris ordinaire. ‖ Camion automobile : *Rien que des gros-culs sur l'autoroute.*

grossium n. m. Personnage important.

grosso merdo loc. adv. Grosso modo.

grouiller v. i., ou **se grouiller** v. pr. Se hâter, se dépêcher.

grouillot n. m. Saute-ruisseau. — Individu sans responsabilité aux ordres de quelqu'un.

groumer v. i. Grogner.

grouper v. t. Arrêter : *Il s'est fait grouper !*

grue n. f. Prostituée. ‖ *Faire le pied de grue,* attendre patiemment sur place.

guenon n. f. Besoin de drogue.

guêpe n. f. Besoin de drogue. ‖

Pas folle la guêpe ! Se dit à propos de soi-même ou d'une personne fine et habile.

guêpier n. m. Position difficile, désagréable.

guérite n. f. Confessionnal (ecclés.).

guette-au-trou n. m. et f. Accoucheur ; sage-femme.

gueulante n. f. Cris de protestation ou d'acclamation : *Pousser une gueulante.*

gueulard n. et adj. Gourmand. ∥ Rouspéteur.

gueule n. f. Visage. — *Gueule de raie, gueule à chier dessus,* visage antipathique. — *Gueule de vache,* personnage brutal et autoritaire. — *Gueule d'amour,* séducteur. — *Faire la gueule,* faire la tête, bouder. — *Gueule noire,* mineur. ∥ *Avoir de la gueule,* être beau, imposant. ∥ *Casser la gueule,* battre. — *Se casser la gueule,* faire une chute ; se battre. ∥ Bouche : *Ferme ta gueule !* — *Grande gueule,* qui parle haut, mais tient moins qu'il ne promet. — *Fine gueule,* gourmet. — *Se saouler la gueule,* s'enivrer. — *S'en mettre plein la gueule,* manger beaucoup. — *Gueule de bois,* bouche pâteuse après l'ivresse. ∥ *Ma gueule,* moi : *Les pépins, c'est pour ma gueule.* — Terme d'affection (langage des amoureux) : *Ma gueule.*

gueulement n. m. Cri ; protestation.

gueuler v. i. Crier ; protester.

gueuleton n. m. Repas copieux : *Tu parles d'un gueuleton !*

gueuletonner v. i. Faire un bon repas.

guibolle n. f. Jambe : *Tu tiens pas sur tes guibolles.*

guigne n. f., **guignon** n. m. Mauvaise chance, poisse*.

guignol n. m. Tribunal : *Passer au guignol.* ∥ Gendarme. ∥ Excentrique, pas sérieux, ridicule : *Un vrai guignol.* ∥ Trou du souffleur (spect.).

guiguite n. f. Membre viril (enfant).

guimauve n. f. Sentimentalité niaise ; rythme trop lent. ∥ Guitare.

guimbarde n. f. Voiture en mauvais état.

guimpette n. f. Casquette.

guinche n. m. Bal.

guincher v. i. Danser.

guincheur n. Danseur.

guindal n. m. Verre à boire : *Écluser un guindal* (au pl. : des guindals).

guinde n. f. Voiture, guimbarde*. ∥ Grosse corde (théâtre).

guise ou **guisot** n. m. Membre viril.

guitare n. f. Bidet. ∥ *Avoir une belle guitare,* avoir les hanches larges.

guitoune n. f. Chambre, domicile. — Tente de camping. ∥ Guitare électrique.

gusse n. m. Individu quelconque : *Qu'est-ce que c'est que ce gusse ?*

h n. m. Héroïne (drogue). — Haschisch (drogue). [V. HASCH.]

habillé n. m. Policier en uniforme.
◆ adj. *Habillé d'une peau de vache,* qui a une sale tête et ne donne pas confiance.

habitants (avoir des) loc. Avoir de la vermine.

hambourgeois n. m. Policier en civil, « en bourgeois ».

hannetons (pas piqué des) loc. Conforme et non inférieur à ce qu'on doit en attendre : *Une caricature pas piquée des hannetons.*

hareng n. m. Proxénète. ‖ Gendarme. ‖ *Être serrés comme des harengs,* très serrés.

haricot n. m. *Des haricots,* rien. — *La fin des haricots,* la fin de tout. — *Hôtel des haricots,* prison municipale. ‖ *Courir sur le haricot,* agacer, énerver, importuner. ‖ *Jambes en haricots verts,* cintrées.

harnacher v. t. Habiller. — Arranger, maquiller (au fig.).

harnais n. m. Vêtement.

harpigner v. t. Prendre, saisir.

harponner v. t. Arrêter au passage : *Je me suis fait harponner sur le trottoir par cet enflé.*

hasch n. m. Haschisch (drogue).

haut (faire le) loc. Faire la parade (forains).

haute n. f. Haute société, grand monde : *Des gars de la haute.*

hauteur (être à la) loc. Être capable.

herbe n. f. Tabac. — Marijuana (drogue). ‖ *Brouter l'herbe,* être désarçonné (turf).

heure n. f. *À cette heure, à l'heure qu'il est,* maintenant, à notre époque. — *L'heure H,* le moment de la décision. — *L'heure du berger,* le moment propice à l'amour. ‖ *Ouvriers de la onzième heure,* toujours en retard. ‖ *Bouillon d'onze heures,* poison. ‖ *Je ne vous demande pas l'heure qu'il est,* mêlez-vous de ce qui vous regarde. ‖ *S'emmerder à cent sous de l'heure,* énormément. ‖ *Avant l'heure c'est pas l'heure, après l'heure c'est plus l'heure,* dicton.

heureux adj. Content de lui : *Imbécile heureux.*

hier (pas né d') loc. Qui a de l'expérience.

high (être) loc. Planer aux amphétamines (drogue).

hippie n. et adj. Jeune à cheveux longs, habillé de façon non conformiste : *La mode hippie.*

hirondelle n. f. Resquilleur (dans les coktails, les théâtres, etc.).

histoire n. f. *Faire des histoires,* faire des façons ; faire des ragots. ‖ Ennuis : *S'attirer des histoires.* ‖ Objet quelconque : *Qu'est-ce que c'est que cette histoire ?* ‖ *Histoire de,* pour, en vue de : *Histoire de rigoler.*

hivio n. m. Hiver.

homard n. m. Anglais. ‖ *Rouge comme un homard,* rubicond.

homme n. m. Homme digne de ce nom : *Ça, c'est un homme. Parole d'homme.* — Qui a les qualités requises : *Je suis votre homme.* ‖ Époux, mari, amant : *Je vous présente mon homme.* — Proxénète. ‖ *Homme de barre,* camarade, complice. — *Homme de poids,* personnage important. — *Homme de paille,* prête-nom. — *Homme de main,* qui agit pour le compte d'un autre. — *Homme orchestre,* bon pour tout. ‖ *Comme un seul homme,* tous ensemble. ‖ *Jeune homme,* fils : *Comment va votre jeune homme ?* — Monsieur (homme jeune) : *Hep ! jeune homme, partez pas sans payer !*

homo n. et adj. Homosexuel.

hosto n. m. Hôpital.

horaire n. m. Travailleur payé à l'heure.

horreurs n. f. pl. Obscénités : *Dire des horreurs.* ‖ *Musée des horreurs,* têtes antipathiques.

hotte n. f. Automobile.

hotu n. m. et adj. inv. Médiocre.

hourdé adj. Idiot.

houri n. f. Femme.

housard n. m. Trou percé dans un mur (arg.).

H. S. adj. Abr. pour HORS SERVICE. Malade, bon à rien.

hublot n. m. Verre de lunette.

huile n. f. Personnage important : *C'est une huile.* ‖ *Huile de coude,* énergie au travail. ‖ *Tronche à l'huile,* naïf, cave*. ‖ *Filer de l'huile,* mourir doucement. ‖ *Mettre de l'huile sur le feu,* envenimer une querelle. (V. PÉDALER.)

huit (faire des) loc. Zigzaguer.

huitième sacrement n. m. Quête (ecclés.).

huître n. f. Personne stupide. ‖ Crachat.

humecter (s') le gosier loc. Boire.

huppé adj. Riche : *Les gens huppés.*

hure n. f. Visage. — *Se gratter la hure,* se raser. ‖ *Hure à Untel !* interj. Conspuez-le ! (étud.).

hussarde (à la) loc. Brutalement, sans préliminaires. (V. BAISER.)

hypocrite (à l') loc. Sans prévenir : *Le feu est passé au rouge à l'hypocrite.*

hystérique n. f. et adj. Nymphomane.

icigo, icidé adv. Ici.

idée n. f. *Se faire des idées*, des illusions. — *Avoir de la suite dans les idées*, être persévérant.

idem au cresson loc. La même chose.

illico adv. Immédiatement. — *Illico presto*, très vite.

ils pr. pers. Ceux qu'on ne veut pas désigner autrement ; les patrons : *Ils m'ont vidé* ; l'argent : *Ils sont de sortie* ; les règles : *Ils ont débarqué* ; etc.

image (grande) n. f. Billet de 100 F.

imbitable adj. Incompréhensible.

imbuvable adj. Insupportable : *Ce mec-là est imbuvable.*

impair n. m. Maladresse. — Incorrection grave : *Il m'a fait un impair.*

impasse n. f. Partie de programme non apprise pour un examen : *J'ai fait l'impasse de la géo.*

impayable adj. Comique ; ridicule.

impec adj. et adv. Impeccable, impeccablement.

impensable adj. Inadmissible, incroyable, impossible.

imper n. m. Vêtement imperméable.

impossible adj. Très désagréable : *Une situation impossible.* — Insupportable : *Un type impossible.*

incendier v. t. Accabler de reproches et d'injures.

inco n. et adj. Incorrigible (arg.).

incollable adj. Qui peut répondre à toutes les questions.

incon adj. et n. Inconditionnel, godillot.

inconnoblé adj. Inconnu.

incurable n. m. Condamné à mort (arg.).

indécrottable adj. Impossible à améliorer : *Un cossard indécrottable.*

indérouillable adj. Gauche, qui n'apprendra jamais le métier.

indic n. m. Indicateur de police.

indisposée adj. f. Qui a ses règles.

indisposition n. f. Menstruation.

info n. f. Information (presse).

ino adj. Inoccupé.

inox n. m. Métal inoxydable.

installer (en) loc. Se vanter.

insti n. m. Instituteur.

insupporter v. t. Se dit pour ÊTRE INSUPPORTABLE : *Cette musique m'insupporte.*

intello n. et adj. Intellectuel.

inter n. m. Téléphone interurbain. ‖ Interprète.

interdit de séjour loc. Qui n'est pas accepté ni reçu dans un lieu public (café, par ex.), tricard*.

intox n. f. Intoxication, action d'influencer les esprits.

intoxico n. m. Drogué, intoxiqué.

introduire (l') loc. Duper, entuber : *Si je m'étais laissé faire, il me l'aurait introduit.*

invalo n. m. Invalide.

Invalos ou **Invaloches (les)** n. pr. Le quartier des Invalides, à Paris.

inventaire (faire l') loc. Faire des arpèges (musique).

invitation à la valse loc. Invitation à payer.

isoloir n. m. Urinoir.

itou adv. Idem, aussi : *Moi itou.*

jab n. m. Coup dans le ventre.

jabot n. m. Estomac.

jaboter v. i. Parler, dire, bavarder. ‖ Manger.

jacques, jacquot ou **jacot** n. m. Membre viril. — Membre viril postiche, gode*. ‖ Mollet. ‖ Pincemonseigneur. ‖ *Faire le jacques,* faire l'imbécile. ‖ *Jacquot,* taximètre.

jactance n. f. Conversation, bagou, baratin*. — Action et habitude de se vanter.

jacter v. i. Parler ; médire.

jaffe n. f. Nourriture.

jaffer v. i. Manger.

jaja n. m. Vin rouge.

jalmince adj. et n. Jaloux.

jambe n. f. *Partie de jambes en l'air,* amour physique. ‖ *Par-dessous* ou *par-dessus la jambe,* avec négligence. ‖ *Ça se fait sur une jambe,* c'est facile, c'est peu de chose. ‖ *Tenir la jambe à quelqu'un,* l'importuner par une conversation. — *La jambe!* Interj. : Tu m'ennuies. ‖ *Ça lui fait une belle jambe,* ça ne lui rapporte aucun avantage. ‖ *Une demi-jambe,* cinquante francs.

jambon, jambonneau n. m. Cuisse.

jambonneau n. m. Guitare, mandoline, banjo : *Gratter le jambonneau.*

jambonner v. i. Jouer d'un instrument de musique à cordes.

jante (rouler sur la) loc. Être à la limite de ses forces (cyclisme).

jaquette (être, filer de la) loc. Pour un homme, être homosexuel.

jar ou **jars** n. m. Argot : *Dévider le jars.*

jardin n. m. *Faire du jardin,* critiquer, calomnier. ‖ *Aller au jardin,* entreprendre une escroquerie (arg.).

jaser v. i. Médire. — Parler trop ; dénoncer.

jaspin, jaspinage n. m. Bavardage.

jaspiner v. i. ou t. Bavarder, parler.

jaspineur n. Bavard. ‖ Avocat.

jauger v. t. Estimer (fig.).

jaune n. m. Briseur de grève. ‖ Cocu.

jaunet n. m. et adj. Individu de race jaune.

java n. f. *Faire la java, être en java,* faire la fête. ‖ *La java des baffes,* passage à tabac. — *Filer une java,* donner une sévère correction.

javanais n. m. Langage incompréhensible : *Il parle javanais ou quoi ?*

jazz-tango (être) loc. Avoir des goûts homosexuels et hétérosexuels ; aller à voile* et à vapeur.

jean [djin] n. m. Pantalon de toile collant, blue-jean.

jean-foutre n. m. Imbécile, gredin.

jean-le-gouin n. m. Matelot de la marine nationale.

jean-nu-tête n. m. Membre viril.

je-m'en-fichisme ou **je-m'en-foutisme** n. m. Insouciance.

jèse n. m. Jésuite : *Faire ses études chez les jèses.*

jésuitière n. f. Collège de jésuites.

jésus n. m. Jeune homme efféminé. ‖ Enfant mignon : *Mon jésus.*

jetard n. m. V. CHTAR.

jeté adj. Qui a mauvais moral.

jetée n. f. Cent francs.

jeter n. m. Chasser, mettre à la porte : *Je me suis fais jeter.* ‖ *En jeter un coup,* travailler avec ardeur, s'activer. ‖ *N'en jetez plus, la cour est pleine !,* assez ! cela suffit, n'ajoutez rien. ‖ *S'en jeter un,* boire un verre. ‖ *En jeter* ou *jeter du jus,* avoir bonne allure, faire de l'effet. ‖ *Jeter de la pommade,* flatter. — *Jeter de la grêle,* médire. ‖ *Jeter son venin,* éjaculer.

jeton n. m. Coup : *Prendre un jeton.* ‖ *Avoir les jetons,* avoir peur. ‖ *Faux jeton,* hypocrite. ‖ *Vieux jeton,* vieillard. ‖ *Prendre un jeton,* ou *un jeton de mate,* assister, volontairement ou non, à une scène érotique, mater*, se rincer* l'œil.

jeu n. m. *Cacher son jeu,* dissimuler ses intentions. — *Faire le grand jeu,* étaler toutes ses aptitudes.

jeunabre n. et adj. Jeune.

jeune adj. Insuffisant : *Une brique seulement ? C'est un peu jeune.*

jeunesse n. f. Jeune fille.

jeunot n. m. et adj. Jeune, adolescent : *C'est un jeunot, il est un peu jeunot.*

jinjin n. m. Cerveau : *Il a rien dans le jinjin.* ‖ Vin rouge, jaja*.

job n. m. Emploi bien rémunéré. — Emploi temporaire. — Travail servant d'alibi.

jobard n. m. et adj. Crédule, dupe. — Fou.

joice adj. Content, joyeux : *Je suis tout joice.*

joint n. m. Cigarette de haschisch (drogue). ‖ *Trouver le joint,* trouver la manière de résoudre une difficulté.

jojo n. m. *Faire son jojo,* se montrer puritain. ‖ *Un affreux jojo,* un enfant terrible.

jojo ou **joli** adj. Joli : *Il est pas jojo !* ‖ En mauvaise situation. — *Eh ben ! te v'là jojo !,* te voilà frais !

jonc n. m. Or (métal).

jongler v. i. Subir une abstinence, être privé, frustré, faire ballon*.

jouer v. t. *Jouer des flûtes,* en jouer un air, jouer ripe, s'enfuir, s'en aller. ‖ *Jouer la châtaigne,* jouer brutalement (sport). ‖ *Jouer au con,* être imprudent.

joufflu n. m. Fessier.

jouge (en moins de) loc. Aussitôt.

jouir v. i. Éprouver l'orgasme. ‖ Subir une grande douleur : *Le dentiste m'a fait jouir.*

jouissif adj. Qui fait jubiler ou donne des sensations fortes.

jour n. m. *Ça craint le jour,* c'est une marchandise d'origine louche, qui ne doit pas être montrée. ‖ *Demain il fera jour.* Dicton : À chaque jour suffit sa peine. ‖ Plat du jour : *Un jour à l'as !*

jourdé n. m. Jour, journée.

journaleux n. m. Journaliste.

journanche n. f. Journée.

joyeuses n. f. pl. Testicules.

juif adj. Avare.

jules n. m. Époux. — Proxénète. ‖ Vase de nuit.

Jules (se faire appeler) loc. Se faire réprimander, injurier.

julie n. f. Femme, épouse, compagne. ‖ *Faire sa julie,* prendre des manières pudibondes, se montrer puritaine.

julot n. m. Homme ; individu dont on ne connaît pas le nom.

jumelles n. f. pl. Fesses. ‖ Burettes de la messe (ecclés.).

jupé ou **juponné** adj. Ivre.

jupette n. f. Jupe très courte, s'arrêtant à mi-cuisse.

jus n. m. Courant électrique : *Il y a plus de jus.* (V. COURT-JUS.) ‖ Eau, bain : *Tout le monde au jus.* ‖ Café : *Une tasse de jus.* ‖ *C'est le même jus,* c'est la même chose.

‖ *Ça vaut le jus,* ça vaut la peine. ‖ *Dans son jus,* dans son état d'origine (brocante). ‖ *Jeter du jus* ou *en jeter,* avoir bonne allure, faire de l'effet.

juste (comme de) loc. Se dit pour ÉVIDEMMENT.

jute n. m. Sperme.

juter v. i. Faire bon effet, jeter* du jus. ‖ Éjaculer.

juteux n. m. Adjudant (armée). ◆ adj. Qui fait de l'effet : *C'est juteux.*

kébour n. m. Képi.

képi n. m. *Ramasser les képis,* monter en grade par décès des supérieurs. ‖ *Képi à moustaches,* barrette ecclésiastique (ecclés.).

kep's n. m. Képi.

keuf n. m. Flic*.

khâgne n. f. Classe de préparation à l'École normale supérieure, section lettres, ou cagne.

khâgneux n. m. Élève de khâgne* (étud.).

kif n. m. Chanvre indien mélangé au tabac (drogue).

kif (du) ou **kif-kif** adv. Autant, pareil : *Que ça te plaise ou pas, c'est du kif.*

kiki n. m. Cou. — *Serrer le kiki,* étrangler. ‖ *C'est parti, mon kiki !* Interj. : Ça y est, ça marche.

kil, kilo ou **kilbus** n. m. Litre de vin.

kilo n. m. Cent francs. ‖ Jour de consigne. ‖ *Déposer un kilo,* déféquer.

kino n. m. Cinéma.

kir n. m. Blanc cassis (apéritif).

kopeck (pas un) loc. Pas un sou.

là adv. *Être là, être un peu là,* avoir de la santé, de l'autorité, de la présence. — *Se poser là,* être à la hauteur. ‖ *Ils sont pas là,* il n'y a pas d'argent. ‖ *C'est là où je vais.* Se dit pour C'EST LÀ QUE JE VAIS.

là-bas adv. Lieu qu'on préfère ne pas nommer (prison, camp, asile d'aliénés, etc.) : *Je ne l'ai pas revu depuis qu'il est revenu de là-bas.*

labo n. m. Laboratoire.

lac n. m. Sexe de la femme.

lacets (marchand de) n. m. Gendarme.

lâchage n. m. Abandon, rupture.

lâcher v. t. Quitter, rompre, abandonner. ‖ *Les lâcher,* payer. — *Les lâcher avec un élastique,* être avare. — *Lâchez-les, valse lente,* c'est le moment de payer. ‖ *Lâcher les dés,* renoncer à une entreprise. ‖ *Lâcher le paquet,* dévoiler complètement, avouer.

lâcheur n. Qui ne tient pas ses engagements.

lacsé n. m. Sac (largonji). ‖ Billet de 100 F, sac*.

lacson n. m. Paquet, pacson*.

ladé adv. Ici.

laféké ou **laféquès** n. m. Café (boisson) [largonji].

laga adv. Là.

laguiole n. m. Couteau.

laine n. f. Vêtement de laine : *N'oublie pas de prendre une petite laine.* ‖ *Jambe de laine,* jambe fatiguée, lasse.

laisser tomber, laisser choir, laisser glisser loc. Abandonner, ne plus s'intéresser à quelque chose. ‖ *Laisser pisser,* laisser faire, ne pas intervenir.

laissez-passer n. m. Billet de 500 F.

lait n. m. *Boire du petit-lait,* avoir une satisfaction d'amour-propre. ‖ *Lait de tigre,* pastis.

laitue n. f. Prostituée débutante (prost.). ‖ Sexe de la femme; poils du pubis.

laïus n. m. Discours (étud.).

laïusser v. i. Prononcer un discours, une conférence, un cours magistral (étud.).

lamdé n. f. Dame, épouse (arg.). [V. LAMFÉ.]

lame n. f. Coutelas. ‖ Individu courageux et régulier*.

lamfé n. f. Femme, épouse (arg.). [V. LAMDÉ.]

lampe n. f. *S'en mettre plein la lampe,* boire et manger copieusement. ‖ *Lampe à souder,* turboréacteur d'avion ; mitraillette ; grand nez.

lampion n. m. Gorge : *S'en mettre un coup dans le lampion,* boire un verre.

lampiste n. m. Employé subalterne : *C'est toujours le lampiste qui trinque.*

lanarqué n. m. Client difficile, canard* (largonji).

lance n. f. Eau. — Pluie. (V. LANCEQUINE.)

lance-parfum n. m. Mitraillette.

lance-pierres (manger avec un) loc. Manger vite et mal.

lancequine n. f. Pluie.

lancequiner v. i. Pleuvoir. ‖ Uriner.

lancer v. i. Élancer, avoir des élancements, des douleurs subites : *Ma jambe me lance.*

langouse, languetouse ou **languette** n. f. Langue.

langue (faire une) loc. Faire un baiser profond sur la bouche.

languir (se) v. pr. Souffrir d'une attente, d'une absence : *Je me languis de toi.*

lanterne n. f. Fenêtre. ‖ *Lanterne rouge,* dernier du peloton (sport) ; dernier.

laotienne n. f. Héroïne fortement dosée, mais moins que le brown* sugar (drogue).

lape n. m. Rien, la peau : *T'auras que lape. — Bon à lape,* bon à rien.

lapin n. m. Homme respectable, fort : *Un fameux lapin. — Chaud lapin,* coureur de filles. ‖ Rendez-vous manqué : *Poser un lapin.* ‖ *Coup du lapin,* coup sur la nuque, brisant les vertèbres. ‖ *Ça sent le lapin,* ça sent mauvais (odeur « sui generis »). ‖ *Ne pas valoir un pet de lapin,* ne rien valoir.

lapiner v. i. Accoucher fréquemment.

laps n. m. Lapin.

larbin n. m. Domestique.

lard n. m. Peau : *Se gratter le lard.* ‖ *Faire du lard,* s'engraisser à ne rien faire. ‖ *Mettre le lard au saloir,* se mettre au lit. ‖ *Prendre tout sur son lard,* prendre la responsabilité entière. ‖ *Tête de lard* (insulte), cabochard, entêté.

lardeusse ou **lardosse** n. m. Pardessus.

lardoire n. f. Arme blanche.

lardon n. m. Jeune enfant.

lardu n. m. Commissariat ; commissaire de police. ‖ Agent de police, flic*.

larfeuil n. m. Portefeuille (arg.).

large (l'avoir) loc. Avoir de la chance.

largeurs (dans les grandes) loc. Largement, grandement : *Il se fout de moi dans les grandes largeurs.*

larguer v. t. Abandonner, rompre. ‖ *Larguer les amarres,* s'en aller.

Laribo n. pr. Hôpital Lariboisière, à Paris.

larmichette n. f. Larme, très petite quantité de liquide : *J'en prendrai juste une larmichette.*

lascar n. m. Débrouillard.

lastique n. m. Se dit pour ÉLASTIQUE : *Le lastique, les lastiques.*

Latin (le) n. pr. Le Quartier latin, à Paris.

latte n. f. Chaussure : *Un coup de latte.* — Ski : *Une paire de lattes.* ‖ *Deuxième latte,* soldat de deuxième classe, deuxième

pompe*. ‖ *Filer un coup de latte,* emprunter, taper*, latter*.

latter v. t. Emprunter, taper*.

laubé. V. LEAUBÉ.

lavasse n. f. Potage trop liquide.

lavdu ou **lavedu** n. m. et adj. Imbécile, cave*.

lavé adj. Se dit d'un lot dont les meilleures pièces ont été retirées (brocante).

lavement (partir comme un) loc. S'enfuir, s'éclipser.

laver v. t. Vendre, liquider* le produit d'un vol. ‖ *Laver la tête,* réprimander.

lavette n. f. Individu lâche, sans énergie. ‖ Langue.

lavure de vaisselle n. f. Potage insipide.

lazagne n. f. Porte-monnaie, portefeuille.

lazaro n. m. Cellule de sûreté des commissariats (arg.).

laziloffe n. m. et adj. Maladie vénérienne, ou atteint d'une maladie vénérienne.

leaubé adj. Beau, belle. (Autre féminin : *leaubiche* [largonji].)

lèche n. f. Flagornerie, basse flatterie : *Faire de la lèche.*

léché adj. Exécuté minutieusement : *Peinture léchée.*

lèche-bottes ou **lèche-cul** n. m. Flatteur, flagorneur.

lécher v. t. Exécuter avec soin,

avec minutie : *Lécher un tableau.* ‖ *Lécher les vitrines,* s'attarder aux étalages. ‖ *Lécher les amygdales,* embrasser sur la bouche. ‖ *Lécher,* pratiquer le cunnilingus. ‖ *Lécher les pieds, les bottes* ou *le cul de quelqu'un,* s'abaisser par flagornerie.

lécheur ou **léchard** n. m. Flatteur, flagorneur.

lèche-vitrine (faire du) loc. Lécher* les vitrines.

lecture (être en) loc. Être occupée avec un client (prost.).

léger (faire du) loc. Agir seulement sans risque.

légitime n. f. Épouse : *Je vous présente ma légitime.*

légobiffin n. m. Légionnaire.

légume n. f. S'emploie pour LÉGUME n. m. : *La légume est chère.* ‖ *Une grosse légume,* un personnage important. ‖ *Perdre ses légumes,* déféquer ou uriner involontairement, par peur ou par sénilité.

Léon n. pr. *Vas-y, Léon !* Interj. d'encouragement. ‖ *Gros-Léon,* président de la cour d'assises (arg.).

lerche adj. Cher (employé surtout sous la forme négative) : *Ça vaut pas lerche* (largonji).
◆ adv. Beaucoup : *Y en a pas lerche.*

lessive n. f. Amnistie.

lessivé adj. Épuisé de fatigue.

lessiver v. t. Supprimer, tuer : *Il s'est fait lessiver.* ‖ Mettre à la porte, congédier. ‖ Vendre une marchandise volée.

lessiveuse n. f. Locomotive à vapeur. ‖ Mitraillette.

lest (lâcher du) loc. Faire de petites concessions.

levage n. m. Racolage.

lever v. t. Séduire : *Lever une femme.* — Racoler. ‖ Voler : *On m'a levé mon lardeusse.* ‖ *Lever le torchon,* lever le rideau (spect.).

lévier n. m. Se dit pour ÉVIER : *Le lévier est encore bouché.*

lévo v. t. Voler (verlan).

lèvres gercées (me fais pas rire, j'ai les) loc. Se dit lorsque la situation ne permet pas de rire ouvertement.

levrette (en). V. BAISER.

lewis n. m. Blue-jean.

lézard n. m. Fainéant. — *Faire le lézard,* se chauffer paresseusement au soleil.

lézarder v. i. Fainéanter.

liban n. m. Haschisch libanais (drogue).

licher v. t. Boire : *Licher un verre.* ‖ Lécher : *Ils se lichent la gueule.*

licheur n. m. Buveur.

lieute n. m. Lieutenant (armée).

lieux n. m. pl. Lieux d'aisances, chiottes*, goguenots* : *Aller aux lieux.*

lièvre n. m. Individu vif et déluré.

‖ Cheval qui force les autres à prendre une allure trop rapide (turf).

ligne n. f. Cocaïne : *Sniffer* une ligne* (avec une paille).

ligodu ou **ligoduji** adv. Oui, d'accord (arg. fantaisiste).

ligote n. f. Corde à lier, à ligoter.

ligoter v. t. Lire : *Ligoter un polar.*

Lili-pioncette n. pr. Morphine (drogue).

limace, limasse ou **limouse** n. f. Chemise. ‖ Au pl. Lèvres.

limande n. f. Prostituée. ‖ *En limande,* en position couchée (moto).

limé adj. Additionné de limonade : *Un blanc limé.*

limer v. i. Pratiquer un coït lent.

limonade n. f. *Être dans la limonade,* dans la misère, dans la panade*. — Tenir un commerce de boissons.

limouse n. f. Chemise, limace*. ‖ Lime.

linge (du beau) loc. Du beau monde.

lingé adj. Bien habillé.

linger v. t. Vêtir.

lingue n. m. Lingot d'or. ‖ Couteau (arme).

lion n. m. Homme énergique, courageux. — *Avoir bouffé du lion,* être plein d'énergie. — *Se défendre comme un lion,* bien réussir grâce à son énergie.

liquette n. f. Chemise.

liquider v. t. Se débarrasser : *Liquider quelqu'un.* ‖ Tuer : *Il s'est fait liquider.*

lisbroquer v. t. Uriner.

Lisette (pas de ça,) loc. Formule de refus, de dénégation.

lisses n. f. pl. Bas de femme : *Enfiler ses lisses.*

litanies n. f. pl. Check-list (aéron.).

litron n. m. Bouteille d'un litre (de vin).

locdu n. m. Bizarre, fou, timbré*. ‖ Bon à rien, besogneux ; minable, mal habillé ; laid.

loche n. f. Oreille. ‖ Chauffeur de taxi ; taxi.

loilpé (à) loc. Nu, à poil* (largonji).

loinqué adv. Loin.
◆ n. m. Coin, endroit.

lolo n. m. Lait (enfant). ‖ Sein.

longe n. f. Année (durée).

longitude n. f. *Prendre une longitude,* fainéanter (mar.).

longue (de) loc. adv. Sans interruption.

longueur d'onde (être sur la même) loc. S'entendre parfaitement.

look n. m. Apparence, allure ; esthétique.

lopaille, lope, lopette n. f. Homosexuel. ‖ Lâche, faible, dégonflé*.

loquedu. V. LOCDU.

loquer v. t. Habiller.
◆ **loquer (se)** v. pr. S'habiller.

loques n. f. pl. Vêtements.

lot n. m. Femme désirable : *Un joli lot.* ‖ *Gagner le gros lot,* bénéficier d'une chance énorme, faire fortune subitement.

loterie n. f. Entreprise dans laquelle semble intervenir le hasard : *Le mariage, c'est une loterie.*

loti adj. *Être bien* ou *mal loti,* partagé, favorisé : *Avec une gonzesse comme ça, le voilà bien loti !*

loto (des yeux en boules de) loc. Des yeux ronds.

loub ou **loubar** n. m. Jeune voyou, jeune marginal, loulou*.

loubarde n. f. Ampoule électrique, loupiote*.

loubé n. m. Bout, morceau : *File-m'en un loubé.*

loubiat n. m. Haricot.

loucedé (en) ou **en loucedoc** loc. adv. Discrètement, en douce*.

louche n. f. Main. — *Se serrer la louche, la cuillère*.

louchébème ou **loucherbem** n. m. Boucher.

louf ou **loufoque** n. m. et adj. Fou.

loufer v. i. Péter.

loufiat n. m. Garçon de café ou de restaurant.

loufocoïdal adj. Bizarre (étud.).

loufoquerie n. f. Bizarrerie.

louftingue n. et adj. Fou, folle, louf*.

Louis XV (avoir des jambes) loc. Avoir des jambes torses.

louise (lâcher une) loc. Vesser.

loulou. V. LOUBAR. ‖ *Mon loulou, ma louloute,* termes d'affection.

loup n. m. Malfaçon, chose loupée*; inconvénient; lacune : *Y a un loup.*

loupage n. m. Action de louper*. — Chose loupée*.

loupe n. f. Fainéantise.

louper v. t. Mal exécuter : *Louper une pièce, un travail.* — Rater : *Louper un train.*

loupiot n. m. Enfant, garçonnet.

loupiote n. f. Petite fille. ‖ Ampoule électrique; lampe.

lourd n. m. Riche. ‖ Paysan.

lourde n. f. Porte. ‖ Drogue forte (drogue).

lourder v. t. Mettre à la porte. ‖ Fermer la porte.

lourdingue adj. Lourd : *Le pacson est lourdingue.* ‖ Lourdaud, stupide : *Il est lourdingue, ton pote.*

lové n. m. Vélo (verlan).

loyale (à la) loc. adv. Sans tricherie.

Lucal (le) ou **le Luco** n. pr. Jardins du Luxembourg, à Paris.

lucarne enchantée n. f. Anus.

luisard n. m. Soleil.

lune n. f. Cul. ‖ *Comme la lune* ou *con comme la lune,* stupide (en parlant de personnes ou de choses).

luné adj. *Être bien* ou *mal luné,* de bonne ou de mauvaise humeur, disposé ou non.

lunette n. f. Ouverture ronde : *La lunette des chiottes.* — Ouverture de la guillotine.

luttanche n. f. Lutte.

luxurieux adj. Se dit, par erreur ou par plaisanterie, pour LUXUEUX.

maboul adj. et n. Fou, inconscient.

maboulisme n. m., ou **maboulite** n. f. Folie.

mac n. m. Proxénète.

macab n. m. Cadavre, macchabée*.

macache ! adv. et interj. Jamais !

macadam n. m. Trottoir. ‖ Faux accident du travail. — *Piquer un macadam,* déclarer un faux accident du travail.

macaron n. m. Rosette de décoration ou insigne porté à la boutonnière. — Insigne sur le pare-brise d'une voiture officielle. ‖ Volant d'automobile.

macaroni n. m. Italien, rital*. ‖

Fil téléphonique : *Dérouler le macaroni* (postes). ‖ *Allonger le macaroni,* se masturber.

macchabée n. m. Cadavre.

machin ou **machin-chose** n. m. Chose dont on ne connaît pas le nom : *Un machin.*
◆ n. pr. Personne dont on a oublié le nom : *J'ai rencontré Machin,* ou *Machin-Chose.*

machine n. f. *Machine à coudre* ou *à secouer le paletot,* mitrailleuse. — *Machine à percer,* mitraillette. ‖ *Machine à cintrer les guillemets,* farce de typographes (impr.). ‖ *Avion* (aéron.).

machinette n. f. Voleur à la tire (arg.). — *Vol à la machinette,* par un employé de magasin qui a des complices à l'extérieur (arg.).

macho n. m. et adj. Mâle, phallocrate.

machoiron n. m. Passager (mar.).

Madagascar n. pr. Pelouse du champ de courses d'Auteuil.

Madame n. pr. Patronne de maison de prostitution (arg.).
◆ n. f. *Jouer à la madame,* affecter des airs de grande dame.

mademoiselle n. f. Inverti. ‖ Sous-maîtresse (prost., arg.).

magaze n. m. Magasin.

magner (se) ou **se manier** v. pr. Se presser : *Magne-toi le train, les fesses* ou *la rondelle.*

magnes n. f. pl. Manières affectées, chichis*.

magnéto n. m. Magnétophone.

magouilles n. f. pl. Intrigues, luttes d'influence, combinaisons douteuses entre des groupes ou des personnes à l'intérieur d'une entreprise ou d'un groupe, grenouillage*.

maigrichon adj. Un peu maigre.

mailloche adj. Fort, robuste, malabar*.

main n. f. *Avoir à sa main,* à sa merci. ‖ *Faire une main tombée,* dérober ; faire une caresse rapide sur la fesse. — *Mettre la main au panier,* caresser les fesses ou le sexe. — *Avoir la main baladeuse,* faire des caresses indiscrètes. ‖ *Être en main,* être occupée avec un client (prost.). ‖ *De seconde main,* d'occasion. ‖ *Passer la main,* renoncer, ne pas insister.

maison n. f. Désigne tout un groupe : *La maison poulaga,* la police ; *la maison tire-bouton,* les lesbiennes ; etc. — Maison de prostitution : *Travailler en maison.* ‖ *Gros comme une maison,* de façon visible, évidente, indiscutable : *Il s'est payé ma gueule, gros comme une maison.*
◆ adj. Indiscutable, authentique : *Un abruti maison.*

majo n. m. Étudiant syndicaliste de la fraction majoritaire (étud.).

major n. m. Premier d'une promotion (étud.). ‖ Médecin militaire.

mal adv. *Se trouver mal sur quelque chose,* le dérober. ‖ *Être mal vu,* ne pas être apprécié. ‖ *Ça la fout mal,* ça fait mauvais effet.
◆ **mal (pas)** loc. adv. Beaucoup, en assez grande quantité : *Il en a pris pas mal.* ‖ Assez bien : *C'est pas mal.*

malabar adj. et n. m. Grand, fort.

malade adj. Fou : *T'es pas un peu malade ?* ‖ *En être malade,* avoir des soucis : *J'en suis malade.*

maladie n. f. Maladie grave de la faune ou de la flore : *Les arbres ont la maladie.* ‖ *Maladie de neuf mois,* grossesse. ‖ *En faire une maladie,* exagérer sa contrariété. ‖ *Avoir la maladie de,* la manie : *La maladie de la propreté.*

Malak n. pr. Malakoff.

mal-au-ventre (à la) loc. Se dit d'un pantalon à poches sur le devant.

mal blanchi n. m. Individu de race noire.

maldonne (il y a) loc. C'est un malentendu.

malfrat n. m. Voyou, truand nuisible.

malheur n. m. Réussite, succès : *Faire un malheur* (spect.). ‖ Éclat, scandale : *Retenez-moi, ou je fais un malheur !* ‖ *De malheur,* maudit, funeste : *Ce flic de malheur !* ‖ *Tombé dans le malheur,* condamné.

malheureux adj. Sans importance, médiocre : *Tu vas pas miter pour une malheureuse tarte ?* ‖ *Avoir la main malheureuse,* rater tout ce qu'on entreprend, choisir toujours mal.

malhonnête adj. Se dit pour INDÉCENT.

malle n. f. Salle de police (milit.). ‖ *Se faire la malle,* partir, s'évader. ‖ *Ferme ta malle,* tais-toi.

mallette et paquette (faire) loc. Partir, faire la malle*.

mallouser v. t. Quitter, abandonner, faire la malle*.

malva (aller chez) loc. Aller mal : *Il va chez malva* (verlan).

mama n. f. Mère de famille nombreuse.

mamours (faire des) loc. Faire des flatteries, des caresses.

-man' suff. argotique. *Accrochman',* accroché ; *arrang'man,* arrangé ; *poulman',* poulet.

manchard n. m. Mendiant.

manche n. m. Membre viril. — *Avoir le manche,* être en érection.

‖ *Manche, manche à couilles, dégourdi comme un manche,* imbécile, maladroit. ‖ *Tomber sur un manche,* sur un obstacle imprévu. ‖ *Être du côté du manche,* bien placé du côté des puissants.
◆ n. f. *Faire la manche,* faire la quête, mendier : *Les clodos font la manche.* ‖ *Avoir quelqu'un dans sa manche,* avoir du crédit auprès de lui. ‖ *C'est une autre paire de manches,* c'est tout différent.

manchette (coup de) loc. Coup donné avec l'avant-bras.

manchot (n'être pas) loc. Être fort, adroit.

manchouillard adj. et n. Manchot.

mandagat n. m. Mandat : *T'aurais pu m'envoyer un mandagat.*

mandale ou **mandole** n. f. Gifle : *Filer une mandale.*

mandarine n. f. Petit sein.

mandibules n. f. pl. Mâchoires.

mandoline n. f. Matraque faite d'un sac rempli de sable (arg.). ‖ Mitraillette. ‖ Bassin hygiénique (hôpitaux). ‖ *Jouer de la mandoline,* se masturber (femme).

mandrin (avoir le) loc. Être en érection.

manettes n. f. pl. Oreilles. ‖ Pédales de bicyclette.

mangave n. f. Mendicité.

mangeaille n. f. Nourriture.

manger v. t. *En manger,* être indicateur de police. ‖ *Manger le morceau,* avouer, dénoncer, faire des révélations. ‖ *Manger un morceau,* manger frugalement, casser une graine*. ‖ *Se manger le nez,* se quereller. ‖ *Manger la consigne,* oublier une recommandation. ‖ *Il y a à boire et à manger,* des avantages et des inconvénients. ‖ *Manger à tous les râteliers,* tirer profit de toutes les situations, sans fidélité à qui que ce soit.

manier (se). V. MAGNER (SE).

manieur de fonte n. m. Haltérophile (forains).

manif n. f. Manifestation publique; monôme d'étudiants.

manigance n. f. Petite manœuvre suspecte.

manigancer v. t. Combiner, tramer en secret.

manipes n. f. pl. Manipulation (étud.).

manitou n. m. Personnage puissant : *C'est le grand manitou.*

manivelles n. f. pl. Jambes (cyclisme). — Bras.

manœuvre n. f. *Et ça y va la manœuvre !* Se dit à propos d'une grande activité quelconque.

manouche n. m. Gitan.

manque n. m. Absence, insuffisance : *Être en état de manque* (drogue). — *À la manque,* mauvais, défectueux, ridicule, sans intérêt. — *Manque de pot,* pas de chance.

mansarde n. f. Crâne.

maousse adj. Grand, fort, gros : *Un cigare maousse.*

maqua n. f. Entremetteuse, maquerelle* (arg.).

maquer v. t. Exploiter quelqu'un, soit une fille (prost.), soit un travailleur indépendant : *Un écrivain maqué par son agent.*
◆ **maquer (se)** v. pr. Se mettre en ménage.

maquereau n. m. Proxénète.

maquereautage n. m. Proxénétisme.

maquereauter v. i. Vivre de proxénétisme.

maquereautin n. m. Petit maquereau (dans les deux sens : poisson et souteneur).

maquerelle n. f. Entremetteuse : *Une mère maquerelle.*

maquillage n. m. Blessure volontaire : *Pas de macadam sans bon maquillage.*

maquille n. f. Maquillage de voitures volées ou d'occasion.

maquiller v. t. Truquer, falsifier : *Maquiller les brèmes,* truquer les cartes. — Dissimuler les défauts d'une voiture d'occasion, ou l'origine d'une voiture volée.
◆ **maquiller (se)** v. pr. Se blesser volontairement.

marabout n. m. Aumônier de la marine (mar.).

marasquin n. m. Sang (arg.).

maraude n. f. Recherche des clients par les taxis en dehors des stations.

marauder v. i. Pour un taxi, être en maraude*.

maraudeur n. m. Chauffeur de taxi qui pratique la maraude*.

marave v. t. Battre ou se battre : *Si elle m'emmerde, je vais la marave* (arg.).

marca n. m. Marché : *Aller au marca.*

marcel n. m. Maillot de corps à trous.

marchand n. m. *Marchand de sommeil,* hôtelier. — *Marchand de soupe,* restaurateur. Industriel pour qui ne compte que le profit, au détriment de la qualité. — *Marchand de viande,* proxénète se livrant à la traite des blanches. — *Marchand de lacets,* gendarme.

marchandise n. f. Excrément : *Mettre les pieds dans la marchandise.* ‖ Organes sexuels masculins. ‖ *Faire valoir sa marchandise,* présenter les choses sous un jour favorable.

marcher v. i. *Marcher dedans,* mettre le pied dans un excrément. ‖ Accepter : *Je lui ai proposé la botte, elle a marché.* ‖ *Ne pas marcher,* ne pas vouloir, refuser une proposition. ‖ Croire naïvement : *Tu peux lui sortir des vannes, il marche à tous les coups.* ‖ *Marcher sur les pieds de quelqu'un,* marcher sur ses brisées.

marcheuse n. f. Prostituée. ‖ Figurante muette (spect.).

marcotin n. m. Marqué*, durée d'un mois : *Il a écopé d'un marcotin sec.*

merdouille n. f. Saleté. ‖ Maladresse.

margis ou **marchis** n. m. Maréchal des logis (armée).

margoulette n. f. Bouche, gueule.

margoulin n. m. Commerçant peu scrupuleux.

marguerite n. f. Cheveu blanc : *Avoir des marguerites dans le cresson.* ‖ Préservatif.

marida n. m. Mariage : *Il est mûr pour le marida.*
◆ adj. inv. Marié : *Elle est marida.*
◆ **marida (se)** v. pr. Se marier : *Je me suis marida.*

Marie-couche-toi-là n. f. Femme facile.

marie-jeanne n. f. Marijuana (drogue).

marie-louise n. f. Pet.

Marie-pisse-trois-gouttes n. f. Très jeune fille.

mariés à la mairie du vingt et unième arrondissement loc. En concubinage.

marie-salope n. f. Drague (mar.). ‖ Jus de tomate additionné de vodka.

marin fendu n. m. Femme marin (mar.).

marine n. f. *Travailler pour la marine,* être constipé.
◆ n. m. Pantalon à pattes d'éléphant avec poches sur le devant.

mariner ou **maronner** v. i. Attendre longuement et à contrecœur.

mariole adj. et n. Adroit, rusé,

malin. — *Fais pas le mariole,* ne te fais pas remarquer.

marle adj. Adroit, rusé.

marlou ou **marloupin** n. m. Voyou.

marmelade (en) loc. adv. Abîmé, meurtri, cassé.

marmouset n. m. Fœtus.

marner v. i. Travailler durement.

maronner v. i. Attendre, poireauter*. ‖ Maugréer, rager, être en colère.

marqué n. m. Mois (durée).

marquer v. t. Faire une marque par tricherie : *Les cartes sont marquées.* — Faire une marque infamante sur le visage : *Elle est marquée* (arg.). [V. CROIX, *croix des vaches.*] ‖ *Marquer le coup,* souligner volontairement ou non l'importance que l'on attache à quelque chose. ‖ *Marquer un point,* avoir l'avantage. ‖ *Marquer midi,* être en érection. ‖ *Marquer mal,* faire mauvaise impression : *Ton petit copain, il marque mal.*

marquouse n. f. Marque faite à une carte à jouer.

marrade n. f. Rigolade*.

marraine n. f. Femme témoin à charge (arg.).

marrant adj. Drôle, amusant. ◆ n. m. Anus.

marre adv. Trop, assez : *C'est marre.* — *En avoir marre,* en avoir assez, être excédé.

marrer (se) v. pr. S'amuser, se tordre de rire.

marron n. m. Coup. — *Secouer la poêle à marrons,* donner une raclée.
◆ adj. Qui exerce une profession sans titre : *Médecin marron ;* ou de façon non conforme aux règles de la profession : *Avocat marron.* ‖ *Être marron* ou *paumé marron,* être pris sur le fait, être fait*.

marronnier n. m. Article saisonnier, sur un événement qui se renouvelle chaque année (presse).

Marsiale (la) n. pr. Marseille.

marsouin n. m. Marin. ‖ Soldat d'infanterie de marine (mar.).

marteau adj. Fou.

martigue adj. ou n. Marseillais.

maso adj. et n. Pessimiste, masochiste.

massacrer v. t. Mal exécuter, mutiler, défigurer un ouvrage.

massacreur n. m. Qui exécute mal.

masse n. f. *Recevoir le coup de masse,* un choc émotif, violent. — *C'est le coup de masse,* le prix est excessif. ‖ *Être à la masse,* être abruti, désaxé ou à la côte. ‖ Salaire d'un prisonnier, qui lui est remis à sa libération. — Bourse commune, caisse d'un groupe à laquelle chacun contribue. ‖ Grande quantité : *Une masse de choses. Il y en a pas des masses. Ils sont venus en masse.*

masser v. i. Travailler.

massier n. m. Étudiant chargé de tenir la masse*, bourse commune (étud. Beaux-Arts).

massue (coup de) ou **coup de masse** n. m. Choc émotif, contrariété soudaine.

mastard adj. Gros, énorme.

mastègue n. f. Nourriture, repas.

mastéguer v. t. Mastiquer, manger.

mastic n. m. Désordre, confusion : *Tu parles d'un mastic.* — Interversion ou mélange de caractères dans une composition ou dans une casse (impr.). ‖ *S'endormir sur le mastic,* abandonner un travail commencé. ‖ *Faire le mastic,* pour un garçon de café, nettoyer la salle. ‖ *Bouder le mastic,* manger peu.

mastoc adj. Lourd, épais.

mastroquet n. m. Marchand de vin.

m'as-tu-vu n. m. Vaniteux, cabotin*.

mat adj. Fatigué : *Je suis mat.* ‖ Terminé, fini : *C'est mat.*

mat' n. m. Matin : *À six heures du mat'.*

mataf n. m. Marin (mar.).

mate (jeton de). V. JETON.

matelas (avoir le) loc. Avoir un portefeuille bien bourré.

mater v. t. Épier, guetter, regarder : *Mate un peu.*

matérielle n. f. Nécessaire (par opp. à SUPERFLU).

mateur n. m. Voyeur.

math n. f. Mathématique.

matheux n. Personne douée pour les mathématiques ou qui les étudie.

maton ou **matuche** n. m. Gardien de prison.

matos n. m. Matériel (musique).

matou n. m. Amant.

matraquage n. m. Répétition de messages publicitaires, à la radio, par ex.

matraque n. f. *Mettre la matraque,* employer les grands moyens. ‖ *Avoir la matraque,* avoir une combinaison maîtresse (poker). — Être en érection.

matraquer v. t. Faire payer très cher. ‖ Infliger une lourde peine. ‖ Répéter pour faire entrer en mémoire, faire du matraquage*. ‖ Mettre la matraque*, mettre tout en œuvre, y mettre le paquet*.

matraqueur n. m. Sportif brutal.

matricule n. m. *Ça va barder pour ton matricule,* menace de correction.

matuche n. m. Dé truqué (arg.). ‖ Policier. ‖ Gardien de prison, maton*.

Maub (la) n. pr. La place et le quartier Maubert, à Paris.

mauvaise (l'avoir) loc. Être indigné, vexé, déçu.

mauviette n. f. Personne chétive.

M. A. V. V. MORT.

max n. m. Maximum : *Ça coûte un max.*

maxi- préf. Se dit pour MACRO-.
◆ n. m. Maximum : *J'ai écopé le maxi.*
◆ adj. *La mode maxi,* mode de la jupe longue.

maximum (au grand) loc. adv. Au maximum.

mazette n. f. Individu qui manque d'énergie, ou d'adresse, d'habileté.

mec n. m. Homme ; être humain du sexe masculin : *Il y a les femmes et les mecs.*

mécaniques n. f. pl. Épaules : *Rouler les mécaniques.*

mécano n. m. Mécanicien.

mécarate n. f. Mécanique rationnelle (étud.).

méchamment adv. Très, beaucoup : *C'est méchamment bath.*

méchant n. m. Violent, emporté : *Faire le méchant.*
◆ adj. Fameux : *Un méchant coup de pompe.*

mèche n. f. *Il n'y a pas mèche,* il n'y a pas moyen. ‖ *Et mèche,* et un peu plus, et d'autres : *T'en auras pour trois sacs et mèche.* ‖ *Être de mèche,* être complice, être au courant. ‖ *Vendre la mèche,* trahir, dire un secret.

mecton n. m. Individu ; petit mec*.

médaille (porter la) loc. Assumer seul une responsabilité collective.

médicale n. f. Libération d'un prisonnier pour raison de santé : *Sortir en médicale* (arg.).

méduche n. f. Médaille pieuse ; décoration.

meffe n. f. Femme (verlan).

méga- préf. Très grande quantité (étud.). V. MÉGACHIÉE, MÉGANOTE.

mégachiée n. f. Très grande quantité (étud.).

méganote n. f. Note très élevée (étud.).

mégaphone n. m. Tuyau d'échappement (moto).

mégot n. m. Reste de cigarette ou de cigare. — Cigarette : *File-moi un mégot.* ‖ *Étagère à mégot,* oreille.

mégotage n. m. Mesquinerie.

mégoter v. i. Lésiner.

mégoteur ou **mégotier** n. Qui mégote.

meilleur n. m. *Prendre le meilleur sur,* avoir l'avantage (sport).

mélanco adj. Mélancolique.

mélanger (se) v. pr. Faire l'amour.

mélasse n. f. Infortune, misère : *Être dans la mélasse.*

mêlé-cass n. m. Boisson : vermouth-cassis, ou eau-de-vie et cassis. — *Voix de mêlé-cass,* voix de rogomme, voix avinée.

méli-mélo n. m. Confusion, désordre.

mélo n. m. Mélodrame : *C'est du mélo.*

melon n. m. Tête. — *Avoir le*

LE MEC

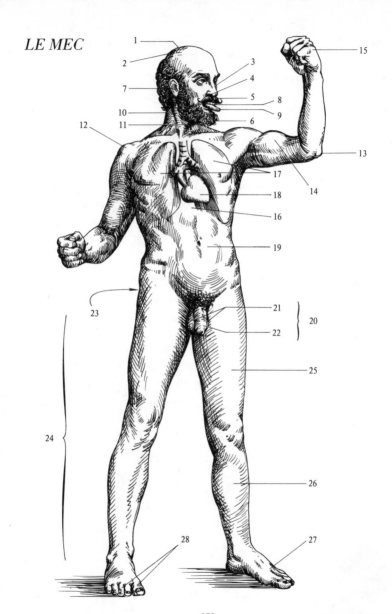

1
2
3
4
5
6
7
8
9
10
11
12
13
14
15
16
17
18
19
20
21
22
23
24
25
26
27
28

1. Caboche, cafetière, caillou, caisson, calebasse, carafon, cassis, chou, ciboulot, cigare, citron, citrouille, coloquinte, mansarde, melon, méninges, plafond, plafonnard, sinoquet, sorbonne, terrine, tétère, toiture.
2. Casquette en peau de fesse, déboisé, déplumé, mouchodrome, skating à mouches.
3. Blair, blase, fer à souder, nase, patate, pif, piton, quart de brie, ruche, step, tarbouif, tarin, tasseau, tomate, truffe.
4. Naseau.
5. Bacantes, baffi, bâfre, balai à chiottes, moustagache. — Rouflaquettes.
6. Barbe à poux, barbouse, piège.
7. Écoutille, entonnoir à musique, esgourdes, étagère à mégot, étiquette, feuille, manette, portugaise, zozore.
8. Racines de buis, chailles, crocs, crochets, dominos, mandibules, quenottes, ratiches, tabourets.
9. Calpette, langouse, menteuse, mouillette.
10. Colas, colbac, quiqui.
11. Gargane.
12. Épahules, mécaniques, râble.
13. Aile, aileron, brandillon, brandon, manivelle.
14. Biscoto.
15. Cuillère, louche, paluche, pince, pogne.
16. Caisse, coffre, cerceaux.
17. Éponges, soufflerie, soufflets, soupapes.
18. Palpitant.
19. Baquet, bide, bidon, boîte à ragoût, bouzine, buffet, burlingue, crédence, estom, gésier, gidouille.
20. Bijoux de famille, devant, service trois pièces.
21. Agobilles, attributs, balloches, burettes, burnes, claouis, douillettes, figues, miches, noisettes, olives, orphelines, parties, pelotes, précieuses, rognons, roubignoles, rouleaux, roupes, roupettes, roustons, valseuses.
22. Anguille de caleçon, arbalète, ardillon, asperge, balayette, biroute, bistouquette, bite, bonhomme, braquemart, chibre, chipolata, cigare à moustaches, coquette, dard, dardillon, darrac, défonceuse, engin, flageolet, gaule, outil, paf, pine, polard, Popaul, quéquette, queue, quique, quiquette, robinet d'amour, sabre, tébi, vipère broussailleuse, zeb, zizi, zob.

23. Bagouse, bague, dé à coudre, dix, échalote, entrée des artistes, figne, fignard, fignarès, fignedé, fignolet, fion, foiron, fouinedarès, marrant, moutardier, point noir, œil de bronze, œillet, oignard, oignon, pastille, rond, rondelle, rondibé, rosette, trou de balle, troufignard, troufignon, vase.
24. Badine, baguette, brancard, calouse, canne, échalas, flûte, fusain, gambette, manivelle, poteau, quille.
25. Gigot.
26. Moltegomme.
27. Arpion, escalope, fromage, nougat, oigne, panard, patte, paturon, pince, pinceau, pinglot, pingouin, raquette, ripaton, targette, tige.
28. Radis, salsifis.

LA NANA

29. Fiole, frime, frite, gaufre, museau, pomme, trogne, trombine, trompette, tronche.
30. Agate, calot, châsse, mirette, quinquet.
31. Petite choucroute, crayons, cresson, douilles, plumes, roseaux, tifs, tignasse, vermicelles.
32. Babines, babouines, badigouinces, pompeuses.
33. Babin, gargue, goule, goulot, porte-pipe, saladier, salle à manger, tirelire.
34. Avant-scène, balcon.
35. Ananas, blague à tabac, boîtes à lait, mandarines, miches, nénés, nibards, niches, nichons, oranges, roberts, rondins, roploplots, rotoplos, tétasse.
36. Guitare.
37. Barbu, cresson, gazon, laitue, motte.
38. Abricot, baba, bénitier, berlingot, boîte à ouvrage, boîte aux lettres, centre, chagatte, chatte, mille-feuille, figue, frifri, grippette, moniche, moule, pâquerette, panier.
39. Arrière-train, artiche, baba, baigneur, bavard, brioches, croupion, dargif, derche, dossière, entremichon, faubourg, père Fouettard, gagne-pain, miches, mouilles, noix, panier, pétard, pétoulet, pétrousquin, pétrus, pont arrière, popotin, postère, pot, prose, prosinard, tafanard, troussequin, turbine, valseur, vase.
40. Châssis.

LA NANA

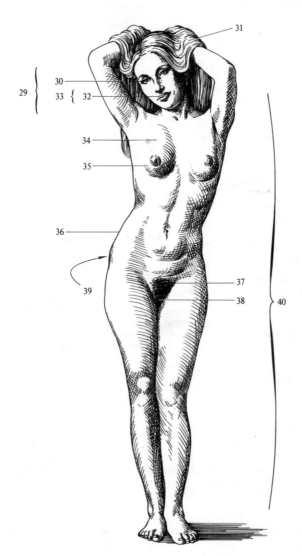

31

29 {

30
33 { 32

34

35

36

39

37
38

40

161

FRANÇAIS ARGOTIQUE. — 6

melon déplumé, être chauve. ‖ Arabe : *C'est un melon.* ‖ Élève de première année de l'École spéciale militaire de Saint-Cyr. ‖ *Avoir les pieds en cosses de melon,* être paresseux, avoir la cosse*.

membre n. m. Membre viril.

même pr. ind. *C'est du pareil au même,* se dit pour C'EST LA MÊME CHOSE.
◆ adv. *Tout de même,* se dit pour NÉANMOINS, POURTANT.

mémé n. f. Grand-mère. — Vieille femme.

mémère n. f. Vieille femme. ‖ *Faut pas pousser mémère dans les orties,* il ne faut pas exagérer, abuser de ma patience.

mémo n. m. Mémorandum. — *Format mémo,* format 14,5 × 21.

mémoire d'éléphant n. f. Excellente mémoire.

ménage n. m. Couple d'homosexuels. ‖ *Se mettre en ménage,* prendre possession d'une cure (ecclés.).

ménagère n. f. Prostituée vêtue en « ménagère » (prost.).

ménagerie n. f. Ensemble des évêques (ecclés.).

mendigot n. m. Mendiant.

mendigoter v. i. Mendier.

mener v. t. *Mener en barque* ou *en bateau,* abuser, tromper, mystifier. — *Mener le petit au cirque,* forniquer.

ménesse n. f. Femme, épouse (arg.).

Ménilmuche n. pr. Ménilmontant, à Paris.

méninges n. f. pl. Cerveau : *Tu t'es pas creusé les méninges!*

menotte n. f. Main (enfant).

mentalité ou **mentale** n. f. *Avoir bonne* ou *mauvaise mentalité,* suivre ou non les règles et les opinions du milieu, d'une secte, d'un parti.

menteries n. f. pl. Mensonges : *C'est des menteries.*

menteuse n. f. Langue.

merdaillon n. m. Enfant ou individu méprisable, prétentieux et désagréable.

merde n. f. Excrément. ‖ Haschisch (drogue). ‖ Encre (impr.). ‖ *Ne pas se prendre pour une merde,* se croire important. ‖ *Être dans la merde,* dans l'embarras. ‖ *Traîner dans la merde,* insulter, traiter bassement. ‖ *Semer la merde,* répandre le désordre. ‖ *Oui ou merde,* oui ou non. ‖ *Merde!* Interj. Mépris, indignation, refus, négation, admiration. ‖ Jurons : *Bon Dieu de merde! Bordel de merde!,* etc.

merder v. i. Rater, foirer* : *La mécanique a merdé.*

merdeux n. m. Enfant : *Petit merdeux.*
◆ adj. Sali de merde. ‖ *Bâton merdeux,* individu méprisable auquel on ne peut faire confiance.

merdier n. m. Situation difficile, pétrin, embarras, désordre, pagaille : *On n'est pas encore sorti de ce merdier.*

merdique adj. Ennuyeux, difficile, confus.

merdoyer v. i. Hésiter, s'embrouiller, vasouiller*.

mère n. f. Femme d'un certain
âge (ironique et un peu méprisant) : *La mère Machin.*

mérinos (laisser pisser le) loc.
Laisser faire, attendre le résultat
naturel.

merlan n. m. Coiffeur. ‖ Proxénète.

merlette n. f. Prostituée racolant
pour une autre (prost.).

merluche n. f. Femme ; épouse
(péjor.).

mesquine n. m. Petit, chétif
(pataouète).

messes basses (dire ou **faire
des)** loc. Parler en aparté.

Messieurs-dames formule de
politesse : *Bonjour, Messieurs-
dames.*

métallo n. m. Ouvrier métallur-
giste.

météo n. f. Mauvais temps : *La
rencontre n'a pu avoir lieu à cause
de la météo.*

mettable adj. Se dit d'une femme
jolie ou facile.

mettre v. t. *Y mettre les doigts,*
voler. ‖ *Mettre un coup* ou *en
mettre un coup,* se donner avec
énergie. — *Mettre le paquet,* faire
le maximum. ‖ *Mettre en boîte* ou
en caisse, tromper, se moquer,
escroquer. ‖ *Mettre en veilleuse,* se
taire. ‖ *Mettre les bouts* ou *les*
mettre, s'en aller. ‖ *Mettre en l'air,*
tuer, cambrioler, mettre en désordre. ‖ *Ôte-toi de là que je m'y
mette,* va-t'en. ‖ Pratiquer le coït :
*Mettre le poisson dans le bocal,
mettre sur le bout, mettre au
sonore,* etc.
◆ **mettre (se)** v. pr. Faire
l'amour. ‖ *Se mettre la ceinture,*
être privé. ‖ *Se mettre bien,* ne rien
se refuser, en prendre à son aise. ‖
Se mettre à table, avouer.

meuf n. f. Femme, meffe*.

meule n. f. Moto : *Avoir sa meule,
le rêve du narzo !*
◆ au pl. Les dents. — Les fesses.

mézig n. et pron. Moi.

miche n. f. Fesse. — Au pl. Cul.
‖ Testicules. ‖ *Avoir les miches à
zéro,* ou *avoir les miches qui font
bravo,* avoir peur. ‖ Seins.

miché ou **micheton** n. m. Client
d'une prostituée.

michetonner v. i. Pour un
micheton*, avoir affaire aux services d'une prostituée, payer une
femme : *Tu le prends pour un
tombeur ? Penses-tu ! Il miche-
tonne !* ‖ Pour une micheton-
neuse*, se prostituer occasionnel-
lement.

michetonneuse n. f. Prostituée
pratiquant épisodiquement son
travail ; femme entretenue.

michette n. f. Prostituée pour
clientèle féminine.

mickey n. m. Boisson frelatée.

micro n. m. Bouche, gueule :
Ferme ton micro.

microbe n. m. Petit enfant. — Individu très petit.

midi n. m. *C'est midi, c'est midi sonné*, il n'y a plus rien à faire. ‖ *Marquer midi*, être en érection. ◆ adj. À mi-mollet : *Une robe midi*.

mie de pain n. f. Individu sans énergie. ‖ *À la mie de pain*, pas sérieux, sans valeur. ‖ *Mie de pain mécanique*, pou. — *Mie de pain à ressort*, puce.

miéfu n. et adj. inv. Fumier* (verlan).

miel n. m. Merde. ‖ *C'est du miel*, c'est facile.

miette n. f. Petite quantité, un peu. — *Ne pas en perdre une miette*, voir absolument tout. ‖ *Et des miettes*, et le reste, et quelques : *Mille balles et des miettes*.

mignard adj. Mignon.

mignonnette n. f. Petite photographie pornographique ou supposée telle.

milieu n. m. Le monde de la pègre.

mille n. m. *Mettre dans le mille*, atteindre son but ; deviner juste. ‖ *Gagner des mille et des cents*, gagner beaucoup d'argent.

mille-feuille n. m. Sexe de la femme. ‖ Liasse de dix billets de 10 F. ‖ *C'est du mille-feuille*, c'est facile, c'est du gâteau*.

millimètre (faire du) loc. Être pingre, avare, vivre chichement.

mimi adj. inv. et n. m. Joli, mignon : *C'est mimi*. — *Faire mimi*, faire des caresses (enf.). ‖ Pratiquer le cunnilingus.

minable adj. Misérable. — Médiocre, insuffisant.

mince interj. Étonnement, surprise : *Ah! mince, alors, j'ai paumé ma valoche.* ‖ Suivi d'un complément, admiration ou déception : *Mince de rigolade !*

mine n. f. *Avoir bonne mine*, avoir l'air ridicule après une déconvenue. ‖ *Mine de rien*, sans en avoir l'air.

minet n. m., **minette** n. f. Petit chat. ‖ Jeune homme et jeune fille à la mode. ‖ Sexe de la femme. — *Faire minette*, pratiquer le cunnilingus.

mini- préf. Se dit pour MICRO-. ◆ adj. À mi-cuisses : *La mode sera-t-elle mini ou maxi ?*

minijupette n. f. Minijupe.

ministre (se faire des boyaux comme des manches de) loc. Manger un repas énorme.

minium (passer sa grille au) loc. Avoir ses règles.

mino n. m. Étudiant syndicaliste de la fraction minoritaire (étud.).

minot n. m. Gamin.

minouse n. f. Culotte de femme.

minus n. m. Débutant, bizut*. ‖ Crétin.

minute n. f. (employé adj.). Rapide : *Entrecôte minute*. ◆ interj. Attendez, doucement : *Minute ! Minute, papillon !*

mioche n. m. et f. Enfant.

mirante n. f. Miroir.

mirettes n. f. pl. Yeux. — *En mettre plein les mirettes,* plein la vue.

miro adj. inv. Myope : *Être miro.*

mironton n. m. Individu naïf ou louche : *Un drôle de mironton.* ‖ *Dévisser le mironton,* faire une fausse couche (prost.).

mise en l'air n. f. Action commise contre quelqu'un qui ne se plie pas au chantage (arg.). ‖ Hold-up (arg.).

miser v. t. Forniquer, mettre*. — *Va te faire miser,* insulte.

misères (faire des) loc. Taquiner.

mistoufle n. f. Misère. — Au pl. Taquineries, tracasseries. — *Faire des mistoufles,* des misères*.

mitan n. m. Milieu* de la pègre.

mitard ou **mite** n. m. Cachot.

mitardé adj. Puni de cachot.

mite n. f. Chassie : *Avoir la mite à l'œil.*

mitées (avoir les éponges) loc. Être atteint de tuberculose.

miter v. i. Pleurnicher.

miteuse n. f. Fillette ; femme qui a la larme à l'œil pour un rien.

miteux adj. Misérable.

mitraille n. f. Petite monnaie.

mitrailler v. t. Photographier sans arrêt.

mob n. f. Cyclomoteur.

mochard, moche, mochetingue adj. Laid (au pr. et au fig.).

mochement adv. De façon laide (au fig.), indigne, malhonnête.

mocheté n. f. Femme laide.

moco adj. ou n. Toulonnais ou provençal.

Mocobo (la) n. pr. Quartier et place Maubert, à Paris.

mœurs [meurss] n. f. pl. Brigade de police judiciaire chargée de la répression du proxénétisme et du trafic des stupéfiants, dite aussi « la mondaine ».

mohammed n. m. Arabe.

moineau n. m. Individu douteux : *Un drôle de moineau.*

moins une ou **moins cinq (c'était)** loc. Presque : *Il a bien failli ramasser une pelle, c'était moins cinq.*

moisir v. i. Attendre indéfiniment.

moisson (faire la) loc. Célébrer plusieurs cérémonies d'enterrement à la suite (ecclés.).

moite adj. *Les avoir moites,* avoir très peur. (V. MICHES.) ‖ *Être moite,* ne rien dire, rester muet.

moiter v. i. Avoir peur, les avoir moites*.

mollard n. m. Crachat.

mollarder v. t. Cracher.

mollasse adj. et n. Mou (au pr. et au fig.) ; apathique.

mollasson adj. et n. Apathique, paresseux.

molleton, moltegomme ou **moltogomme** n. m. Mollet.

mollo adv. Avec douceur, avec précaution. — *Vas-y mollo !*, vas-y mou*, vas-y doucement.

mollusque n. m. Individu apathique, lent : *Avancer comme un mollusque.*

molosse n. m. Grand, fort, colosse.

momaque n. f. Petite fille. V. MÔME.

môme n. f. Jeune fille, jeune femme. — Terme d'affection.

môme, mominard ou **momignard** n. Enfant. ‖ *Tire-môme,* n. f. Sage-femme.

momi ou **mominette** n. f. Petit verre de pastis : *Prendre une mominette.*

mondaine n. f. Brigade mondaine de police : *La mondaine.* V. MŒURS.

monde n. m. — *Le monde,* les gens. — *Le beau monde,* le grand monde. ‖ *Se foutre du monde,* se moquer. ‖ *Il y a du monde au balcon,* elle a une poitrine plantureuse.

moniche n. f. Sexe de la femme.

monnaie (commencer à rendre la) loc. Vieillir.

montage n. m. Piège, traquenard (arg.).

montagne n. f. Homme fort et courageux.

montante adj. f. Qui accepte de monter* : *Une serveuse montante.*

monte n. f. Passe*.

monté (être bien) loc. Avoir une virilité exceptionnelle.

monter v. t. Entraîner un client dans une chambre d'hôtel. — Pour une serveuse ou une entraîneuse, faire des passes* dans une chambre attenant à l'établissement : *Serveuse montante* (arg.). ‖ *Monter un coup,* le préparer. ‖ *Monter le coup, monter un bateau,* mystifier, tromper. ‖ *Monter à Paris,* pour un provincial, venir s'y installer.

montgolfière n. f. Nymphomane.

Montparno n. pr. Quartier Montparnasse, boulevard du Montparnasse, à Paris.

montre (casser le verre de) loc. Casser le cul* (aux divers sens).

Montretout (aller à) loc. Passer la visite sanitaire (arg.).

monumental adj. Énorme, étonnant : *Une connerie monumentale.*

morbac n. m. Pou de pubis, morpion*. ‖ Jeune enfant.

morceau n. m. *Un beau morceau,* une belle fille. ‖ *Manger le morceau,* avouer, dénoncer, se mettre à table. ‖ *Casser le morceau à quelqu'un,* lui dire ses vérités. ‖ *Casser un morceau,* faire un repas frugal. ‖ *Emporter le morceau,* enlever une affaire.

morcif n. m. Morceau : *Coupe-m'en un morcif.*

mordante n. f. Lime.

mordicus adv. Avec obstination : *Soutenir mordicus une opinion.*

mordre v. t. Regarder attentivement : *Mords les flics avec leur bidule.* ‖ *Mords-le!* Se dit à deux personnes qui se querellent. ‖ *Mordre le guidon,* pédaler penché en avant (sport). ‖ *Ça ne mord pas,* ce n'est pas dangereux (au contraire !). ‖ *À la mords-moi le doigt, l'œil* ou *le nœud,* de façon peu sûre, risquée ou ridicule. ‖ *C'est à se les mordre,* c'est très drôle.
◆ v. i. Comprendre : *Tu mords ?*

mordu adj. Amoureux. ‖ Passionné : *Un mordu de la moto.*

morfale, morfalou adj. et n. Goinfre.

morfaler v. t., ou **se morfaler** v. pr. Bâfrer.

morfier ou **morfiler** v. t. Manger. ‖ Pratiquer le cunnilingus.

morfler v. t. Condamner ; punir (arg.). ‖ Recevoir, encaisser, être condamné (arg.).

morgane n. f. Sel.

morganer v. t. Manger, mâcher, mordre. ‖ Dénoncer (arg.).

moricaud n. m. Nègre, noir.

morlingue n. m. Porte-monnaie. — Portefeuille. — *Être constipé du morlingue,* être avare.

morniflard n. m. Porte-monnaie.

mornifle n. f. Gifle du revers de la main. ‖ Menue monnaie : *Faire de la mornifle.*

mornifleur n. m. Faux-monnayeur (arg.).

morpion n. m. Pou de pubis. ‖ Jeune enfant. ‖ *Jeu de morpions,* jeu d'écoliers qui se joue à deux avec une feuille de papier quadrillé. (Les *morpions* sont les signes marqués.)

mort adj. Usé, inutilisable : *Mes pompes sont mortes.* — *Être mort dans le dos,* transi de froid. — *Elle est morte,* c'est fini, il n'y a plus d'espoir ou plus d'argent : *On verra demain ; pour aujourd'hui, elle est morte.*
◆ n. f. *À mort,* à fond, extrêmement. ‖ *Mort aux vaches !* Interj. à l'intention de la police.

morue n. f. Prostituée (injure).

morveux n. Enfant agaçant, vaniteux.

mot n. m. *Mot d'écrit,* billet, courte lettre. ‖ *Mot de cinq lettres,* mot de Cambronne, merde.

motal n. f. Motocyclette.

motard n. m. Motocycliste ; motocycliste de la police routière.

motorisé (être) loc. Avoir une voiture à disposition.

motte n. f. Sexe de la femme, pubis. ‖ Moitié : *Faire la motte,* partager des frais.

mou adv. Doucement, mollo* : *Vas-y mou.*
◆ n. m. *Bourrer le mou,* bourrer le crâne. ‖ *Rentrer dans le mou,* frapper quelqu'un.

mouchacho ou **moutchachou** n. m. Enfant, jeune garçon. — *Mouchacha,* fillette (pataouète).

mouchard n. m. Dénonciateur ;

espion de police. ‖ Judas pratiqué dans une porte. ‖ Enregistreur de vitesse (trains, camions).

mouchardage n. m. Action de moucharder.

moucharde n. f. Lune.

moucharder v. t. Dénoncer.

mouche n. f. Mouchard*. ‖ *Mouche à merde,* mouche domestique. ‖ *Tuer les mouches à quinze pas,* avoir mauvaise haleine. ‖ *Enculer les mouches,* pousser trop loin l'analyse, pinailler*, être tatillon.

moucher v. t. Réprimander. ‖ Remettre à sa place, contredire : *Je l'ai mouché.* ‖ Donner une correction : *Je lui ai mouché la gueule.* ‖ *Ne pas se moucher du pied,* se croire de l'importance, avoir des prétentions ; demander un prix trop élevé.

mouchique adj. Laid. — De mauvaise réputation.

mouchodrome n. m. Crâne chauve.

mouchoir (arriver dans un) loc. Arriver en peloton serré (sport, turf).

moudre (en) loc. Pédaler ferme (cyclisme). ‖ Se livrer à la prostitution (prost.).

mouetter v. i. Avoir peur, fouetter*, les avoir moites*.

moufette (c'est de la) loc. C'est sans intérêt.

Mouffe (la) n. pr. Quartier de la rue Mouffetard, à Paris : *Les Amerlos habitent tous la Mouffe.*

mouflet, mouflette n. Enfant ; garçonnet, fillette.

moufter v. i. Parler, protester. — *Ne pas moufter,* se taire, faire comme si de rien n'était.

mouiller v. i. Sécréter le liquide vaginal. ‖ Désirer : *Il mouille pour un boudin.* ‖ *Ça mouille,* il pleut.
◆ v. t. *Mouiller quelqu'un,* le compromettre. ‖ *Mouiller* ou *mouiller son froc,* avoir peur. ‖ *Mouiller la meule,* prendre la première consommation de la journée.
◆ **mouiller (se)** v. pr. Se compromettre, prendre des risques, tremper dans une affaire.

mouilles n. f. pl. Fesses.

mouillette n. f. Langue. ‖ Pain trempé dans les vespasiennes par les soupeurs*.

mouise n. f. Misère, embêtements : *Battre la mouise.*

moujingue n. m. et adj. Enfant.

moukère n. f. Femme, maîtresse.

moule n. f. Sexe de la femme. ‖ Imbécile.
◆ n. m. *Moule à gaufre,* imbécile.

mouler v. t. Abandonner, quitter ; déposer. ‖ *Mouler un bronze* ou *mouler,* déféquer.

moulin n. m. Moteur. ‖ Entreprise qui rapporte. ‖ *Moulin à café,* mitraillette. ‖ *Moulin à paroles,* bavard.

mouliner v. i. Pédaler en souplesse (cyclisme).

mouron n. m. Souci, tracas : *Se*

faire du mouron. ‖ *C'est pas du mouron pour ton serin,* ce n'est pas pour toi.

mouronner v. i., ou **se mouronner** v. pr. Se faire du souci, du mouron*.

mouscaille n. f. Excrément; merde* (au pr. et au fig.).

mousmée n. f. Femme, maîtresse.

mousse (se faire de la) loc. Se faire du souci, du mouron*.

mousser v. i. Être en colère. ‖ *Faire mousser,* vanter, mettre en valeur.

moustache (cigare à) n. m. Membre viril.

moustagache n. f. Moustache (javanais).

moutard n. m. Petit garçon.

moutardier n. m. Postérieur.

mouton n. m. Indicateur de police. — Mouchard placé par la police au milieu d'autres détenus pour les faire parler. ‖ Amas de poussière sous les meubles. ‖ *Mouton à cinq pattes,* quelque chose de très rare, d'introuvable.

mouver v. i. Se dit pour MOUVOIR. Remuer, déplacer.
◆ **mouver (se)** v. pr. Se mouvoir.

moyen de (tâcher) loc. Essayer, tâcher de. ‖ *Il n'y a pas moyen de moyenner,* il n'y a rien à faire.

muffée n. f. Saoulerie : *Prendre une bonne muffée.*

munitions n. f. pl. Provisions de bouche.

mur n. m. Complice du pickpocket, qui masque le voleur (arg.). ‖ *Faire le mur,* sortir sans permission (internat, caserne), sans intention d'évasion définitive.

mûr adj. Ivre : *Il est mûr.*

museau n. m. Visage.

museler v. t. Faire taire, réduire au silence.

musette (qui n'est pas dans une) loc. Qui n'est pas rien : *Un petit pinard qui n'est pas dans une musette.*

musiciens n. m. pl. Haricots.

musico n. m. Musicien.

musique n. f. Chantage (arg.). ‖ *Connaître la musique,* savoir s'y prendre, avoir de l'expérience. — *Faire de la musique,* faire un esclandre, protester.

musiquette n. f. Chantage, musique*.

Mutu (la) n. pr. Le palais de la Mutualité, à Paris : *Une manif à la Mutu.*

nada adv. Non.

nager v. i. Ne savoir comment faire, ne pas comprendre : *Je nage complètement. — Nager dans l'encre,* ne pas savoir se débrouiller. ‖ *Savoir nager,* savoir manœuvrer, être débrouillard.

nana n. f. Femme ; compagne. — Au pl. Les femmes.

nanar n. m. Marchandise sans valeur. Objet invendable. — *C'est nanar,* c'est laid, inintéressant, sans valeur.

nap n. m. Pièce d'or.

naphtaline n. m. Cocaïne (drogue).

narines (prends ça dans les) loc. C'est bien fait pour toi.

narzo n. m. Jeune voyou, loulou* de banlieue, zonard* (verlan).

nase n. m. Nez.
◆ adj. En mauvais état, usé, pourri* ; qui fonctionne mal : *Le moulin est complètement nase.* (V. NAZE, NAZI, NAZIQUER.)

naseau n. m. Nez, narine : *Recevoir un pain sur le naseau.*

natchaver (se) v. pr. S'en aller, partir (arg.).

nattes (faire des) loc. Embrouiller ; s'embrouiller.

nature adj. inv. Naturel, sans artifice : *Être nature ; un café nature. — Naïf.*
◆ adv. Naturellement.

nave n. f. Imbécile, naïf : *Fleur de nave.*

navet n. m. Œuvre artistique sans valeur. ‖ *Avoir du sang de navet,* être anémique ; poltron.

naveton n. m. Imbécile, naïf, nave*.

naviguer v. i. Se déplacer fréquemment : *En vacances, on va naviguer entre Nice et Marseille.*

naze n. m. Syphilis. — *Cloquer le naze,* attraper ou transmettre la syphilis.
◆ **naze** ou **nazebroque** adj. Syphilitique ; avarié ; fou.

nazi adj. Atteint d'une maladie vénérienne.

naziquer v. t. Contaminer.

nèfles (des) loc. adv. et interj. Rien ; pas du tout.

négifran n. f. Femme, épouse ; sœur, frangine* (verlan).

nègre n. m. Personne qui accomplit anonymement l'œuvre ou le travail signés ou attribués à une autre. ‖ *Travailler* ou *bosser comme un nègre,* durement et sans relâche. ‖ *Parler petit nègre,* dans un français approximatif. ‖ *Faire comme le nègre,* continuer. ‖ *Un combat de nègres dans un tunnel,* quelque chose d'obscur (au pr. et au fig.). ‖ *Noir comme dans le trou du cul d'un nègre,* complètement noir.

négresse n. f. Friteuse (restaurant).

négrier n. m. Chef d'entreprise qui traite les ouvriers comme des esclaves, ou qui emploie du personnel au noir*.

neige n. f. Cocaïne.

néné n. m. Sein.

nénesse n. f. Femme, épouse.

nénette n. f. Jeune femme. ‖ Chiffon servant à l'entretien de la carrosserie d'une automobile. ‖ *Se casser la nénette,* s'efforcer ; réfléchir profondément. ‖ *En avoir par-dessus la nénette,* en avoir assez, ras* le bol.

nerf n. m. Se dit pour TENDON : *Se fouler un nerf.*

nettoyage n. m. Action de nettoyer, ruiner ou tuer.

nettoyer v. t. Ruiner, dépouiller : *Je suis nettoyé.* ‖ Tuer : *Se faire nettoyer.*

neuille. V. NOILLE.

neveu ! (un peu, mon) interj. Naturellement.

neyer (se) v. pr. Se noyer.

nez n. m. *Avoir du nez, avoir le nez fin, avoir le nez creux,* savoir deviner, être prévoyant, avoir du flair. ‖ *Mettre son nez dans les affaires des autres,* se mêler indiscrètement de ce qui ne vous regarde pas. ‖ *Mettre à quelqu'un le nez dans son caca,* le rabrouer, le remettre à sa place. ‖ *Avoir quelqu'un dans le nez,* ne pas pouvoir le supporter, ne pas pouvoir le « sentir ». ‖ *Se bouffer le nez,* se disputer âprement. ‖ *Tirer les vers du nez,* faire dire la vérité, faire parler. ‖ *Fermer la porte au nez,* refuser de recevoir. ‖ *Se casser le nez,* trouver porte close. ‖ *Mettre le nez dehors,* sortir de chez soi. ‖ *Passer sous le nez,* échapper : *Ça m'est encore passé sous le nez.* ‖ *Se piquer le nez,* s'enivrer. — *Avoir un verre dans le nez,* être légèrement ivre. — *Avoir le nez sale,* être ivre. ‖ *Les doigts dans le* *nez,* sans effort, sans difficulté. ‖ *À plein nez,* très fort (au pr. et au fig.). ‖ *À vue de nez,* approximativement. (V. PIFOMÈTRE.)

niac ou **niacoué** adj. et n. m. Indochinois.

nib adv. Rien : *Nib de tifs,* chauve.

nibard n. m. Sein.

niche, nichon n. m. Sein.

nickel adj. inv. Propre : *Chez elle, c'est nickel.*

nickelés (avoir les pieds) loc. Avoir de la chance. ‖ Refuser de marcher, de faire quelque chose, par paresse ou par fatigue.

niçois n. m. Homme du personnel des polices privées d'entreprise.

nipper v. t. Fournir des vêtements.
◆ **nipper (se)** v. pr. S'habiller de neuf, s'acheter des vêtements : *Je me nippe aux puces.*

nippes n. f. pl. Vêtements : *Un marchand de nippes.*

niquer v. t. Forniquer; posséder une femme.

niveau de (au) prép. Relativement à. — *Au niveau de mon cul,* je m'en fous.

noce n. f. Partie de plaisir : *Faire la noce.* — Se livrer à la prostitution. ‖ *Ne pas être à la noce,* être dans une situation pénible.

nœil, neunœil (au pl. *nœils, neunœils*) n. m. Œil. Relatif à l'œil (un borgne sera surnommé *Neunœil*).

Noël (croire au père) loc. Se faire des illusions.

nœud n. m. Gland. ‖ Imbécile : *Tête de nœud.* ‖ *Peau de nœud,* non, rien, peau* de balle.

noille, noye ou **neuille** n. f. Nuit.

noir n. m. *Au noir,* clandestinement, sans être légalement déclaré : *Travailler au noir.* — *Acheter au noir* ou *au noircif,* au marché noir, hors du circuit réglementé. ‖ *Petit noir,* café pris dans un débit de boissons. ‖ *Le noir,* l'opium (drogue).
◆ adj. Ivre.

noircif. V. NOIR.

noircir (se) v. pr. S'enivrer.

noisettes n. f. pl. Testicules.

noité adj. Fessu.

noix n. f. Imbécile : *Quelle vieille noix!* ‖ *À la noix* ou *à la noix de coco,* sans valeur, sans importance. ‖ Fesse : *Une belle paire de noix.*

nom n. m. *Petit nom,* prénom. — *Un nom à charnière, à rallonge* ou *qui se dévisse,* un nom composé ou à particule. — *Un nom à coucher dehors,* un nom compliqué. ‖ Jurons : *Nom de Dieu! Nom de Dieu de bordel de merde!* etc.

nombril n. m. *Se prendre pour le nombril du monde,* se croire important. ‖ *Être décolletée jusqu'au nombril,* avoir un décolleté profond.

noraf n. m. Arabe d'Afrique du Nord.

nouba n. f. Noce : *Faire la nouba.*

nougat n. m. Pied. ‖ *C'est du nougat*, c'est facile, c'est du gâteau*. ‖ *Toucher son nougat*, toucher sa part.

nougatine (de la) loc. Facile, sans risque.

nouille n. f. Individu sans énergie ni intelligence.

nourrice (en) loc. adv. En dépôt chez un confrère (brocante).

novation n. f. Se dit pour INNOVATION, NOUVEAUTÉ.

nozigues n. et pr. Nous : *L'addition c'est pour nozigues.*

numéro n. m. *Un numéro, un drôle de numéro*, un personnage original, douteux ou amusant. ‖ *Avoir tiré le bon numéro*, avoir de la chance ; avoir un conjoint parfait. ‖ *Filer le bon numéro*, donner un renseignement utile, un tuyau*. ‖ *Faire son numéro*, faire une prouesse devenue habituelle, conter toujours la même histoire, en se mettant en valeur.

nuire (se) v. pr. Se suicider : *Elle a voulu se nuire.*

nuitard n. m. Postier trieur de nuit (poste).

nuiteux n. m. Taxi de nuit.

LES NATIONALITÉS

amerlos, amerloques, amerluches, ricains ;

angliches, biftecks, homards, rosbifs ;

arbis, arbicots,
bics, bicots,
crouilles, melons, mohammeds,
norafs, ratons,
troncs, yaouleds,
beurs ;

belgicos ; flahutes ;

boches, chleus, fridolins, frisés, frisous, fritz ;

bougnouls, gobis, mal blanchis, moricauds ;

chinetoques, jaunets, niacoués ;

espingos, espingouins ;

macaronis, ritals ;

manouches, rabouins, romanos ;

portos, portigues ;

popofs, ruskofs, ruskis.

Les Fransquillons

auvergnats, cormorans,

youpins, youtres,

youvances ;

auverpins,
auverploums, bougnats,
bougnes ;

martigues ;

mocos ;

parigots ;

pieds-noirs ;

caldoches ;

secors.

-o suff. argotique, nuance péjor. Clochard, *clodo ;* avarie, *avaro ;* propriétaire, *proprio ;* etc.

obligado adv. Obligatoirement.

obsédé adj. et n. Se dit pour OBSÉDÉ SEXUEL.

occase n. f. Circonstance favorable : *Profiter de l'occase.* ‖ *Une voiture d'occase,* qui a déjà servi, d'occasion. ‖ *À l'occase,* à l'occasion, si cela se présente.

occuper (s') v. pr. Se débrouiller, vivre d'expédients. ‖ *T'occupe !,* ne t'en mêle pas !

-oche suff. argotique, avec ou sans nuance péjor. Ciné, *cinoche ;* télé, *téloche ;* calédonien, *caldoche.*

œil n. m. *Œil au beurre noir,* œil tuméfié. ‖ *Avoir un œil qui dit merde à l'autre,* avoir des yeux qui se croisent les bras, loucher. ‖ *Ne pas avoir les yeux en face des trous,* somnoler ; ne pas savoir observer. ‖ *Avoir de la merde dans les yeux,* ne rien voir (au pr. et au fig.). ‖ *Ne pas avoir les yeux dans sa poche,* savoir observer. ‖ *Se mettre le doigt dans l'œil,* se tromper lourdement. ‖ *Obéir au doigt et à l'œil,* au moindre geste, sans répliquer. ‖ *Avoir quelqu'un à l'œil,* surveiller ses actes. ‖ *Faire de l'œil,* faire une œillade, un appel* en clignant de l'œil. ‖ *Se rincer l'œil,* assister à un spectacle grivois ; mater*. ‖ *Taper dans l'œil,* plaire, séduire. ‖ *S'en battre l'œil,* s'en moquer complètement. ‖ *Avoir l'œil,* être observateur. — *Avoir l'œil américain,* juger d'un coup d'œil. ‖ *Frais comme l'œil,* très frais. ‖ *Tourner de l'œil,* s'évanouir. ‖ *Monter un œil,* tuméfier l'œil (pataouète). ‖ *Avoir les yeux plus grands que le ventre,* se servir plus largement qu'on ne pourra absorber (au pr. et au fig.). ‖ *À l'œil,* gratuitement. ‖ *Une baise-à-l'œil,* une femme honnête. ‖ *Mon œil!* Interj. de refus : Non, rien. ‖ *L'œil de bronze,* anus.

œillet n. m. Anus (homosexuels).

œuf n. m. Imbécile : *Quel œuf!* ‖ *Aux œufs,* parfait, aux pommes*. ‖ *Plein comme un œuf,* tout à fait plein, repu ; complètement ivre. ‖ *Œufs sur le plat,* poitrine plate. ‖ *Casser son œuf,* faire une fausse couche. ‖ *Tondre un œuf,* être avare. ‖ *Va te faire cuire un œuf!,* va-t'en !

offense (il n'y a pas) loc. Il n'y a pas de mal (formule de politesse).

officemar n. m. Officier.

officiel n. m. *De l'officiel,* de l'authentique.
◆ adj. *C'est officiel,* c'est indiscutable.
◆ adv. *Officiel!,* indiscutablement.

ogino n. m. Enfant non souhaité, dont les parents pratiquent la méthode contraceptive qui porte ce nom.

oie n. f. Personne sotte, niaise. — *Oie blanche,* jeune fille candide et niaise. ‖ *À la graisse d'oie,* mauvais, de mauvaise qualité, faux.

oignard [ouagnar] n. m. Anus.

oignes [ouagne], **oignons** ou **oignards** n. m. pl. Pieds : *Marcher sur les oignes.*

oignon n. m. Anus. Cul. — *Tu peux te le carrer à l'oignon,* tu ne l'auras pas. ‖ *Avoir de l'oignon* ou *avoir l'oignon qui décalotte,* avoir de la chance. ‖ *Aux oignons* ou *aux petits oignons,* parfaitement, au poil*. ‖ *En rang d'oignons,* sur une ligne. ‖ *C'est pas tes oignons,* ça ne te regarde pas. ‖ *Course à l'oignon,* course à l'échalote*. ‖ Mauvais cheval (turf).

oiseau n. m. Individu louche : *Qu'est-ce que c'est que cet oiseau?* ‖ *Donner des noms d'oiseaux,* insulter.

olives n. f. pl. Testicules. — *Changer l'eau des olives,* uriner.

olkif adj. Chic.

olpette, olpif ou **olpiche** adj. inv. Beau, parfait, chic. (V. OLKIF.)

olrette adv. Très bien, d'accord, « all right » (turf).

ombre (à l') loc. adv. En prison.

ombrelle (avoir un bec d') loc. Avoir une tête antipathique.

omelette n. f. *Faire une omelette,* faire de la casse. ‖ *Omelette soufflée,* femme enceinte.

omnibus n. m. Chéquier commun mis à la disposition des clients (banque).

on pr. ind. Nous : *On a bien rigolé.*

onze n. m. *Bouillon d'onze heures,* poison. ‖ *Prendre le train onze,* s'en aller à pied.

op n. m. Opium (drogue).

opérer les pneus loc. Les crever par vengeance : *Son plaisir, la nuit, c'est d'opérer les pneus.*

or (l'avoir en) loc. Avoir de la chance.

orange n. f. Petit sein. ‖ Coup de poing : *Balancer une orange.*

ordure n. f. Individu méprisable.

oreilles de cocker (les avoir en) loc. Être las après l'amour (homme).

orphelin n. m. Objet ou livre dépareillé (brocante). — Objet abandonné sans propriétaire. — Mégot : *T'as pas un orphelin ?*

orphelines n. f. pl. Testicules.

orteils en éventail (avoir les) loc. Éprouver une grande satisfaction (amoureuse ou de tout autre ordre).

orties (faut pas pousser mémère dans les) loc. Il ne faut pas exagérer ; faut pas pousser.

os n. m. *Amène tes os,* viens ici, amène-toi. ‖ *Tomber sur un os,* rencontrer une difficulté. — *Il y a un os* ou *un os dans le frometon,* une difficulté, un obstacle imprévus. ‖ *L'avoir dans l'os,* subir un échec et ses conséquences, l'avoir dans le dos*. ‖ *Ça vaut l'os,* ça vaut la peine.

oseille n. f. Argent. — *Avoir de l'oseille,* être fortuné. ‖ *La faire à l'oseille,* tromper, se moquer : *Il faut pas me la faire à l'oseille.*

osier n. m. Argent, oseille*.

osselets (tu commences à me courir sur les) loc. Tu m'agaces, tu m'ennuies.

ostrogoth n. m. Individu grossier, vulgaire.

ouais adv. Se dit pour OUI.

ouallou ! interj. Non, rien à faire (pataouète).

oublier v. t. *Oublier de respirer,* mourir.

◆ **oublier (s')** v. pr. Péter.

oubliettes (mettre aux) loc. Oublier, négliger ou refuser de s'occuper de quelque chose.

ouiouine n. f. Serviette hygiénique (prost.).

ouistiti n. m. Fausse clé. ‖ Fils du patron, du singe*.

ourdé adj. Ivre.

ours n. m. Œuvre personnelle, littéraire ou artistique : *Je vous apporte mon ours.* ‖ Salle de police (milit.) : *À l'ours.* ‖ Au pl. Les règles.

oursin n. m. *Avoir des oursins dans le morlingue,* être pingre, avare, radin*.

-ouse suff. argotique. Fouille, *fouillouse ;* centrale, *centrouse ;* piqûre, *picouse.*

outil n. m. Membre viril.

outiller v. t. Donner un coup de couteau (arg.). ‖ *Être bien outillé,* être sexuellement bien pourvu.

ouvrage (boîte à) n. f. Sexe de la femme.

ouvrier n. m. Individu habile et travailleur : *C'est un ouvrier.*

ouvrir (l') loc. Parler ; avouer : *Ne l'ouvrez jamais.*

overdose n. f. Dose trop forte (drogue).

pacemac n. m. Entraîneur, « pace-maker » (cyclisme).

pacemaquer v. t. Entraîner (cyclisme).

pacsif, pacson n. m. Paquet ; liasse. (V. PAX.)

padoc ou **paddock** n. m. Lit.

padoquer (se) v. pr. Se coucher, se mettre au lit.

paf n. m. Membre viril. — *Beau comme un paf*, beau, élégant (iron.). ‖ *Tomber sur un paf*, subir un échec, tomber sur un os*.
◆ adj. Ivre : *Il est complètement paf.*

pagaille n. f. Désordre. ‖ *En pagaille*, en grande quantité ; en désordre. — *A la pagaille*, en désordre.

pagailleux adj. Désordonné.

page ou **pageot** n. m. Lit.
◆ n. f. *Tourner la page*, retourner le partenaire amoureux ; pratiquer le coït anal.

pager v. i. Coucher, dormir : *Pager à l'hôtel.*
◆ **pager (se)** ou **se pajoter** v. pr. Se coucher.

pagnoter (se) v. pr. Se coucher, se mettre au lit.

paillasse (crever la) loc. Tuer avec une arme blanche.

paillasson n. m. Fille ou femme facile. ‖ Individu sans amour-propre, qui essuie rebuffades et insultes sans protester. ‖ Raquette de tennis usagée.

paille n. m. *Homme de paille*, prête-nom. ‖ *Une paille*, presque rien, fort peu (iron.) : *Une tire de six briques : une paille !* ‖ *Passer la* *paille de fer,* jouer de la musique, de table en table, dans un restaurant ou une boîte de nuit.

paillon n. m. Acte d'infidélité commis par une femme : *Faire des paillons.*

pain n. m. Coup de poing : *Un pain sur la gueule.* ‖ *Pain dur,* affaire sans intérêt. ‖ *Petit pain,* fesse. ‖ *Perdre le goût du pain,* mourir. — *Passer* ou *faire passer le goût du pain,* tuer. ‖ *Avoir du pain sur la planche,* avoir beaucoup de travail à faire. ‖ *Ça ne mange pas de pain,* ça ne présente aucun risque financier. ‖ Fausse note (musique).

paire n. f. Départ, fuite. — *Se faire la paire,* s'en aller, s'enfuir. — *Dîner à la paire,* dîner sans payer. ‖ *Une paire chaude,* une paire de saucisses de Francfort chaudes (café).

paître (envoyer) loc. Congédier.

palanquée n. f. Grande quantité : *Une palanquée d'andouilles.*

pâle adj. Malade. — *Se faire porter pâle,* se faire porter malade (armée). — *Pâle des genoux,* fatigué.

paletot ou **panetot** n. m. Pardessus. ‖ *Mettre la main sur le paletot,* appréhender, alpaguer*. ‖ *Un paletot sans manches,* un cercueil.

pâlichon adj. Légèrement pâle.

pallaque n. f. Prostituée.

pallass n. m. Boniment, discours ampoulé et ennuyeux.
◆ adj. Beau, joli.

palmées (les avoir) loc. Être paresseux.

palper v. t. Toucher, recevoir de l'argent.

palpitant n. m. Cœur.
◆ adj. Émouvant, qui tient en haleine : *Un roman palpitant.*

paluche n. f. Main : *Un coup de paluche.* — *S'emmêler les paluches,* faire de fausses notes au piano (musique).

palucher v. t. Caresser.
◆ **palucher (se)** v. pr. Se masturber.

pana n. m., ou **panne** n. f. Objet invendable, nanar* (brocante). ‖ Figuration, petit rôle (spect.).

panade n. f. Misère : *Être dans la panade. Une panade noire.*

panais n. m. Membre viril.

Paname n. pr. Paris.

panard n. m. Pied : *Traîner les panards.* ‖ *Prendre son panard,* prendre son pied*.

panier n. m. Lot d'objets ou de livres dans une vente publique (brocante). ‖ Lit : *Coucouche-panier,* au lit. ‖ Side-car (moto). ‖ Prime. ‖ *Mettre dans le même panier,* considérer que les uns ne valent pas mieux que les autres : *Je mets tous les flics dans le même panier.* ‖ *Un panier de crabes,* un groupe d'individus qui cherchent à se nuire mutuellement. ‖ *Panier à salade,* voiture cellulaire. ‖ *Panier percé,* personne dépensière. ‖ *Con comme un panier,* tout à fait idiot. ‖ *Panier à crottes,* cul. — *Secouer le panier à crottes,* danser. ‖

PANAME

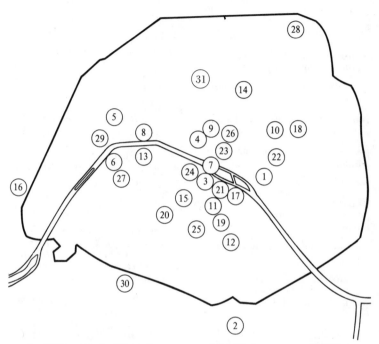

1. la Bastaga, la Bastoche.
2. Biscaille.
3. Boul' Mich', le Latin, le Quartier.
4. la Grande Boulange.
5. les Champs.
6. Tour Cifelle.
7. la Cigogne.
8. le Concours Lépine.
9. l'Embrouille.
10. la Frotte.
11. Sainte-Ginette.
12. les Gob's.
13. les Invaloches.
14. Laribo.
15. le Lucal, le Luco.
16. Madagascar et Tonkin.
17. la Maub, la Mocobo.
18. Ménilmuche.
19. la Mouffe.
20. Montparno.
21. la Mutu.
22. la Popinque.
23. la Quincampe.
24. Saint-Ger.
25. la Santaga, la Santoche.
26. le Sébasto, le Topol.
27. la Terre sainte.
28. la Villetouse.
29. le Troca.
30. Malak.
31. Besbar.

Mettre la main au panier, aux fesses.

panne n. f. Objet invendable, pana* (brocante). ‖ Trou de mémoire. ‖ Petit rôle (spect.).

panoplie n. f. Armes individuelles : *Sortir sa panoplie.*

panouillard n. m. Figurant (spect.).

panouille n. f. Imbécile. ‖ Figuration, petit rôle, pana* (spect.).

panpan n. m. Correction : *Cucul panpan* (enfant).

panse n. f. Ventre.

panthère n. f. Épouse : *Ma panthère.* ‖ *Lait de panthère*, pastis.

pantouflard n. m. Homme casanier.

pantoufle n. f. Ensemble des élèves qui, à la sortie de l'École polytechnique, renoncent à une carrière de l'État.

pantoufler v. i. Passer de la fonction publique au service d'une entreprise privée.

pantruchard n. et adj. Parisien.

Pantruche n. pr. Paris.

papa n. m. Père (enfant). — Homme d'un certain âge. ‖ *À la papa*, sans hâte, simplement : *Faire l'amour à la papa.* ‖ *De papa*, qui appartient à un passé révolu : *Les chemins de fer de papa.*

papeau n. m. Chapeau.

papelard n. m. Papier.

papier n. m. Lot de journaux : *Du papier* (brocante). ‖ Billet de 10 F : *Tu l'auras pour cent papiers.* ‖ *Faire un papier*, écrire un article de presse. ‖ *Avoir le papier, un bon papier*, une bonne réputation. ‖ *Être dans les petits papiers de quelqu'un*, dans ses bonnes grâces. ‖ *Passer au papier de verre*, tondre à ras.

papillon n. m. Contravention : *Un papillon sur le pare-brise.* ‖ *Papillon d'amour*, pou de pubis, morpion. ‖ *Minute, papillon !* Interj. : Patience, du calme ! ‖ *Papillon du Sénégal*, membre viril.

papouille n. f. Caresse.

pap's n. m. pl. Papiers d'identité.

pâquerette n. f. Sexe de la femme. ‖ *Cueillir les pâquerettes*, musarder (cyclisme). ‖ *Aller aux pâquerettes*, sortir de la route par accident (auto).

paquet n. m. *Avoir son paquet*, avoir son compte. — *Recevoir son paquet*, recevoir une apostrophe vive et sans réplique. ‖ *Y mettre le paquet*, faire un gros effort, ne pas lésiner. ‖ *Faire son paquet*, s'en aller. ‖ *Lâcher le paquet*, avouer, révéler sans réserve. ‖ *Le paquet*, le « pack », le groupe serré des avants (rugby).

para n. m. Parachutiste.

parachuter v. t. Faire parvenir inopinément. ‖ Placer quelqu'un à l'improviste à un poste clé.

paraître v. impers. *À ce qu'il paraît* se dit pour IL PARAÎT QUE : *À ce qu'il paraît qu'il y a des gens qui aiment ça.*

parapluie n. m. Profession fictive, couverture*. ‖ *La maison parapluie,* la police. ‖ *Porter le parapluie,* porter la responsabilité, porter le chapeau*.

paravent n. m. Personne qui tient un rôle fictif, dissimulant la véritable activité ou les mœurs véritables d'une autre : *Ce pédé loue une nénette comme paravent.*

pardeusse ou **pardingue** n. m. Pardessus.

pardon ! interj. Exclamation superlative.

paré n. m. Prêt ; à l'abri du besoin.

pare-brise n. m. inv. Lunettes.

pareil adj. *Pareil que* se dit pour COMME, SEMBLABLE À : *J'ai fait pareil que vous : j'ai acheté une voiture pareille que la vôtre.* ‖ *C'est du pareil au même,* cela revient à la même chose.

pare-lance n. m. Parapluie.

parenthèses n. f. pl. *Avoir les jambes en parenthèses,* avoir les jambes arquées. ‖ *Pisser entre parenthèses,* avoir une miction douloureuse.

parfum (être au) loc. Être au courant, être dans la confidence.

parfumer v. t. Mettre au courant.

parigot adj. ou n. pr. Parisien.

Paris-beurre n. m. Sandwich au jambon de Paris.

parler v. i. Avouer, dévoiler. ‖ *Tu parles !* ou *Tu parles, Charles !* Exprime l'assentiment ou le doute.

parlote n. f. Exercice oratoire (avocats).

paroisse (changer de) loc. Déménager, changer de lieu d'habitation ; changer de café.

parole n. f. *Parole d'homme !* Interj. : Je le jure ; parole d'honneur. ‖ *Porter la bonne parole,* faire une expédition punitive dans un établissement qui refuse le racket (arg.).

parpagne n. f. Campagne.

parpaing n. m. Coup de poing.

parrain n. m. Plaignant ; témoin à charge (arg.). ‖ Avocat (arg.).

part n. f. *C'est de quelle part ?* se dit pour C'EST DE LA PART DE QUI ? ‖ *Mettre à part,* réunir les divers éléments d'une commande (librairie).

partant adj. Disposé à, prêt à : *Je suis pas partant.*

parterre (prendre un billet de) loc. Faire une chute.

parti adj. Éméché.

partie n. f. Soirée ou après-midi dansante, boum*, surboum*. ‖ *Partie fine,* partie de débauche, partouse*. ‖ *Partie de jambes en l'air,* séance amoureuse. — *Partie de bordelaise en cent trente* (on ajoute : *avec les dix de der*), séance amoureuse. — *Partie carrée,* partie de débauche à deux couples. ‖ Au pl. *Les parties,* les organes sexuels : *Un coup de pied dans les parties.*

partir v. i. *Partir en couille,* se désagréger, s'abîmer. ‖ *Partir en courrier,* partir en vol (aéron.).

partouse ou **partouze** n. f. Séance collective de débauche sexuelle.

partouser v. i. Participer à une partouse*.

partouzard n. m. Amateur de partouses*.

pas n. m. *Faire un faux pas,* faire un écart de conduite ; commettre une escroquerie inutile et imprudente. ‖ *Franchir* ou *sauter le pas,* se décider à franchir un obstacle moral. ‖ *Ça ne se trouve pas sous le pas d'un cheval,* c'est très rare.

passager adj. Où l'on passe : *Une rue passagère.*

passant n. m. Mendiant de passage.

passe n. m. Passe-partout. ‖ Passeport.
◆ n. f. Acte rapide de prostitution : *Faire une passe.* — *Hôtel* ou *maison de passe,* lieu utilisé par les prostituées. — *Faire la passe,* pour un hôtelier, louer des chambres aux prostituées.

passé (avoir un) loc. Avoir commis un délit ou une indélicatesse dans une situation antérieure : *Avoir un passé chargé.*

passe-lacet (être raide comme un) loc. Complètement démuni.

passer v. t. et i. — *Passer* ou *passer l'arme à gauche,* mourir. ‖ *Y passer,* mourir ; subir complètement une nécessité. ‖ *Passer à l'as,* subtiliser sans laisser de trace ; ne pas profiter d'une aubaine. ‖ *Passer à tabac,* frapper brutalement un adversaire sans défense, inférieur en nombre, tabasser*. ‖ *Passer à travers,* manquer une occasion ; être privé au cours d'une distribution. — Ne pas trouver le client. ‖ *Passer à la casserole,* violer, être violée. ‖ *Passer au travers,* échapper à un accident ; ne pas se faire prendre. ‖ *Passer sous une voiture,* se faire renverser par une voiture. ‖ *Passer sous le nez,* échapper, passer hors de portée (fig.). ‖ *Passer sur le ventre de quelqu'un,* l'écarter sans scrupule de son chemin (fig.). ‖ *Passer la main dans les dés,* renoncer, ne pas persévérer, couper court. ‖ *La sentir passer,* subir quelque chose de pénible (une douleur, un paiement, etc.). ‖ *Passer un savon* ou *un suif,* réprimander : *Qu'est-ce qu'il lui a passé !* ‖ *Passer un coup de fil,* téléphoner. ‖ *Passer de la pommade,* flatter.

passeur n. m. Contrebandier.

passion n. f. Vice sexuel : *Un gars à passions.*

pastaga n. m. Pastis : *Rien ne vaut un petit pastaga sur le zinc.*

pastille n. f. Anus : *La brise de la pastille.* ‖ Projectile d'arme à feu. (V. VALDA.)

pastiquer v. t. et i. Passer en fraude.

pastiquette n. f. Acte de prostitution, passe*. ‖ Jeu de passe anglaise.

pastiqueur n. m. Fraudeur, passeur*.

pastis n. m. Situation embrouillée, complication.

pasto n. m. Impasse, rue sans issue.

patapouf n. m. Individu gras et lourd.

patate n. f. Pomme de terre. ‖ Tête. — *En avoir gros sur la patate,* avoir des regrets ; avoir des remords. ‖ Nez épaté. — Individu corpulent. ‖ Imbécile : *Va donc, eh patate !* ‖ Coup de poing. ‖ Balle de tennis qui ne rebondit pas.

patatrot (faire un) loc. S'enfuir, décamper.

pâte n. f. *Une bonne pâte,* individu bon avec simplicité. ‖ *Mettre en pâte,* faire tomber une composition typographique. Au fig. : *Tomber en pâte,* faire une chute, s'évanouir (impr.).

pâtée n. f. Correction : *Il a reçu une pâtée.*

patelin n. m. Village, localité.

paternel n. m. Père : *Mon paternel.*

patin n. m. Chaussure. — *Traîne-patin,* miséreux. ‖ *Prendre les patins de quelqu'un,* prendre son parti. — *Chercher des patins à quelqu'un,* lui chercher querelle. ‖ *Faire le patin,* vol à l'étalage. ‖ *Rouler un patin,* embrasser profondément sur la bouche, rouler une saucisse*.

patiner v. t. Caresser.
◆ **patiner (se)** v. pr. S'enfuir.

pâtissemar n. m. Pâtissier.

patoche adj. *Pas patoche,* pas bon, pas réussi.

patouillard n. m. Gros vaisseau de guerre (mar.).

patouiller v. i. Patauger.

patraque n. f. Montre : *Quelle heure est-il à ta patraque?* ‖ Machine qui fonctionne mal.
◆ adj. Légèrement malade : *Se sentir patraque.*

patriotard adj. et n. Patriote.

patro n. m. Patronage.

patron n. m. Chef de clinique (méd.). ‖ Commissaire-priseur (broc.). ‖ Patron de bistrot : *La tournée du patron.* ‖ Commandant de bord (aéron.). ‖ *Le patron, la patronne,* mon mari, ma femme : *Je demande à la patronne.*

patrouille n. f. Procession (ecclés.).

patte n. f. Main : *Bas les pattes !* — *Faire patte d'araignée,* caresser la verge avec les doigts. ‖ *Faire aux pattes,* chaparder : *Mon briquet, je l'ai fait aux pattes.* — Faire prisonnier : *Il a été fait aux pattes.* ‖ *Graisser la patte,* soudoyer, corrompre. ‖ *Avoir le coup de patte, de la patte,* avoir de l'habileté manuelle. ‖ *Donner un coup de patte,* lancer un trait critique malveillant. ‖ Pied : *Aller à patte,* — *Traîner la patte,* boiter. — *Être court sur pattes,* petit de jambes. ‖ *Une deux-pattes,* une deux-chevaux (auto). ‖ *Marcher sur trois pattes,* avoir un moteur qui fonctionne mal (trois cylindres sur quatre). ‖ *Retomber sur ses pattes,* se tirer sans dommage d'une situation difficile. ‖ *Tirer dans les pattes,* créer sournoisement des difficultés à quelqu'un. ‖ *Se fourrer dans les pattes de quelqu'un,* le déranger de façon importune (au pr. et au fig.).

patuche n. f. Patente.

paturon n. m. Pied.

paumé adj. et n. Inadapté; médiocre : *Qu'est-ce qu'il y a comme paumés!*

paumer v. t. Perdre, égarer un objet : *Paumer ses douilles.* — Perdre au jeu : *Paumer une brique.* ‖ Prendre : *Se faire paumer.*
◆ **paumer (se)** v. pr. Se perdre, s'égarer, ne plus retrouver son chemin.

pauvre adj. Pitoyable (dans les insultes : *pauvre andouille, pauvre crétin, pauvre con*, etc.).

pavé n. m. 10 000 F ou un million d'anciens francs. ‖ *C'est clair comme un pavé dans la gueule d'un flic*, c'est clair, c'est évident.

paveton n. m. Pavé.

pavoiser v. i. Manifester sa joie. ‖ Faire des dettes. ‖ Avoir un œil poché. Saigner (boxe).

pax n. m. Passager (aéron.). [V. PACSIF.]

payant adj. Se dit pour QUI RAPPORTE : *C'est payant.*

paye n. f. Longue durée : *Ça fait une paye que je l'ai pas vu.*

payer v. t. Expier : *J'ai payé deux ans, on est quittes.* ‖ *Ça paye*, c'est drôle, c'est impayable*. ‖ Rapporter, procurer un bénéfice : *Un commerce qui paie.*
◆ **payer (se)** v. pr. S'offrir : *Se payer du bon temps, se payer la tête de quelqu'un.* ‖ *S'en payer une tranche*, bien s'amuser.

pays, payse n. m. et f. Compatriote, né dans la même ville, le même village ou la même région.

p.-d. n. m. Porte-documents (étud.).

peau n. f. *La peau* ou *peau de balle, peau de zob*, rien. (V. BALPEAU.) — *Pour la peau*, pour rien, inutilement. ‖ *Peau de ...* Injure : *Peau de vache* (aux policiers, aux supérieurs hiérarchiques, à toute personne sévère); *Peau d'hareng* (à une personne autoritaire, dure en affaires, etc.); *Peau de fesses* (méprisant). ‖ *Peau d'âne*, diplôme. ‖ *Une vieille peau*, prostituée âgée. ‖ *Faire la peau de quelqu'un*, avoir sa peau, le tuer. ‖ *Faire peau neuve*, changer complètement de conduite, de manière de vivre. ‖ *Risquer sa peau*, s'exposer à un danger. ‖ *Avoir la peau trop courte*, être paresseux. ‖ *Avoir quelqu'un dans la peau*, aimer avec passion. ‖ *Une peau de banane*, une embûche tendue volontairement sur le chemin d'un concurrent (fig.). ‖ *Un révolutionnaire en peau de lapin*, un intellectuel qui fait la révolution en paroles et non en actes.

peaufiner v. t. Mettre au point dans les moindres détails, soigner, parfaire.
◆ **peaufiner (se)** v. pr. Se maquiller, se parer.

peausser v. i. Coucher, dormir (arg.).

pébroque n. m. Parapluie. ‖ Alibi.

pêche n. f. Coup : *Recevoir une pêche.* ‖ Accentuation d'un accord (musique). ‖ Chance : *Avoir la pêche.* ‖ *Poser une pêche*, aller à la selle.

pêche (aller à la) loc. Chercher

au hasard, sans méthode ; être sans travail.

pêcher v. t. Puiser, prendre, chercher : *Où a-t-il été pêcher ça ?*

pécole n. f. Blennorragie.

pécore n. m. Paysan.

pécu n. m. Papier hygiénique. ‖ Rapport écrit.

pécufier v. t. Écrire (un rapport, un devoir). ‖ Discourir, parler en style écrit.

pécunier adj. Se dit pour PÉCU-NIAIRE : *C'est un boulot intéressant du point de vue pécunier.*

pédale n. f. Homosexuel. — Pédérastie : *Être de la pédale, en être,* être homosexuel. ‖ *Perdre les pédales,* perdre la tête. ‖ *Lâcher les pédales,* renoncer, abandonner.

pédaler v. i. Courir. ‖ *Pédaler dans la semoule* ou *dans la choucroute,* avancer avec difficulté (au pr. et au fig.). ‖ *Pédaler dans l'huile* ou *dans le beurre,* marcher avec facilité (au pr. et au fig.).

pédé n. m. Pédéraste.

pédigrée n. m. Casier judiciaire (arg.).

pédoque n. m. Pédéraste.

pedzouille n. m. Paysan, rustre.

pégal n. m. Mont-de-piété.

pègre n. m. Truand, voleur, criminel.

pégriot n. m. Petit truand, jeune pègre*.

peigne n. m. Pince-monseigneur.

‖ *Peigne-cul* ou *peigne-derche,* individu méprisable.

peignée n. f. Lutte : *Se foutre une peignée.*

peigner la girafe loc. Faire un travail inutile : *Faire ça, ou peigner la girafe !*

peinard adj. Tranquille, sans peine : *Pédaler en père peinard.* — *Se tenir peinard,* agir avec prudence.

peinardement adv. Tranquillement, sans souci.

peine-à-jouir n. m. Automobiliste qui démarre avec difficulté.

peinturlurer v. t. Peindre sans goût des couleurs.

pékin n. m. et adj. Civil ; qui n'appartient pas aux milieux militaires.

pelé n. m. *Trois pelés et un tondu,* peu de monde et de peu d'intérêt.

peler v. i. Faire froid : *On pèle, ici.* — Avoir froid : *Je pèle.* ◆ v. t. *Peler le jonc,* importuner : *Tu me pèles le jonc, avec tes salades.*

pèlerin n. m. Voyageur, surtout sur grande distance (aéron., ch. de fer). ‖ Parapluie.

pelle n. f. *Ramasser une pelle,* faire une chute. ‖ *Rouler une pelle,* embrasser sur la bouche. ‖ *À la pelle,* en grande quantité.

pelloche n. f. Pellicule photographique.

pélot (sans un) loc. Sans un sou.

pelotage n. m. Caresses : *Pas de*

pelotage avant le mariage (dicton). ‖ *Travailler en pelotage,* dresser les fauves en douceur (forains).

pelote n. f. Fortune : *Faire sa pelote.* ‖ Au pl. Testicules. ‖ *Envoyer aux pelotes,* éconduire, envoyer promener.

peloter v. t. Caresser longuement, palper : *Se faire peloter dans le métro.* ‖ Flatter (fig.).

pelousard n. m. Habitué de la pelouse (turf).

pelure n. f. Pardessus. ‖ Individu de peu d'envergure.

pendouiller v. i. Pendre mollement.

pendre v. t. *Ça lui pend au nez,* ou *ça lui pend au cul (comme un sifflet de deux ronds),* c'est un désagrément qui le menace.

pendule n. f. Compteur de taxi.

pénible adj. Difficile à supporter : *C'est le père pénible.*

péniche n. f. Chaussure.

penser v. i. *Penser bien,* être «bien pensant», avoir les mêmes opinions politiques que celui qui s'exprime. ‖ *Ce que je pense,* ce qu'on n'ose dire. — *Marcher dans ce que je pense,* dans la merde. *Un coup de pied où je pense,* au cul.

pente (avoir la dalle en) loc. Avoir toujours soif.

pépé n. m. Grand-père.

pépée n. f. Femme ; compagne. — Femme ou fille quelconque qui se donne des airs de poupée*.

pépère n. m. Grand-père (terme d'affection). — Un homme d'un certain âge : *Vise le pépère sur son vélo.*
◆ adj. Tranquille, peinard* : *Une vie pépère.* — Gros, copieux, maousse* : *Un sandwich plus que pépère.*

pépette n. f. Femme ou fille quelconque, pépée* ou poupée* (péjor.). ‖ Au pl. *Les pépettes,* l'argent, les sous.

pépin n. m. Accident, panne ; désagrément : *Risquer le pépin.* ‖ Parapluie. — Parachute (aéron.). ‖ *Avoir un pépin dans la timbale,* être un peu fou. ‖ *Avaler le pépin,* prendre le risque d'être enceinte. ‖ *Avoir le pépin pour quelqu'un,* un caprice sentimental ; être amoureux.

péquenot n. m. Paysan, rustre, pécore*.

percale n. m. Tabac, perlot*.

percée n. f. Franchissement clandestin d'une frontière.

perche (tendre la) loc. Proposer de venir en aide.

percher v. i. Habiter, loger, crécher* : *Où tu perches ?*

perco n. m. Percolateur.

perdreau n. m. Policier en civil, poulet*.

père n. m. *Petit père,* terme d'amitié. ‖ *Père peinard,* qui ne se presse pas. ‖ *Père Système.* V. SYSTÈME. — *Père Cent,* fête du centième jour avant la libération (milit.). — *Coup du père François,* attaque par-derrière avec étranglement. — *Croire au père Noël,* avoir des illusions, s'illusionner. — *Père Fouettard*, les fesses. — *Père presseur*, percepteur.

périf n. m. Boulevard périphérique.

périscope (coup de) loc. Coup d'œil prudent.

perle n. f. Le meilleur dans sa catégorie : *La perle des honnêtes gens.* — Prostituée spécialisée acceptant les rapports contre nature. ‖ Erreur ridicule : *Relever des perles dans un devoir.* ‖ *Enfiler des perles,* perdre son temps ; s'ennuyer. ‖ *Lâcher une perle,* péter.

perle ou **perlot** n. m. Tabac.

perlouse n. f. Perle (sens propre). — Pet. (V. PERLE.)

perme n. m. Permission (milit.).

pernaga, perniflard ou **pernifle** n. m. Pernod (apéritif).

perpète (à) loc. adv. À perpétuité, à vie : *Condamné à perpète.* — *Ado-perpète,* adoration perpétuelle (ecclés.). ‖ À perte de vue, très loin : *Il habite à perpète.*

perquise n. f. Perquisition (arg.).

perroquet n. m. Absinthe pure ou apéritif composé de pastis et de sirop de menthe : *Étrangler* ou *étouffer un perroquet.*

perruque n. f. *Faire de la perruque,* exécuter pendant les heures de travail, avec le matériel de l'entreprise, un travail personnel non déclaré. ‖ *Avoir une perruque en peau de fesse,* être chauve.

persil n. m. *Aller au persil,* aller au travail. ‖ *Faire son persil,* aller et venir, s'activer. — Faire le trottoir (prost.).

pervenche n. f. « Contractuelle », auxiliaire féminine de police chargée de la surveillance du stationnement.

pescale n. m. Proxénète, maquereau*.

pessigner v. t. Forcer : *Pessigner une lourde* (arg.).

pet n. m. *Comme un pet sur une toile cirée,* rapidement et discrètement. — *Ça ne vaut pas un pet* ou *un pet de lapin,* ça ne vaut rien. ‖ *Il y a du pet,* du danger. — *Pet !* Interj. : Danger ! ‖ *Faire le pet,* faire le guet. ‖ *Porter le pet,* porter plainte.

pétanqueur n. m. Homosexuel.

Pétaouchnock n. pr. Ville imaginaire, inconnue, située très loin.

pétard n. m. Cul : *Un gros pétard.* ‖ Revolver. ‖ Bruit, scandale : *Faire du pétard.* ‖ *Être en pétard,* en colère ; être brouillés : *Ils sont en pétard.*

pétardier n. m. Colérique.

pétasse n. f. Femme (péjor.). ‖ Prostituée débutante ou occasionnelle (prost.).

pété adj. Ivre : *Il est pété à mort.*

pétée n. f. Foutre (éjaculation) : *Filer une pétée,* s'envoyer une femme. ‖ Grande quantité.

péter v. t. Faire éclater, briser : *Péter une porte.* ‖ *Il faut que ça pète ou que ça dise pourquoi,* il faut que ça se fasse (dicton). ‖ *La péter,* avoir très faim, la sauter*. ‖

S'en faire péter la sous-ventrière, manger trop, sans retenue. ‖ *Faire péter les boutons de braguette,* pour une femme, être désirable. ‖ *Péter le feu,* être plein d'énergie. ◆ v. i. *Péter dans la soie,* vivre dans le luxe. — *Péter plus haut que son cul,* avoir des prétentions exagérées.

◆ **péter (se)** v. pr. *Se péter la gueule,* se blesser, se casser la gueule*.

pète-sec n. m. et adj. inv. Sec et autoritaire.

péteux n. et adj. Prétentieux : *Tu parles d'une péteuse!* ‖ Poltron, lâche.

petiot n. et adj. Petit.

petit adj. Indique la modestie : *Un petit blanc;* ou l'amitié : *Salut, petite tête!* ◆ n. m. Anus. ‖ *Mener le petit au cirque,* faire l'amour. ‖ *Faire des petits,* se reproduire, s'agrandir (au fig.). ◆ n. f. Demi-verre d'anisette, mominette*. — *Prendre une petite,* une prise d'héroïne (drogue). ◆ adv. Doucement : *La deux-pattes, ça roule petit.*

petit frère n. m. Membre viril.

pétoche n. f. Peur : *Avoir la pétoche.*

pétoire n. f. Moto.

pétouille n. f. Peur.

pétoulet n. m. Postérieur, pétard*.

pétrolette n. f. Motocyclette de petite cylindrée.

pétrousquin n. m. Cul. ‖ Civil, pékin*. — Paysan.

pétrus n. m. Cul.

peu (un) adv. Se dit pour BEAU-COUP : *C'est un peu bath.* — *Un peu, mon neveu!* Évidemment.

peuplier (en cuir de) loc. En bois. — *Chaussures à semelle en cuir de peuplier,* sabots.

pèze n. m. Argent, fric*. — *Être au pèze,* être riche.

pezette n. f. Sou, monnaie.

pharmaco n. m. Pharmacien.

phosphorer v. i. Réfléchir.

piaf n. m. Moineau; oiseau quelconque. — *Crâne de piaf,* cervelle d'oiseau (fig.).

piano n. m. *Piano du pauvre* ou *piano à bretelle,* accordéon. ‖ *Piano du pauvre,* haschisch (drogue). ‖ Denture : *Il a plus de ratiches dans son piano.* ‖ Comptoir de café. ‖ Comptoir sur lequel on relève les empreintes digitales.

piaule n. f. Chambre, pièce, domicile.

pibouic n. m. Clarinette.

picaillon n. m. Argent, monnaie.

pichtegorne n. m. Vin ordinaire.

picoler v. i. Boire plus que de raison.

picoleur n. et adj. Qui picole*.

picolo n. m. Vin ordinaire.

picote n. f. Cicatrices de variole.

picouse n. f. Piqûre. — Injection (drogue).

picouser v. t. Faire une piqûre.

picrate n. m. Vin de mauvaise qualité.

picton n. m. Vin.

pièce n. f. *Pièce de dix sous* ou *de dix ronds,* anus. ‖ *Service trois pièces,* le sexe de l'homme. ‖ *On est pas aux pièces,* on n'est pas pressé, on a tout le temps.

pied n. m. *C'est le pied ! C'est pied !,* c'est agréable, parfaitement réussi. — *Prendre son pied,* jouir de l'orgasme. — *Avoir son pied,* avoir son content. ‖ *En avoir pied,* en avoir assez. ‖ *Ça te fait les pieds,* ou *c'est bien fait pour tes pieds,* c'est bien fait pour toi. — *C'est pour mes pieds,* c'est moi qui en subis les désagréments. ‖ *Avoir les pieds retournés,* être paresseux. ‖ *Avoir les pieds dans le dos,* être recherché par la police. ‖ *Mettre le pied quelque part,* donner des coups de pied au cul. ‖ *Mettre les pieds quelque part,* entrer, aller dans ce lieu : *Je n'y remettrai plus les pieds.* ‖ *Lever le pied,* partir subrepticement : *Le caissier a levé le pied.* — Ralentir l'allure. ‖ *Mettre les pieds dans le plat,* faire une gaffe ; révéler volontairement ce que d'autres voulaient tenir secret. ‖ *Mettre les pieds en bouquet de violettes,* être au comble de l'orgasme. ‖ *Retomber sur ses pieds,* se tirer adroitement d'affaire, sans subir de dommage. ‖ *Faire le pied de grue,* attendre longuement. ‖ *Sécher sur pied,* se morfondre. ‖ *Trouver chaussure à son pied,* trouver la femme qui vous convient. ‖ *S'en aller les pieds devant,* mourir, être porté en terre.

pied-noir n. et adj. Français originaire d'Algérie.

piège n. m. *Piège à poux,* ou *piège,* barbe. — *Piège à cons,* traquenard, piège : *Élections, piège à cons.* — *Piège à bagnard,* travail.

piéger v. t. Prendre par ruse ; tendre un traquenard, un piège : *Se faire piéger.*

pierrot n. m. Moineau.

piétaille n. f. Ensemble des subalternes.

piéton n. m. Trimardeur, mendiant nomade. — Agent de police affecté à la circulation.

pieu n. m. Lit : *Se mettre au pieu.* ‖ Poteau d'arrivée (turf).

pieuter v. i. Coucher.
◆ **pieuter (se)** v. pr. Se mettre au lit.

pif n. m. Nez. — *Faire quelque chose au pif* ou *au pifomètre,* à vue de nez.

piffer (ne pas pouvoir) loc. Ne pas pouvoir sentir, détester.

pifomètre (au) loc. adv. À vue de nez, approximativement, intuitivement : *Calculer au pifomètre.*

pige n. f. An, année. ‖ *Faire la pige à quelqu'un,* faire mieux que lui.

pigeon n. m. Dupe.

pigeonner v. t. Duper, tromper, escroquer.

piger v. t. Regarder, admirer : *Pige-moi cette drôle de tronche !* ‖

Attraper : *Piger la grippe.* ‖ Comprendre : *Tu piges ? Je pige que dalle.*

pignocher v. i. Manger sans appétit, par petits morceaux.

pignole n. f. Masturbation : *Se taper une pignole.*

pignouf n. m. Imbécile mal élevé.

pile n. f. *Prendre la* ou *une pile,* être vaincu : *En 40, on a pris la pile.*
◆ adv. Net, juste : *S'arrêter pile.* — Au bon moment : *Tomber pile.*

piler v. i. S'arrêter net, juste : *Il a pilé à un mètre du bec de gaz.*

pills n. m. Pilule de L. S. D. (drogue).

pilon n. m. Pied. Jambe de bois. ‖ Mendiant, individu qui emprunte constamment de l'argent ; parasite. — Mendicité : *Faire le pilon.*

pilonner v. i. Mendier.

pinaillage n. m. Action de pinailler*, ou son résultat.

pinailler v. i. Ergoter, s'arrêter à des vétilles, être tatillon, être minutieux avec excès.

pinailleur n. et adj. Tatillon, qui pinaille*.

pinard n. m. Vin.

pinardier n. m. Bateau-citerne transportant du vin (mar.).

pince n. f. Main : *Serrer la pince.* ‖ Pied : *Aller à pince.* ‖ *Chaud de la pince,* coureur de filles. ‖ Motocycliste lent : *Ton pote, c'est une vraie pince.*

pinceau n. m. Pied.

pincée n. f. Forte somme.

pince-fesses ou **pince-cul** n. m. Bal ; soirée dansante.

pincer v. t. Prendre, surprendre, arrêter : *Se faire pincer.* ‖ Comprendre, piger : *Tu pinces ?* ‖ *En pincer pour quelqu'un,* être amoureux.

piné adj. Réussi.

pine n. f. Membre viril. — *Revenir avec la pine sous le bras,* échouer dans une tentative amoureuse.

piner v. t. Posséder une femme.

pinglot n. m. Pied.

pingouin n. m. Pied.
◆ n. f. Avocate.

pinocumettable adj. f. Désirable.

pinter v. t. et i. Boire beaucoup.

piocher v. t. Travailler, étudier avec ardeur.

piocheur n. et adj. Qui travaille, étudie beaucoup.

piocre n. m. Pou.

pioger v. i. Habiter.

pion n. m. Surveillant (scol.). ‖ Ivrogne.
◆ adj. Ivre.

pioncer v. i. Dormir.

pionnard n. m. Ivrogne.

pionner (se) v. pr. Se saouler.

pipe n. f. Cigarette : *File-moi une*

pipe. ‖ Fellation : *Faire* ou *tailler une pipe.* ‖ Note de musique : *Faire des pipes* (musique). ‖ *Casser sa pipe,* mourir. ‖ *Se fendre la pipe,* bien rire. ‖ *Tête de pipe,* tête : *Ça fait 100 balles par tête de pipe.* ‖ *Le porte-pipe,* la bouche.

pipelet ou **pibloque** n. Concierge, gardien.

piper v. t. Supporter (sous la forme négative) : *Je peux pas le piper.*
◆ v. i. Parler (forme négative) : *Ne pas piper.*

pipi n. m. Urine (enfant) : *Faire pipi.* — *Dame pipi,* préposée aux toilettes.

pipi-room n. m. s. ou pl. Toilettes, cabinet d'aisances.

piquage n. m. Arrestation.

pique (dame de) n. f. Jeu de cartes : *Taquiner, chatouiller* ou *faire valser la dame de pique,* jouer aux cartes.

piqué n. et adj. Fou. ‖ *C'est pas piqué des vers,* ou *pas piqué des hannetons,* ce n'est pas ordinaire.

pique-fesse n. f. Infirmière.

piquer v. t. Percer : *Piquer les pneus.* — Donner un coup de couteau : *Je l'ai piqué.* — Tatouer : *Se faire piquer un cœur sur le bras.* ‖ Voler, chaparder : *Piquer les troncs* (dans les églises). — Ramasser : *Piquer les clopes.* ‖ Prendre, arrêter, appréhender : *Il s'est fait piquer.* ‖ *Piquer un fard,* rougir. — *Piquer le coup de bambou,* avoir une insolation. — *Piquer un roupillon, piquer un chien,* dormir. — *Piquer un cent*

mètres, partir rapidement en courant. — *Piquer une crise,* se mettre en colère. — *Piquer une tête,* plonger.
◆ **piquer (se)** v. pr. Se droguer. ‖ *Se piquer le nez,* se saouler.

piquette (ramasser une) loc. Se faire battre complètement au jeu, à un sport.

piqueur n. m. Chapardeur, voleur.

pire (plus) loc. adj. Se dit pour PIRE (au m. ou f.) ou PIS (neutre) : *C'est plus pire qu'il avait dit.*

piscine n. f. Direction des services du contre-espionnage.

pissat n. m. Boisson qui ressemble à de l'urine : *Ton petit blanc, c'est du pissat d'âne.*

pisse n. f. Urine.

pisse-froid n. m. Individu à l'humeur glaciale, dont la présence éteint toute gaieté.

pissenlits par la racine (bouffer les) loc. Être mort et enterré.

pisser v. t. et i. Uriner. — *Pisser des lames de rasoir,* être atteint de blennorragie. — Couler : *Pisser du nez.* — *Pisser de l'œil,* pleurer. — *Pisser sa côtelette,* accoucher. — *Pisser sa copie,* écrire un article (presse). ‖ *En pisser dans son froc,* rire beaucoup. ‖ *Pisser le sang,* souffrir, être obligé de supporter des désagréments. ‖ *Faire pisser des lames de rasoir,* torturer moralement. ‖ *Quand je parle, c'est comme si je pissais dans un violon,* personne n'écoute ce que je dis. ‖ *Laisser pisser* ou *laisser pisser le mérinos,* laisser faire, laisser aller.

pissette n. f. Lance à incendie (pompiers). — Lave-glace (auto).

pisseuse ou **pissouse** n. f. Fillette.

pissoir n. m. Urinoir.

pistache n. f. *Avoir une pistache*, être ivre.

pistacher (se) v. pr. S'enivrer.

pistard n. m. Cycliste sur piste (sport).

piste (entrer en) loc. Se rendre à l'autel (ecclés.).

pisteur n. m. Rabatteur de clients pour une boîte de nuit.

pister v. t. Suivre ; filer quelqu'un. — Rechercher des clients pour une boîte de nuit.

pistole n. f. Cellule individuelle (prison).

pistolet n. m. Urinal (hôpitaux). ‖ Individu bizarre ou douteux : *Un drôle de pistolet.*

Piston n. pr. École centrale des arts et manufactures (étud.).

piston n. m. Recommandation, protection. ‖ Élève de l'École centrale des arts et manufactures (étud.). ‖ *Piston* ou *pitaine*, capitaine (armée).

pistonner v. t. Recommander, protéger : *Se faire pistonner.*

pitaine n. m. Capitaine (armée).

pitancher v. t. Boire.

pitancheur n. m. Ivrogne.

pitchpin n. m. Travail facile.

piton n. m. Nez.

pive n. m. Vin de mauvaise qualité.

placard n. m. Prison. ‖ Droit versé au bidochard* pour l'achat d'une prostituée (prost.).

placarde n. f. Cachette, abri, planque*. ‖ Place, emplacement (sur un marché). — Place, situation.

placarder v. t. Placer une prostituée (prost. ; sens étendu aux autres placements).

placardier n. m. Placier (marché).

plafond, plafonnard n. m. Crâne. — *Avoir une araignée dans le plafond*, être fou. — *Être bas de plafond*, être idiot. — *Se faire sauter le plafond*, se suicider, se faire sauter la cervelle.

plan n. m. Occupation : *Se faire un plan ciné*, aller au cinéma.

planche n. f. Interrogation (étud.). ‖ *Planche à repasser*, chasuble (ecclés.). ‖ *Mettre le pied sur la planche*, accélérer (auto).

plancher n. m. *Aller au plancher*, toucher le sol (boxe). — *Débarrasser le plancher*, être forcé de quitter un lieu. — *Rouler au plancher*, appuyer à fond sur la pédale d'accélérateur. V. planche*.
◆ v. i. Subir une interrogation, travailler une planche* (étud.).

planer v. i. Être sous l'effet de la drogue ; être inconscient de ses actes, rêvasser. — *Planer à trois mille mètres*, ne pas avoir le sens des réalités.

planque ou **planquouse** n. f. Cachette : *Je connais une bonne planque.* ‖ Surveillance d'un lieu suspect : *Les poulets font la planque devant le bal à Jo.* ‖ Emploi de tout repos : *Gardien de square, c'est la planque.*

planqué n. m. et adj. Embusqué ; qui se planque*.

planquer v. t. Cacher.
◆ **planquer (se)** v. pr. Se cacher ; se trouver un emploi qui évite le danger et les corvées.

planter v. t. *Planter un drapeau,* partir sans payer.
◆ **planter (se)** v. pr. Avoir un trou de mémoire (spect.). ‖ Sortir de la route par accident (auto).

plaquer v. t. Abandonner : *Plaquer sa femme.* ‖ Arrêter un adversaire en le saisissant aux jambes.

plaquouse n. f. Plaque, rougeur de la peau.

plat n. m. *En faire un plat,* donner beaucoup d'importance à quelque chose. ‖ *Faire du plat,* faire la cour. ‖ *Être à plat,* sans énergie. ‖ *Mettre à plat,* économiser. — Déprimer : *Ça l'a mis à plat.* ‖ *Il en fait un plat,* il fait très chaud.

plat-cul n. m. Plongeon raté, sur le dos.

plates-bandes (marcher sur les) loc. Empiéter sur les attributions, le domaine de quelqu'un.

plat-ventre n. m. Plongeon raté, sur le ventre.

plein adj. Ivre. ‖ *Plein aux as,* riche. ‖ *En avoir plein les bottes,* être fatigué. — *En avoir plein le dos* ou *le cul,* être excédé, en avoir assez, ras le bol*.
◆ adv. Beaucoup : *Avoir plein de fric.* — *À plein tube,* avec le maximum de puissance sonore : *La radio gueule à plein tube.*

pleurer v. i. *Pleurer pour avoir quelque chose,* réclamer, récriminer.

pleurs (bureau des) n. m. Service des réclamations.

pli (ça fait pas un) loc. C'est clair, c'est net ; ça ne souffre aucune difficulté ; c'est fatal.

plomb n. m. Ristourne faite par un hôtelier (prost.).

plombard n. m. Plombier.

plombe n. f. Durée d'une heure : *J'ai attendu trois plombes.* — Heure sonnée : *Il est trois plombes.*

plombé adj. Atteint d'une maladie vénérienne.

plomber v. t. Transmettre une maladie vénérienne.

plonge n. f. Lavage de la vaisselle : *Faire la plonge.*

plongeon (faire le) loc. Faire faillite, subir une grosse perte d'argent.

plonger v. i. Être incarcéré : *Il a plongé.* ‖ Subir une perte d'argent, faire un plongeon*. ‖ Laver la vaisselle, faire la plonge*.

plongeur n. Laveur de vaisselle dans un restaurant.

plouc (-quesse) n. Paysan. — Lourdaud.

193

ploum n. m. Paysan, rustre.

pluches n. f. pl. Épluchage. — Épluchures de légumes.

plumard ou **plume** n. m. Lit.

plume n. f. Aile d'avion (aéron.). ‖ Cheveu. ‖ Pince-monseigneur. ‖ *Voltiger dans les plumes,* attaquer, se battre. ‖ *Laisser des plumes,* perdre de l'argent. ‖ *Tailler une plume,* pratiquer la fellation.

plumeau n. m. Boisson (mandarin et champagne). — *Avoir son plumeau* ou *son plumet,* être ivre. ‖ *Envoyer chez Plumeau* ou *chez Plumepatte,* éconduire.

plumer v. t. Escroquer, dépouiller : *Plumer un pigeon.* ‖ *Plumer une rue,* mettre systématiquement des contraventions (pol.).
◆ **plumer (se)** v. pr. Se battre, se voltiger dans les plumes*.

plumier n. m. Violon (musique).

plus (...) que (...), tu meurs! loc. Expression de vanité naïve : *Plus beau que moi, tu meurs!* (pataouète).

P. L. V. abr. de *Pour la vie* (tatouage, graffiti).

pochard n. m. Ivrogne.

poche n. m. Livre de poche : *Tous les bons bouquins sont en poche.*

pochetée n. f. Personne laide. — Imbécile : *Va donc, eh, pochetée!*

pochette-surprise (avoir eu son permis de conduire dans une) loc. Être mauvais conducteur.

pocket. V. POQUETTE.

poêle (tenir la queue de la) loc. Avoir la direction, tenir la caisse.

pogne n. f. Main : *Serrer la pogne.* (V. POIGNE.) — Masturbation. (V. POIGNET.)

pogner (se) v. pr. Se masturber.

pognon n. m. Argent : *Avoir du pognon,* être riche.

poh! poh! poh! exclam. d'admiration et d'étonnement (pataouète).

poids n. m. Âge. — *Faire le poids,* avoir atteint l'âge de la majorité légale. — *Faux poids,* fille mineure (prost.). ‖ *Avoir du poids,* avoir de l'expérience, de l'influence. — *Faire le poids,* avoir l'expérience nécessaire. — *Un poids mort,* un individu inutile et encombrant.

poigne n. f. Énergie : *Avoir de la poigne.* (V. POGNE, POIGNET.)

poignée n. f. *Aller la poignée dans le coin,* rouler très vite (moto).

Poignet (la veuve) n. f. Masturbation.

poil n. m. *À poil,* complètement nu. — *Avoir un poil dans la main,* être paresseux. — *Avoir du poil au cul,* être courageux. — *Reprendre du poil de la bête,* des forces, de l'énergie. — *Tomber sur le poil de quelqu'un,* l'aborder ou l'attaquer à l'improviste. ‖ *Être de mauvais poil,* être de mauvaise humeur. ‖ *Au poil,* parfaitement, exactement : *Au petit poil, au quart de poil, au quart de milli-*

poil. — *Au poil du cul près,* ou *à un poil de grenouille près,* aussi exactement que possible. — *Il s'en est fallu d'un poil,* de peu. — *Ça colle poil-poil,* cela va juste, exactement.

poilant adj. Risible, comique.

poiler (se) v. pr. Se tordre de rire.

poilu adj. Viril, courageux. ‖ *C'est poilu,* c'est parfait, au poil*, poilant*.

point n. m. *Point noir,* anus. ‖ *Avoir un point de côté,* être recherché par la police. ‖ *Point de chute,* lieu où l'on peut habituellement être assuré de rencontrer quelqu'un : *Quel est ton point de chute ?* ‖ *Commencer à rendre des points,* vieillir.

pointe n. f. *Être de la pointe,* aimer les femmes. — *Être porté sur la pointe bic,* aimer les Arabes. — *Pousser sa pointe,* forniquer.

pointer (se) v. pr. Arriver, se rendre sur un lieu : *Je me pointerai à six plombes.*

poire n. f. Visage, face. ‖ *Une poire,* un naïf, une dupe. — *Être poire,* être trop indulgent. — *Être la poire,* être la victime.

poireau n. m. Décoration du Mérite agricole. ‖ Clarinette. ‖ *Faire le poireau,* attendre impatiemment. ‖ *Souffler dans le poireau,* pratiquer la fellation.

poireauter v. i. Attendre, faire le poireau*.

poirer v. t. Prendre, cueillir : *Se faire poirer.*

poiscaille n. m. Poisson.

poisse n. f. Malchance : *Avoir la poisse.*

poisser v. t. Arrêter, surprendre en flagrant délit : *Se faire poisser.*

poisson n. m. *Faire une queue de poisson,* en doublant la voiture qui vous précède, se rabattre brusquement devant elle en l'obligeant à freiner. ‖ *Changer le poisson d'eau,* uriner. ‖ *Engueuler comme du poisson pourri,* violemment.

poitrine de vélo n. f. Poitrine étroite et creuse.

poivre adj. Ivre. (V. POIVROT.)

poivré adj. D'un prix exagéré.

poivrer (se) v. pr. Se saouler.

poivrier (vol au) loc. Vol au détriment des ivrognes, des poivrots*, des individus poivres*.

poivrot n. m. Ivrogne, poivre*.

poivroter (se) v. pr. Se griser.

polar n. m. Roman policier.

polard n. m. Membre viril.

polichinelle n. m. *Avoir un polichinelle dans le tiroir,* être enceinte. — *Claquer le polichinelle,* faire une fausse couche (prost.). ‖ Maquette d'épaisseur (impr.).

polio n. m. Malade atteint de poliomyélite.

polir (se) le chinois loc. Se masturber (homme).

politesse n. f. Fellation : *Faire une politesse.*

politicard n. et adj. Politicien.

pologner v. i. Partager la paye entre musiciens (jazz).

polope! interj. Rien!, balpeau*!

poltron n. m. Pet.

poly n. m. Cours polycopié (étud.).

polychiée n. f. Très grande quantité (étud.).

pommade (passer de la) loc. Flatter.

pommadin n. m. Coiffeur.

pomme n. f. Tête, visage. — *Se sucer la pomme,* s'embrasser. — *Ma pomme,* moi. ‖ *Aux pommes,* parfait. ‖ *L'autre pomme,* cet imbécile-là. — *Moi, bonne pomme,* indulgent, gentil, naïf. ‖ *Tomber dans les pommes,* s'évanouir. ‖ *Pomme de terre,* trou à la chaussette.

pommé adj. Considérable ; complet.

pompe n. f. Chaussure. ‖ *Deuxième pompe,* soldat de deuxième classe. ‖ *À toute pompe,* à toute vitesse. ‖ *Avoir la pompe* ou *un coup de pompe,* ressentir une fatigue subite. ‖ *Faire la pompe,* accompagner au piano en marquant les temps faibles de la main droite et les temps forts de la main gauche (jazz). ‖ *Marcher à côté de ses pompes,* être inattentif, rêveur ; ne pas être dans son état normal.

pompé adj. Fatigué.

pompelard. V. POMPLARD.

pomper v. t. Boire beaucoup. — Pratiquer la fellation : *pomper le dard, pomper le nœud,* etc. ‖ Copier (étud.). ‖ *Pomper l'air,* importuner.

pompeuses n. f. pl. Lèvres.

pompier n. m. Fellation.
◆ adj. D'un style prétentieux, conventionnel.

pomplard n. m. Pompier. ‖ Fellation, pompier*.

pompon (avoir son) loc. Être légèrement ivre.

ponction (faire une) loc. Prélever de l'argent, ponctionner*.

ponctionner v. t. Prélever de l'argent.

pondeuse (bonne) n. f. Mère de famille nombreuse.

pondre v. t. et i. Accoucher.

pont n. m. *Pont arrière,* postérieur.

ponte n. m. Personnage important, pontife*. ‖ Joueur (arg.).

pontife n. m. Homme gonflé d'importance, qui pontifie* : *Les pontifes de la médecine.*

pontifiant adj. Qui pontifie*.

pontifier v. i. Parler avec emphase et vanité, se donner de l'importance.

Popaul n. pr. Membre viril.

Popinque (la) n. pr. Le quartier Popincourt, à Paris.

Popof n. pr. Russe : *C'est des durs, les Popofs.*

popote n. f. Cuisine : *Faire la*

popote. — *Faire popote avec quelqu'un,* partager les frais de repas commun. — Cercle d'officiers : *Faire la tournée des popotes.*
◆ adj. Terre à terre, casanier : *Une femme popote.*

popotin n. m. Postérieur. — *Se manier* ou *se magner le popotin,* se presser.

popu adj. Populaire : *Le Front popu.*
◆ n. m. pl. Les individus qui constituent la foule occupant les places dites populaires, dans un stade, par ex. (sport).

populo n. m. Les gens, la foule : *Il y a du populo, ce soir.*

poquer v. i. Puer, taper*.

poquette n. f. Poche. — *In the pocket,* c'est dans la poche, c'est facile, c'est fait.

porcif n. f. Portion, part. — *Demi-porcif,* demi-portion.

porno adj. inv. et n. Pornographique : *Lire des pornos* (des livres ou revues pornographiques). ‖ Le cinéma porno : *Il s'est fait la main dans le porno.*

porte à côté loc. *C'est la porte à côté,* c'est tout près d'ici.

porte-coton n. m. Adjoint, sous-fifre*.

porte-cravate n. m. Cou.

porte-flingue n. m. Garde du corps.

porte-manteau n. m. Épaules. ‖ *Avoir un porte-manteau dans le pantalon,* être en érection.

porte-pipe n. m. Bouche.

porter v. t. *Porter des cornes,* être cocu. — *Porter la culotte,* pour une femme, diriger le ménage. — *Porter sur les nerfs,* agacer. — *Porter à gauche,* être viril.

porte-viande n. m. Brancard (hôpitaux).

Portigue n. pr. Portugais.

portillon (ça se bouscule au) loc. Se dit à propos de quelqu'un qui parle trop vite, qui bafouille.

portion (demi-) n. f. Individu petit. — Homme sans aucune envergure.

porto n. et adj. Portugais.

portrait n. m. Visage, figure : *Abîmer le portrait.*

portugaises n. f. pl. Oreilles. — *Avoir les portugaises ensablées,* être dur d'oreille.

poser v. i. et t. Tenir les cartes au bonneteau.

poseur n. m. Bonneteur.

posséder v. t. Tromper, duper : *Je me suis fait posséder.*

poste n. m. Appareil récepteur de radio : *Causer dans le poste.*

postère n. m. Cul.

postiche n. f. Boniment de foire, de camelot. — *Faire la postiche,* provoquer un attroupement.

posticheur n. Bonimenteur.

postillon n. m. Goutte de salive projetée en parlant. — *Postillon d'eau chaude,* le chauffeur d'une locomotive à vapeur (ch. de fer). — *Faire postillon,* introduire un doigt dans l'anus.

postillonner v. i. Lancer des postillons* en parlant.

pot n. m. Cul; anus. — *Se faire casser le pot,* se faire sodomiser. — *Se manier le pot,* se presser. — *En avoir plein le pot,* être excédé, en avoir ras le bol*. ‖ *Avoir le pot, du pot, un coup de pot,* de la chance. — *Manque de pot,* pas de chance. ‖ *Boire* ou *prendre un pot,* une consommation. — *Un pot à tabac,* un homme petit et gros. — *Un pot de yaourt,* une toute petite auto. ‖ *Sourd comme un pot,* complètement sourd. ‖ *En deux coups de cuillère à pot,* en un tournemain. ‖ *Tourner autour du pot,* ne pas aller droit au but. ‖ *Payer les pots cassés,* faire les frais d'une situation qui tourne mal. ‖ *Pot-auf,* pot-au-feu.

potard n. m. Pharmacien, élève pharmacien.

potasser v. t. Étudier avec application.

pote n. m. Camarade, ami.

poteau n. m. Camarade, ami, pote*. ‖ Grosse jambe, cuisse.

potiron n. m. Juré de cour d'assises.

pou n. m. *Fier comme un pou,* très fier, fier comme un paon. — *Bicher comme un pou* ou *comme un pou dans la crème fraîche,* être comblé, jubiler. ‖ *Chercher des poux à quelqu'un,* le chicaner à propos de riens. ‖ *Moche comme un pou,* très laid. — *Sale comme un pou,* très sale.

poubelle n. f. Automobile usagée.

pouce n. m. *Donner un coup de pouce,* favoriser la réussite. ‖ *Manger sur le pouce,* hâtivement. ‖ *Mettre les pouces,* renoncer. ‖ *Se tourner les pouces,* ne rien faire. ‖ *Et le pouce,* et quelque chose en plus. ‖ *Pouce!* Interj. pour arrêter un jeu (enfant).

poudre n. f. Héroïne (drogue).

pouèt-pouèt! interj. Comme ci comme ça. — *C'est pouèt-pouèt,* pas bon, pas sûr.

pouf n. m. Dérobade à l'échéance d'une dette : *Faire pouf.*

poufiasse n. f. Femme facile. ‖ Prostituée de dernier rang.

pouic (que) adv. Rien, que dalle* : *Je n'y pige que pouic.*

pouilladin n. m. Individu pauvre et sans avenir : *Il ne te prêtera rien, c'est un pouilladin.*

pouilleux adj. Sale, misérable.

poulaga ou **poulardin** n. m. Policier en civil, poulet*.

poule n. f. Compagne; femme entretenue; prostituée. ‖ Police. — *La fausse poule,* faux policiers (arg.).

poulet n. m. Policier en civil. ‖ *Mon cul, c'est du poulet!* Refus ou réponse à l'interj. de refus *Mon cul!*

poulmann (maison) n. f. La police.

poupée n. f. Femmelette, souvent trop soignée.

pour n. m. Mensonge : *C'est pas du pour.*

◆ prép. *Être pour,* être partisan : *L'éducation sexuelle à l'école, je suis pour.* ‖ *Être pour hommes* ou *pour femmes,* homosexuel. ‖ *C'est étudié pour,* c'est fait dans cette intention, pour que ça fonctionne.

pourliche n. m. Pourboire.

pourri n. m. Individu corrompu : *Tous des pourris.*
◆ adj. En mauvais état, usé, nase* : *La batteuse est pourrie.*

pousse-au-crime n. m. Alcool fort ou mauvais vin.

pousse-au-vice n. m. Aphrodisiaque.

pousse-bière n. m. Verre d'alcool bu après une chope de bière.

pousse-cailloux n. m. Fantassin.

pousser v. i. Exagérer ; abuser : *Faut pas pousser ! Pousser le bouchon trop loin, pousser mémère dans les orties.* ‖ *En pousser une,* chanter une chanson.

poussette n. f. Seringue (drogue). ‖ Aide apportée à un coureur en le poussant (cyclisme). ‖ Coup de pouce donné à une balance par un commerçant malhonnête.

poussière n. f. Monnaie en surplus et qu'on néglige de préciser davantage : *Et des poussières...* ‖ *Faire des poussières,* faire des fausses notes (musique).

poussin n. m. Élève officier de première année de l'École de l'Air.

P. P. H. n. m. Abr. de *Passera pas l'hiver,* vieillard.

P. Q. n. m. Rapport ou exposé écrit. (V. PÉCUFIER.)

P. 4 n. f. Cigarette « Parisienne ».

praline n. f. Balle d'arme à feu.
— Clitoris : *Avoir la praline en délire.*

précautions (prendre ses) loc. Pratiquer le coït interrompu.

précieuses n. f. pl. Testicules.

Préfectance n. pr. Préfecture de police.

première (de) loc. De première qualité : *De première bourre.*

presse (être sous) loc. Être occupée (prost.).

presse-bouton adj. inv. Automatique.

presser (se) le citron loc. Réfléchir.

presto adv. Vite. — *Illico presto,* tout de suite.

preu n. m. et adj. inv. Le premier (arg. écolier).

prévence ou **prévette** n. f. Détention préventive.

prise n. f. Pincée de cocaïne que l'on aspire par le nez (drogue). ‖ Mauvaise odeur : *Dans ses chiottes, quelle prise !* ‖ *Être en prise directe sur* ou *avec,* avoir un contact étroit.

prix de Diane loc. Femme jeune et très belle.

pro adj. et n. m. Joueur professionnel (sport).

probloque n. Propriétaire.

procu n. m. Procureur.

prof n. Professeur.

profiter v. i. Se fortifier, grandir : *Le petit profite bien.*

profonde n. f. Poche.

projo n. m. Projecteur (spect.).

prolo n. m. Prolétaire.

promo n. f. Promotion (étud.).

prono n. m. Pronostic sportif.

propé n. f. Propédeutique (étud.).

proprio (-ote) n. Propriétaire.

prose, prosinard n. m. Cul.

protal ou **proto** n. Proviseur.

protescul n. m. Protestant.

proto n. m. Praticable (spect.). [V. aussi PROTAL.]

prout (lâcher un) loc. Péter (enfant). ‖ *Prout!* ou *Prout! Ma chère!* Apostrophe lancée aux individus efféminés.

prouteur n. et adj. Peureux.

provisoire (être en) loc. Être en liberté provisoire (arg.).

proxo n. m. Proxénète.

prune n. f. Coup. ‖ *Pour des prunes,* pour rien. ‖ Contravention : *Mettre une prune.*

pruneau n. m. Balle, projectile.

psy n. m. Pensionnaire d'un hôpital psychiatrique.

puant n. m. Fromage.
◆ adj. Vaniteux, fat.

pub n. f. Publicité : *Faire de la pub.*

puce n. f. *Saut de puce,* vol de courte durée (aéron.). ‖ *Faire les puces,* exercer des pratiques lesbiennes à l'intention d'un voyeur. ‖ *Secouer les puces,* réprimander. ‖ *Marché aux puces,* marché des objets d'occasion.

puceau n. m. Garçon vierge.

pucelage n. m. Virginité : *Perdre son pucelage. — Avoir le pucelage de quelque chose,* être le premier à s'en servir.

pucier n. m. Lit. ‖ Marchand de marché aux puces*.

pue-la-sueur n. m. Ouvrier, travailleur manuel.

pur n. m. Homme loyal, courageux, « propre ».

purée n. f. Misère : *Être dans la purée. — Purée de nous aut'!* Interj. : Pauvres de nous! (pataouète). ‖ *Jeter sa purée,* éjaculer. ‖ *Balancer la purée,* tirer avec une arme à feu. ‖ *Une purée,* un verre d'absinthe pure.

purge n. f. Correction : *Qu'est-ce que j'ai pris comme purge!*

purotin n. m. Qui vit dans la misère, dans la purée*.

putain, putasse, pute n. f. Prostituée.
◆ adj. Qui cherche à plaire : *Ce qu'il est putain! ‖ Putain!* Exclam. marquant l'étonnement, la malédiction : *Putain de temps!*

putasserie n. f. Saloperie (fig.).

putassier n. m. Débauché.

quand-est-ce n. m. Tournée de bienvenue offerte par un nouveau à ses collègues.

quarante-et-un sur les panards ! interj. Invitation à marcher sur les pieds des badauds.

quart n. m. Commissariat de police. — *Quart d'œil*, commissaire de police. ‖ *Partir au quart de tour*, facilement, sans effort. ‖ *Les trois quarts du temps*, la plupart du temps. ‖ *Quart de brie*, grand nez. ‖ *Au quart de poil*, parfaitement, exactement. (V. POIL.)

Quartier (le) n. pr. Le Quartier latin, à Paris.

quat' adj. num. Quatre. — *Un de ces quat'*, un de ces quatre matins, un de ces jours. ‖ Suivi d'un nom commençant par une voyelle, se prononce *quat'z-* : *T'as vu ces quat'z-andouilles ?*

que pr. relat. Se dit pour DONT : *C'est le dictionnaire que j'ai besoin.*
◆ conj. Négation, refus : *Que pouic, que dalle, que tchi, que tu dis*, etc.

quebri n. f. Un million d'anciens francs, brique* (verlan).

quelque part adv. Endroit qu'on n'ose pas dire. — *Aller quelque part*, aux cabinets. — *Un coup de pied quelque part*, au derrière.

quelqu'un pr. indéf. *Se prendre pour quelqu'un*, se donner de l'importance. — *C'est quelqu'un !*, quelque chose d'important, d'extraordinaire.

quenotte n. f. Dent (enfant).

quenottier n. m. Dentiste.

quéquette n. f. Membre viril (enfant).

quès (en) loc. En question : *Le gars en quès.* ‖ *C'est du quès*, c'est pareil.

question n. f. *Il est question que*, on envisage. — *Question de*, pour ce qui est de : *Question de rigoler, on n'a pas fait mieux.* — *Question*, quant à, pour ce qui est de : *Question pinard, c'est le meilleur.*

quetesse interj. Se dit pour QUE TU ES, lancé en écho à un terme injurieux ou péjoratif prononcé dans l'atelier (impr.).

queue n. f. Membre viril. ‖ *Laisser une queue*, ne pas régler entièrement ce qui est dû. ‖ *Finir en queue de poisson*, piteusement. — *Faire une queue de poisson*, se rabattre brusquement après avoir doublé un véhicule. ‖ *Queue de cervelas*, promenades des prisonniers à la queue leu leu (prison). ‖ *Faire des queues*, des infidélités conjugales. ‖ *Queue de pie*, habit de cérémonie.

queutard n. m. Obsédé sexuel.

queuter v. t. Forniquer.

quille n. f. Fille (enfant). ‖ Jambe. ‖ Libération du service militaire, départ : *Vive la quille!*

quiller v. i. Partir. — Tricher.

quimper v. i. Tomber (au pr. et au fig.). — Laisser tomber.

quincaille ou **quincaillerie** n. f. Brochette de décorations. ‖ Bijoux. ‖ Matériel de traitement de l'informatique.

Quincampe (la) n. pr. La rue Quincampoix, à Paris.

quine adv. Assez : *En avoir quine.*

quinquet n. m. Œil. — *Faux quinquets*, lunettes.

quinte, quatorze et le point (avoir) loc. Être atteint de plusieurs maladies vénériennes.

quique ou **quiquette** n. f. Membre viril.

quiqui n. m. Cou : *Serrer le quiqui.*

quitter v. i. Quitter le lieu de travail : *Je quitte à six heures.*

rab. V. RABIOT.

rabat n. m. Rabatteur, individu qui amène des clients dans les lieux de plaisir.

rabat de cope ou **rabat de col** n. m. Remise, ristourne : *Faire un rabat de cope.*

rabattre v. i. Revenir. ‖ *Rabattre les oreilles,* se dit pour REBATTRE LES OREILLES.
◆ v. pr. *Se rabattre dans le coin,* revenir dans le quartier qu'on avait quitté.

rabibocher v. t. Raccommoder ; réconcilier : *Ils se sont rabibochés.*

rabiot ou **rab** n. m. Supplément. — *Il y a du rab,* après distribution, un supplément à partager. — *Faire du rab,* effectuer un temps supplémentaire.

rabioter v. t. Rogner. — Déduire indûment pour soi sur la part de quelqu'un : *Il m'a encore rabioté deux francs sur mon compte.*

rabioteur n. Qui rabiote*.

râble n. m. Les épaules. — Le dos. ‖ *Sauter sur le râble,* surprendre à l'improviste de façon importune.

rabord (au deuxième) loc. adv. À seconde vue (suit l'expression : *au premier abord*).

rabouin n. Gitan.
◆ n. pr. Le diable.

raca interj. marquant la colère.

raccommoder (se) v. pr. Se réconcilier, se rabibocher* : *Ils se raccommodent sur l'oreiller.*

raccourcir v. t. Décapiter.

raccroc n. m. Racolage : *Faire le raccroc* (arg.).

raccrocher v. i. Racoler. ‖ Rattraper, ressaisir. ‖ Renoncer à une compétition (cyclisme).

racho n. et adj. Rachitique.

raclée n. f. Volée de coups : *Prendre la raclée.*

raclette n. f. Rafle de police : *Coup de raclette.* — Ronde de police. ‖ Essuie-glace (auto).

racloir n. m. Rasoir.

raclure n. f. Individu méprisable ou méprisé : *Raclure de pelle à merde.*

radada (aller au) loc. Faire l'amour.

rade n. m. Comptoir d'un café ou d'un bar, zinc*; café ou bar. ‖ Rue, trottoir. ‖ *Laisser en rade*, abandonner, laisser sur place. — *Être en rade*, être en retard, à la traîne. — *Tomber en rade*, être en panne.

radeuse n. f. Prostituée qui fait le trottoir.

radin adj. Avare.
◆ n. m. Tiroir-caisse.

radiner v. i., ou **se radiner** v. pr. Venir rapidement.

radinerie n. f. Avarice mesquine.

radio (avoir un physique de) loc. Manquer de présence ; ne pas être photogénique (spect.).

radioteur n. Speaker de radio.

radis n. m. *Sans un radis*, sans un sou (ne s'emploie que négative-

ment). ‖ Doigt de pied. ‖ *Radis noir*, prêtre.

raffut n. m. Tapage, bruit. — *Faire du raffut*, protester.

rafiot n. m. Mauvais bateau.

ragaga (faire du) loc. S'activer inutilement.

rageant adj. Irritant.

ragougnasse n. f. Nourriture peu ragoûtante.

ragoût (boîte à) loc. Estomac, ventre.

raide adj. Étonnant, difficile à croire, à accepter : *C'est un peu raide !* — Licencieux : *C'est d'un raide !* ‖ *Être raide*, démuni d'argent : *Je suis raide comme un passe-lacet.* ‖ *Être raide*, en érection.
◆ adv. Tout d'un coup : *Tomber raide mort.* — *Raide comme balle*, vivement, rapidement.
◆ n. m. *Un raide*, un billet de 10 F. ‖ *Du raide*, de l'alcool sec.

raidir v. i. Mourir. ‖ *Se faire raidir*, perdre de l'argent au jeu.

raie n. f. *Gueule de raie*, visage laid, antipathique (injure). ‖ *La raie*, la raie des fesses. — *Pisser à la raie*, mépriser (insulte).

raiguisé adj. Qui a perdu au jeu, décavé.

raisiné ou **raisin** n. m. Sang.

râler v. i. Se mettre en colère, protester, récriminer.

râleur n. et adj. De mauvaise humeur.

râleux adj. Avare, radin*.

AU RADE

annexe, bistre, bistrot, caberlot   loufiat, patron
estanco, mastroquet, rade
restau, troquet, zinc

                     ballon, boutanche, chopotte
                     glasse, godet, gorgeon, guindal
ardoise, pourliche   kil, kilo, kilbus, litron, perco

alla	s'en jeter un	quand-est-ce
arroser	licher	recharger les accus
basculer un godet	mouiller la meule	se rétamer
se beurrer	se noircir	ribouldinguer
biberonner	picoler	rincer
faire chabrot	pinter	siffler
lever le coude	se pionner	boire en suisse
boire un coup	se piquer le nez	prendre une tasse
rincer la dalle	se pistacher	tchin'-tchin'!
dérouler	pitancher	en tenir une bonne
écluser	se poivrer	téter
enfiler	se poivroter	marcher au thé
étouffer	prendre un pot	

antigel	cafeton	château-Lapompe
apéro	calva	coaltar
beaujolpif	caoua	communard
bébé rose	casse-pattes	coquin
betterave	casse-poitrine	côte
bibine	cassis de lutteur	coupe-la-soif
brouille-ménage	cercueil	crème
brutal	champ'	cric

déca
demi-direct
destructeur
formidable
fraîche
gommé
jaja
jus
kir
laféqué
lait de tigre
lait de panthère
limé
marie-salope
mêlé-cass
mickey
mominette
noir

pastaga
perniflard,
pernifle
perroquet
petite
pichtegorne
picrate
picton
pinard
pissat
pive
pousse-au-crime
pousse-bière
purée
rince-cochon
rincette
romaine
roméo

roteuse
rouille
rouquin
schnaps
schnick
sérieux
sirop de bois tordu
soleil
tango
tilleul
tomate
tord-boyau
tutu
valse
vinasse
vitriol
voyageur
whisky soviétique

ralléger v. i. Venir, radiner*.

rallonge n. f. Augmentation de salaire, de prix de vente, de durée de peine, etc. ‖ Arme blanche.

ramarrer v. i. Retrouver, rejoindre.

ramasse (être à la) loc. Être à la traîne (sport).

ramasser v. t. Tomber : *Ramasser une pelle, un gadin*, etc. ◆ **ramasser (se)** v. pr. Tomber (au pr. et au fig.). — Subir un échec en scène, faire un bide*.

ramastique (faire une) loc. Faire semblant de trouver un objet précieux et de le revendre (escroquerie [arg.]).

ramastiquer v. t. Ramasser quelque chose. — *Se faire ramastiquer*, arrêter.

rambiner v. i. Se réconcilier : *Ils ont rambiné*.

ramdam n. m. Vacarme, chahut. — *Faire du ramdam*, rouspéter.

rame n. f. Paresse, fatigue : *Avoir la rame*. — *Ne pas en foutre une rame*, ne rien faire.

ramener v. t. *Ramener sa fraise* ou *la ramener*, protester, rouspéter ; se mêler de ce qui ne vous regarde pas.

ramer v. i. Travailler.

rameuter v. t. Se dit pour AMEUTER, RÉUNIR : *Rameuter les copains*.

ramier adj. et n. Paresseux.

ramolli n. et adj. Sans énergie.

ramollot n. m. Masturbation. ◆ adj. Ramolli*, gâteux.

Ramona (chanter) loc. Réprimander : *Grouille-toi, elle va nous chanter Ramona*.

ramoner v. t. Posséder une femme. ‖ Réprimander. (V. RAMONA.)

rampant n. m. Membre du personnel non navigant (aéron.). ‖ Taxi : *Griffer un rampant*.

rampe n. f. *Lâcher la rampe*, mourir. — *Tiens bon la rampe!*, attention, tu vas tomber!, attention à ta santé!

ramper v. i. Rouler lentement. ‖ Se soumettre bassement : *Ramper devant le singe*.

ramping n. m. Action de ramper (milit.).

ramponneau n. m. Coup.

rancart (mettre au) loc. Mettre au rebut : *Des politiciens mis au rancart*.

rangé des voitures loc. adj. Retiré de la vie active.

rantanplan (au) loc. adv. Au bluff.

raousse! interj. Dehors!

rapapilloter v. t. Raccommoder, rabibocher*.

râpé (c'est) loc. C'est raté, c'est fini.

rapiat adj. Avide, cupide ; radin*.

rapide adj. Malin, qui comprend vite, à l'affût des aubaines : *Léon, c'est un rapide*.

rapide vite fait loc. adv. Rapidement, vite.

rapido adv. Rapidement.

rapière n. f. Arme blanche.

raplaplat adj. Fatigué.

rappliquer v. i., ou **se rappliquer** v. pr. Venir, revenir.

rapport à loc. prép. À cause de.

rapporter v. t. Moucharder.

rapporteur n. m. Mouchard.

raquedal n. m. Avare, pingre.

raquer v. t. Payer.

raquette n. f. Pied. ‖ *Coup de raquette*, salut militaire.

rare adj. Inattendu, surprenant : *Ça serait rare qu'il accepte.*

rarranger v. t. Arranger.

ras adj. m. Avare, radin* : *Il est ras sur les bords.*
◆ n. m. *Le ras-le-bol*, exaspération, lassitude.
◆ adv. *En avoir ras le bol*, être excédé, en avoir plein le cul.
◆ loc. adv. *Ras le...*, assez de... : *Ras le viol !*

rasdep n. m. Pédéraste (verlan).

raser (se) v. pr. S'ennuyer : *Se raser à cent sous de l'heure.*

raseur n. m. Importun.

rasibus adv. Ras, au ras.

rasif n. m. Rasoir.

rasoir adj. Ennuyeux.

rassis (se taper un) loc. Se masturber.

rasta ou **rastaquouère** n. m. Étranger d'origine mal définie, habillé avec mauvais goût.

rat (face de) loc. Visage déplaisant.

rata n. m. Ragoût de pommes de terre ou de haricots. — Repas.

ratatiner v. t. Tuer ; écraser, anéantir : *Il s'est fait ratatiner.*

ratatouille n. f. Ragoût grossier.

ratatouiller v. i. Avoir des ratés, bafouiller (en parlant d'un moteur).

rate n. f. *Se dilater la rate,* rire. — *Ne pas se fouler la rate,* travailler sans ardeur.

raté n. Individu qui n'a pas réussi.

râteau n. m. Peigne.

râteliers (manger à tous les) loc. Servir toutes les causes à son seul profit.

ratiboiser v. t. Rafler, prendre, ruiner.

ratiche n. f. Dent.

ratiche ou **ratichon** n. m. Prêtre.

ratier n. m. Prisonnier.

ratière n. f. Prison ; cellule.

ration (avoir sa) loc. Avoir son compte : *Arrête de cogner dessus, il a sa ration.* ‖ Pour une femme, être comblée sexuellement.

ratisser v. t. Rafler, escroquer, ruiner : *Se faire ratisser au jeu.*

raton n. m. Arabe.

ratonnade n. f. Brutalités racistes envers des Arabes. — Brutalités opérées par un groupe, policier ou non, envers une minorité.

ravagé adj. Fou.

ravageuse (souris) n. f. Jeune femme vive, séduisante et peu farouche.

ravalement n. m. Maquillage.

ravaler v. t. Reprendre une marchandise qui n'a pas trouvé acquéreur dans une vente publique (brocante). ‖ *Ravaler sa façade,* se maquiller.

Ravalo (objet attribué au comte) n. m. Objet ou meuble ravalé* (brocante).

ravelin n. m. Automobile usagée.

ravigoter v. t. Remettre en appétit, en force.

rayon n. m. *En connaître un rayon,* en savoir long, bien connaître la question. — *C'est mon rayon,* ça me regarde. ‖ *En mettre un rayon,* y mettre toute son ardeur.

réac n. m. et adj. Réactionnaire.

rébecca (faire du) loc. Protester, faire scandale.

rebectage n. m. Action de refaire sa santé ou sa situation. — Recours en cassation (arg.). — Réconciliation.

rebectant adj. Encourageant, appétissant.

rebecter ou **rebéqueter** v. t. Refaire, rétablir sa santé, sa situa-tion : *Va te rebecter à la cambrousse.*
◆ **rebecter (se)** v. pr. Se réconcilier.

rebeu n. m. Arabe, beur* (verlan de verlan !).

rebiffe n. f. Vengeance (arg.).

récal adj. Récalcitrant.

recalé adj. Refusé à un examen.

recaler v. t. Refuser à un examen.

recharger v. i. Remplir les verres pour une nouvelle tournée de consommations.

réchauffé n. m. Déjà connu : *C'est du réchauffé.*

récluse n. f. Réclusion (arg.).

recoller v. t. Réconcilier.

récré n. f. Récréation (écolier).

recta adv. Ponctuellement : *Payer recta.* — Juste. — *C'est recta,* c'est juste, la bonne mesure.

rectifier v. t. Casser. — Tuer : *Se faire rectifier.*

récupérer v. t. S'approprier, prendre.

rédimer v. t. Écraser, ratatiner*.

redresse (à la) loc. adj. Énergique, débrouillard.

redresser v. t. Reconnaître.

refaire v. t. Tromper, duper, rouler* : *J'ai encore été refait !*
◆ v. pr. *Se refaire la cerise,* reprendre des forces, se soigner. — *Se refaire au jeu,* compenser ses pertes.

refil n. m. Marchandise rendue dans un magasin. — Vomissure. — *Aller au refil,* vomir ; payer une dette.

refiler v. t. Écouler, glisser : *Refiler une pièce fausse.* ‖ *Refiler la comète* ou *la refiler,* coucher à la belle étoile. ‖ *Refiler de la jaquette* ou *en refiler,* être homosexuel.

refouler v. i. Sentir mauvais de la bouche. V. REPOUSSER.

refroidi n. m. Cadavre.

refroidir v. t. Tuer.

refus (c'est pas de) loc. Formule de politesse : j'accepte volontiers.

regardant adj. Économe.

régime jockey n. m. Alimentation réduite.

régler son compte à quelqu'un loc. L'abattre, le tuer.

réglo adv. Normal, suivant les règles : *La paye suit réglo.*
◆ adj. Franc, loyal régulier* : *Un gars réglo. Fifti-fifti, c'est réglo.*

régule. V. RÉGULIER, RÉGLO.

régulier ou **régule** adj. Correct, honorable, qui ne trompe pas.
◆ *À la régulière* loc. adv. Loyalement, sans tricherie.

régulière n. f. Épouse ou maîtresse en titre : *Ma régulière.*

reine n. f. Homosexuel qui se prostitue. ‖ Superlatif péjor. : *La reines des tantes, la reine des vaches.* ‖ V. ROI.

reins n. m. pl. *Tour de reins,* lumbago. — *Avoir les reins solides,* être suffisamment riche et puissant pour faire face à une épreuve. — *Casser les reins de quelqu'un,* briser sa carrière. — *Mettre l'épée dans les reins,* harceler, contraindre d'agir. — *Avoir quelque chose sur les reins,* en endosser malgré soi la responsabilité. — *Les avoir dans les reins,* être recherché par la police (arg.).

relancer v. t. Rappeler à quelqu'un ses engagements ; importuner avec insistance.

relaxe n. f. Repos.
◆ adj. Détendu (on prononce parfois *rilaxe*).

relègue n. f. Relégation (arg.).

relever v. t. *Relever le compteur* ou *relever la comptée,* prélever la part du proxénète sur le gain d'une prostituée (arg.).

reloquer (se) v. pr. Se rhabiller. V. LOQUER.

reluire v. i. Jouir de l'orgasme. — Se réjouir. ‖ *Manier la brosse à reluire,* flatter quelqu'un.

reluquer v. t. Regarder avec intérêt ou convoitise.

remballer ses outils loc. Se reculotter.

rembarrer v. t. Remettre à sa place, rabrouer, éconduire : *On s'est fait rembarrer.*

rembiner v. i. Arriver, venir, radiner.
◆ **rembiner (se)** v. pr. Se rétablir, se rebecter*.

rembour n. m. Rendez-vous, rencard* : *Filer un rembour.* ‖ *Aller au rembour,* rembourser.

remettre v. t. *Remettre ça,* recommencer ; prendre une nouvelle consommation : *Garçon, remettez-nous ça.* ‖ *En remettre,* exagérer, ajouter des détails mensongers.

remiser v. t. Remettre à sa place, rabrouer, rembarrer*.

remonte n. f. Renouvellement des figurantes et figurants (spect.) ou des entraîneuses d'un établissement de plaisir (prost.).

remonter v. t. *Remonter le courant,* rétablir la situation. — *En faire remonter,* rétablir sa situation financière. ‖ Dépasser successivement les concurrents qui vous précèdent (cyclisme).

remoucher v. t. Rabrouer, remettre à sa place, rembarrer*, remiser*. ‖ Reconnaître, redresser*.

rempiler v. i. Rengager (armée). — Recommencer.

remplumer (se) v. pr. Rétablir sa santé, ses affaires : *Il a été se remplumer en province.*

rempocher v. t. Reprendre son argent.

renâcler v. i. Refuser une contrainte, répugner : *Renâcler à la besogne.*

renard n. m. Vomissement : *Aller au renard.* ‖ *Tirer au renard,* tirer au cul*, tirer au flanc*, s'arranger pour travailler le moins possible. ‖ Ouvrier qui ne fait pas grève, jaune*.

renaud n. m. Mauvaise humeur, colère : *Se mettre en renaud.*

renauder v. i. Protester, se plaindre, se mettre en colère.

rencard n. m. Rendez-vous : *Filer un rencard.* ‖ Renseignement confidentiel.

rencarder v. t. Renseigner, donner des tuyaux*. ‖ Donner rendez-vous, donner un rencard*.

rendève n. m. Rendez-vous.

rendez-moi ou **rendez** n. m. Escroquerie qui consiste à faire rendre la monnaie sur un billet qu'on reprend : *Marcher au rendez* (arg.).

rendu n. m. Marchandise rendue à un commerçant et remboursée au client.

rengracier v. i. Reconnaître ses torts, renoncer.

renifle n. f. Police.

renifler v. t. Supporter, blairer* : *Je peux pas le renifler.*
◆ v. i. Sentir mauvais : *Qu'est-ce que ça renifle !*

reniflette n. f. Prise de cocaïne (drogue).

renquiller v. i. Revenir, rentrer.

renseignements (aller aux) loc. Palper discrètement les fesses pour connaître les réactions.

rentre dedans (faire du) loc. Flirt pressant.

rentrer v. i. *Rentrer dedans, dans le chou, dans le lard,* frapper, attaquer.

renverser la vapeur loc. Se reprendre, changer complètement d'opinion ou de tactique.

renvoi n. m. Éructation.

repasser v. t. Escroquer ; voler au jeu : *Je me suis fait repasser.*

repatiner v. t. Remanier un texte (impr.).

repêchage n. m. Action de repêcher*.

repêcher v. t. *Repêcher un candidat,* le recevoir en majorant ses notes.

repérer v. t. Surveiller, observer : *Il sait pas que je l'ai repéré.*

repiquer v. i., ou **repiquer au truc** loc. Recommencer, revenir à quelque chose : *Repiquer à un plat.*

répondant (avoir du) loc. Pour une femme, être grasse. ‖ Avoir des économies.

repousser v. i., ou **repousser du goulot** loc. Sentir mauvais de la bouche.

repoussoir n. m. Personne très laide.

reprendre v. i. Se dit pour REPRENDRE LE TRAVAIL : *Vous fermez à midi, vous reprenez à quelle heure ?*

reprise n. f. Somme demandée par un locataire, une concierge, un propriétaire, pour succéder au locataire précédent, sous prétexte d'installation d'équipements ou d'améliorations apportées au logement : *Naturellement, il y a une petite reprise.*

repro n. f. Reprographie.

requin n. m. Individu cupide, insensible à la pitié et à la reconnaissance, intraitable en affaires : *Les requins de la finance.*

requinquer v. t. Redonner belle apparence.
◆ **requinquer (se)** v. pr. Se rétablir après une maladie.

rescapé de bidet n. m. Handicapé physique.

réservoir n. m. Réserviste (milit.).

respirer (dur à) loc. Incroyable.

resquille n. f. Action de resquiller*, débrouillardise.

resquiller v. i. Entrer sans payer ; passer sans aucun droit devant les autres.

resquilleur n. m. Individu qui resquille* : *À la queue, les resquilleurs !*

restau n. m. Restaurant. — *Restau U,* restaurant universitaire.

rester v. i. Habiter : *Je reste rue de Clichy.* — *Rester en carafe,* tomber en panne.

resucée n. f. Répétition.

rétamé adj. Ivre mort. ‖ Ruiné.

rétamer v. t. Vider complètement, nettoyer* : *Se faire rétamer au jeu.*
◆ **rétamer (se)** v. pr. Se saouler complètement.

retape n. f. *Faire la retape* ou *de la retape,* racoler. — Chercher des clients, des volontaires, etc.

retaper v. t. Arranger sommairement : *Retaper un lit.* ‖ Refuser à un examen.

◆ **retaper (se)** v. pr. Recouvrer la santé ; se rhabiller à neuf ; se remettre d'un échec financier.

retapissage n. f. Confrontation : *Passer au retapissage* (arg.).

retapisser v. t. Reconnaître.

retard n. m. Arrêt du cycle menstruel.

retenir (se) v. pr. Différer la satisfaction d'un besoin naturel.

retirer (se) v. pr. Pratiquer le coït interrompu.

retombées n. f. pl. Conséquences.

retourne n. f. Suite d'un article commencé dans une page précédente (presse). ‖ *A la retourne,* retourné, à l'envers, signe de paresse : *Avoir les bras à la retourne.*

retourner v. t. Faire changer d'opinion ou de sentiment : *Je l'ai retourné comme une crêpe.*
◆ **retourner (s'en)** v. pr. Porter intérêt : *Il ne s'en retourne même pas.* — Vieillir.

rétro n. m. Rétroviseur : *Conduire au rétro.* — Effet rétrograde, choc en retour : *Prendre un coup de rétro.*
◆ adj. Rétrospectif, passé : *La mode rétro.* (Tend aussi à prendre la nuance de « rétrograde ».)

retrousse n. f. Mode de vie de l'*affranchi,* qui *en retrousse.*

retrousser v. t. Gagner de l'argent : *Il en a retroussé.*

revenez-y (avoir un petit goût de) loc. Se dit d'une chose à laquelle on aime revenir.

rêver v. i. Tenir des propos déraisonnables ; demander un prix prohibitif.

Reviens (il s'appelle) loc. Se dit d'un objet que l'on prête et dont on désire le retour.

réviso n. m. Communiste révisionniste.

revoyure (à la) loc. Au revoir.

revue (être de la) loc. Ne pas profiter, être privé ; avoir manqué son coup.

rez-de-chaussée n. m. Bas de page de journal (presse).

rhabiller (aller se) v. pr. Être congédié, manquer une affaire : *Je peux aller me rhabiller.*

rhume (prendre quelque chose pour son) loc. Subir de vifs reproches, être victime d'un événement fâcheux.

ribambelle n. f. Grande série, kyrielle : *Une ribambelle de gosses.*

ribote n. f. Excès de table et de boisson : *Être en ribote.*

ribouis n. m. Soulier.

ribouldinguer v. i. Faire la noce. ‖ *Envoyer ribouldinguer,* éconduire, envoyer dinguer*.

riboule ou **ribouldingue** n. f. Fête, noce, ribote* : *Être en ribouldingue.*

ribouler v. i. *Ribouler des calots,* faire des yeux ronds, étonnés.

riboustin n. m. Revolver (péjor.).

ricain adj. et n. pr. Américain.

ric-à-rac ou **ric-rac** adv. Avec exactitude, sans discussion : *Payer ric-à-rac.* — De justesse, avec parcimonie : *C'était ric-rac.*

richard n. m. Homme riche.

riche adj. Bon, bien : *C'est une riche idée.* — Flatteur : *Des rideaux aux fenêtres, ça fait riche.*

richelieux n. m. pl. Grosses chaussures, godillots*.

rideau n. m. *Faire rideau* ou *passer au rideau,* être privé d'un bénéfice, d'un avantage prévu, se mettre la tringle*. ‖ *Tomber en rideau,* tomber en panne. ‖ *Rideau !* Interj. : Assez !

ridère n. m. et adj. Élégant, distingué : *Un costard ridère.*

ridicule n. m. Sac à main.

rien adv. Se dit pour TOUT À FAIT : *C'est rien bath.*

rien-du-tout n. m. Individu négligeable ou de moralité douteuse.

rif, riffe ou **rifle** n. m. Feu : *T'as du rif ?* ‖ *Aller* ou *monter au rif,* aller au combat, au «feu». ‖ *Chercher le rif,* chercher la bagarre, le rififi*. ‖ *De rif,* d'autorité.

riffaudage du cuir loc. Brûlure de la peau.

riffauder v. i. et t. Chauffer, cuire : *Riffauder des patates.*

rififi n. m. Scandale ; bagarre.

riflard n. m. Parapluie.

rifler v. t. Brûler.

riflette n. f. La guerre, la zone des combats. V. RIF.

riflo adj. Chic, élégant.

rigodon n. m. Saut périlleux en arrière.

rigolade n. f. Action de rire : *Une partie de rigolade.* ‖ Chose peu sérieuse : *C'est une rigolade.* — *À la rigolade,* sans y attacher d'importance : *Il prend tout à la rigolade.* — *Avoir le boyau de la rigolade,* être toujours prêt à rire. — Chose facile qui ne demande pas d'effort : *Pour lui, c'est une rigolade.*

rigolard adj. Amusant. — Qui aime à s'amuser, qui rigole*.

rigoler v. i. S'amuser beaucoup, rire.

rigollot n. m. Sinapisme.

rigolo (ote) adj. et n. Amusant. ◆ n. m. Revolver. ‖ Pince à effraction (arg.).

rigouillard adj. Très amusant, rigolo*.

rima n. m. Mari (verlan).

rince-cochon n. m. Boisson (blanc gommé additionné d'eau de Seltz).

rincée n. f. Averse.

rincer v. t. Offrir à boire : *C'est moi qui rince.* — *Se rincer la dalle,* boire. ‖ *Se rincer l'œil,* observer un spectacle égrillard.

rincette n. f. Petite quantité

d'alcool bue après le café dans la tasse.

ringard n. m. Bon à rien. — Comédien médiocre. ‖ Cure-pipe d'opium (drogue).

ripatons n. m. pl. Pieds.

ripe n. f. *Jouer ripe,* s'évader, s'en aller.

riper v. i. S'en aller, partir : *Allez ripez !*

ripou n. m. et adj. Pourri* (verlan).

riquiqui adj. inv. Tout petit. ◆ n. m. Le petit doigt (enfant).

risquer de v. t. ind. Se dit pour AVOIR DES CHANCES (heureuses ou malheureuses) : *Il risque de gagner.*

ristournando adv. Avec une ristourne.

rital n. et adj. Italien.

river son clou à quelqu'un loc. Le réduire au silence par une riposte.

riz-pain-sel n. m. Soldat du service de l'Intendance (milit.).

robert n. m. Sein.

robinet n. m. Bavard : *Un robinet d'eau tiède.* — *Fermer le robinet,* se taire. ‖ *Robinet d'amour,* membre viril.

rodéo n. m. Équipée nocturne dans une voiture volée.

rofou n. m. Pantalon, fourreau (verlan).

rogne n. f. Mauvaise humeur, colère : *Se foutre en rogne.*

rognon n. m. Rein. — Testicule.

roi n. m. Le meilleur dans son genre : *Le roi du tapis, le roi de la bécane, le roi des cons.* V. REINE.

romaine n. f. Boisson (rhum, sirop d'orgeat et eau glacée). ‖ *Être bon comme la romaine,* être la dupe, être astreint à une corvée.

romano n. Gitan, romanichel.

rombier (ère) n. Individu quelconque. ‖ *Vieille rombière,* femme âgée.

roméo n. m. Boisson (rhum et eau).

romper les rangs loc. Se dit pour ROMPRE LES RANGS : *Vous pouvez romper* (milit.).

ronchonnot adj. Grognon.

rond n. m. Sou : *N'avoir plus un rond.* — *La pièce de dix ronds,* l'anus. ‖ *Faire des ronds dans l'eau,* ne rien faire d'utile. ‖ *Rond-de-cuir,* bureaucrate. ◆ adj. Ivre : *Il est toujours rond.* ◆ adv. *Tourner rond,* fonctionner, marcher parfaitement. — *Ne pas tourner rond,* montrer des signes de fatigue, déraisonner.

rondelle n. f. Anus. — *Casser la rondelle,* sodomiser. ‖ Tranche de citron : *Un Perrier rondelle.*

rondibé ou **rondibé du radada** n. m. Anus.

rondin n. m. Sein. ‖ Étron.

rondouillard adj. Grassouillet.

ronflaguer v. i. Ronfler ; dormir.

ronfle n. f. Sommeil : *Aller à la ronfle.*

ronfler v. i. Dormir. ‖ *Ça ronfle, ça marche bien.*

ronflette n. f. Sommeil.

ronfleur n. m. Téléphone.

rongeur n. m. Compteur de taxi. — Taxi. — Chauffeur de taxi.

ronibus n. m. Autobus.

roploplots n. m. pl. Seins.

roquet n. m. Secrétaire particulier d'un évêque (ecclés.).

rosbif adj. et n. Anglais.

rose n. f. *Envoyer sur les roses,* éconduire. ‖ *Bouton de rose,* clitoris. — *Faire feuille de rose,* baiser l'anus.

roseau n. m. Cheveu : *Se faire couper les roseaux.*

rosette n. f. Anus.

rossard adj. Fainéant ; méchant.

rosse n. f. Mauvais cheval. ‖ Personne méchante, qui cherche à nuire.
◆ adj. inv. Intransigeant : *Un professeur rosse.* — D'une ironie mordante.

rossée n. f. Volée de coups.

rosser v. t. Battre, corriger très brutalement.

rosserie n. f. Petite méchanceté, perfidie.

rossignol n. m. Passe-partout. ‖ Bruit, grincement : *Il y a un rossignol dans le moteur.* ‖ Objet d'occasion sans valeur : *Aux puces, rien que des rossignols.*

rot n. m. Éructation.

rotations (avoir des) loc. Éructer, roter*.

rotatoire adj. Qui fait roter*.

roter v. i. Éructer. — S'ennuyer, supporter. — *En roter,* subir, souffrir : *J'en ai roté !*

roteuse n. f. Bouteille de champagne.

rôti (s'endormir sur le) loc. Manquer d'ardeur au travail, ou en amour.

rotin n. m. Sou : *Plus un rotin.*

rôtir (se) le cuir au soleil loc. S'exposer au soleil pour brunir.

rotoplos n. m. pl. Seins.

roubignolles n. f. pl. Testicules.

roublard n. et adj. Rusé, qui vous roule*.

roublardise n. f. Ruse, habileté.

roucouler v. i. Tenir des propos tendres. — Chanter langoureusement. ‖ Examiner longuement un objet dans une vente publique (brocante).

roue n. f. *Mettre des bâtons dans les roues,* susciter des obstacles. — *Pousser à la roue,* aider à la réussite d'une affaire ; pousser quelqu'un à agir dans le sens souhaité. ‖ *En roue libre,* sans souci, en se laissant aller. — *Virage sur les chapeaux de roue,* à toute allure.

rouflaquette n. f. Mèche de cheveux collée sur la tempe.

rouge n. m. Vin rouge : *Un coup de rouge.* ‖ *Le rouge est mis,* les

jeux sont faits (turf). ‖ Signal indiquant qu'un enregistrement est en cours (radio, cinéma).
◆ adj. *Rouge comme un vit de noce*, rouge (de timidité).

rougeole (avoir la) loc. Avoir la Légion d'honneur.

rougnotter v. i. Sentir mauvais.

rouille n. f. Bouteille.

roulant n. m. Personnel à bord des trains (ch. de fer).
◆ adj. Comique.

rouleau n. m. *Être au bout du rouleau*, à bout de forces. ‖ Au pl. Testicules.

roulée (bien) adj. Bien faite : *Ta frangine, elle est bien roulée.*

rouler v. t. Tromper, duper : *Rouler un client.* ‖ *Rouler sur l'or*, être riche. ‖ *Se les rouler*, fainéanter, ne rien faire. ‖ *Rouler les mécaniques*, balancer les épaules. ‖ *Rouler en danseuse*, pédaler en dansant sur la selle. — *Rouler la caisse*, entraîner le peloton à vive allure (cyclisme). ‖ *En rouler une*, rouler une cigarette. ‖ *Rouler un patin* ou *une saucisse*, baiser sur la bouche. ‖ *Rouler sur la jante*, faire fiasco.
◆ **rouler, rouloter** v. i. Aller, convenir ; bien se porter : *Ça roulote.* ‖ Bavarder, parler inconsidérément : *C'est pas le mauvais cheval, mais il roulote.*

roulettes (vache à) n. f. Agent cyclomotoriste.

rouleur n. m. Prétentieux, vaniteux. — Bavard.

rouloter. V. ROULER v. i.

roulotte (vol à la) loc. Vol dans les voitures à l'arrêt.

roulottier n. m. Voleur à la roulotte* (arg.).

roulure n. f. Femme de mauvaise vie ; prostituée.

roupane n. f. Robe. Blouse. ‖ Uniforme des gardiens de la paix (arg.).

roupe ou **roupette** n. f. Testicule. ‖ Roue (auto).

roupie n. f. Morve du nez. ‖ *Roupie de sansonnet*, chose sans valeur.

roupillade n. f. Sommeil.

roupiller v. i. Dormir.

roupilleur adj. Somnolent.

roupillon n. m. Sommeil de courte durée : *Piquer un roupillon.*

rouquemoutte n. f. Femme rousse.

rouquin n. m. Vin rouge : *Un litre de rouquin.* ‖ Qui a les cheveux roux.
◆ adj. Roux.

rouquinos adj. Roux.

rouscaille n. f. Action de rouscailler*.

rouscailler v. i. Protester.

rouscailleur adj. Qui proteste, qui rouscaille*.

rouspétance n. f. Action de rouspéter*, de protester.

rouspéter v. i. Protester, parfois de mauvaise foi.

rouspéteur n. m. Qui aime à rouspéter*; grincheux.

rousse n. f. Police.

roussi (ça sent le) loc. Il y a de la bagarre dans l'air; l'affaire va rater.

roussin n. m. Policier; agent de police.

rouste ou **roustée** n. f. Volée de coups, correction.

rousti adj. Raté; pris; perdant.

roustir v. t. Tromper, duper. — Voler, dérober.

roustissure n. f. Marchandise sans qualité, came*.

roustons n. m. pl. Testicules.

routard n. m. Voyageur à pied.

ruban n. m. Route; rue; trottoir : *Faire le ruban.*

ruche n. f. Nez. — *Se taper la ruche,* bien manger.

rudement adv. Beaucoup : *C'est rudement bon.*

rupin adj. inv. et n. Riche : *Il est rupin.* — Luxueux : *Ça fait rupin.*

rupiner v. t. Bien réussir (étud.).

Ruskof ou **Ruski** n. pr. Russe.

russe (chaussette) n. f. Bandes de chiffons autour des pieds.

sable (être sur le) loc. Être sans travail. ‖ *Aller dans le sable,* dérailler (ch. de fer).

sabord (coup de) loc. Coup d'œil, coup de saveur*.

sabot n. m. Mauvais bateau. — Machine, instrument qui ne vaut rien. ‖ Boîte pour la distribution des cartes (jeu). ‖ Cage à fauves à roulettes (forain).

sabouler (se) v. pr. S'habiller avec coquetterie. — Se farder.

sabre n. m. Membre viril.

sabrer v. t. Biffer, faire des coupures dans un texte. ‖ Travailler vite et mal. ‖ Réprimander violemment. ‖ Posséder une femme.

sac n. m. 100 F (ou billet de dix mille anciens francs) : *Avoir le sac,* être riche. — *Avoir la tête dans le sac,* être sans le sou. ‖ *Sac à viande,* chemise ; sac de couchage. — *Sac à vin,* ivrogne. — *Sac à carbi* ou *à charbon,* prêtre en soutane. ‖ *Un sac d'embrouilles,* ou *un sac de nœuds,* une affaire embrouillée. ‖ *L'affaire est dans le sac,* en bonne voie. ‖ *Prendre quelqu'un la main dans le sac,* sur le fait. ‖ *Vider son sac,* dire ce qu'on a sur le cœur. ‖ *Mettre dans le même sac,* considérer comme de même valeur (péjor.).

sacagne n. m. Couteau, arme blanche (arg.).

sacagner v. t. Donner un coup de couteau (arg.).

sachem n. m. Chef.

sachet n. m. Chaussette.

sacouse n. m. Sac à main.

sacré adj. Renforce le mépris : *Sacré menteur ! Sacré farceur !* La contrariété : *Une sacrée invention.* L'admiration : *Un sacré pot.* ‖ Jurons : *Sacré nom de Dieu ! Sacré bordel de merde !*

sagouin n. m. Individu malhonnête, qui travaille malproprement.

sagœur n. f. Femme, « sœur » (javanais).

saignant adj. Dur, énergique.

saignée n. f. Sacrifice d'argent.

saigner v. t. Rançonner.
◆ **saigner (se)** v. pr. *Se saigner aux quatre veines,* s'imposer des sacrifices d'argent.

Sainte-Ginette n. pr. Bibliothèque Sainte-Geneviève, à Paris.

Sainte-Touche n. pr. Jour de paie.

saint-frusquin n. m. Les effets personnels : *Il en tient de la place avec tout son saint-frusquin ! — Et tout le saint-frusquin,* et tout le reste.

Saint-Galmier (avoir les épaules en bouteille de) loc. Avoir les épaules étroites.

Saint-Ger n. pr. Quartier Saint-Germain-des-Prés, à Paris.

Saint-Glinglin (à la) loc. Jamais, à une date indéterminée.

saint Jean (être en) loc. Être nu.

Saint-Martin (la même) loc. La même chose : *Hier et aujourd'hui, ce n'est plus la même Saint-Martin.*

Saint-Trou-du-cul (jusqu'à la) loc. Jamais, jusqu'à une date indéterminée.

salade n. f. Mélange, confusion, complications : *Faire des salades.* — *En salade,* en vrac, sans faire de choix. ‖ *Vendre quelque chose avec beaucoup de salade,* avec beaucoup de boniment. ‖ *Vendre sa salade,* soumettre un projet en cherchant à convaincre. — Interpréter une chanson en public (spect.). — Faire son cours (étud.). ‖ *Panier à salade,* voiture cellulaire.

saladier n. m. Bouche : *Taper du saladier.* ‖ Individu qui fait des salades*.

salamalecs (faire des) loc. Faire des politesses exagérées.

salaud n. m. et adj. Malhonnête. — Sale : *Salaud d'enfant.*

sale adj. Employé négativement : *C'est pas sale,* ce n'est pas mauvais, c'est bon.

salé adj. Très cher (au pr. et au fig.). ‖ Grivois.

salé ou **petit salé** n. m. Enfant, bébé. ‖ Apprenti, aide. ‖ *Faire petit salé,* lécher les doigts de pied.

salement adv. Très : *C'est salement vache.*

saligaud n. m. Individu malpropre, malhonnête.

salingue adj. et n. Sale.

salive (perdre sa) loc. Parler en vain.

salle à manger n. f. Bouche.

saloir (mettre la viande au) loc. Se coucher, se mettre au lit.

salonnard n. m. Qui fréquente les salons, les gens du monde.

salopard n. m. Individu malpropre, malhonnête ; dangereux.

salope n. f. Femme de mauvaise vie, malhonnête (insulte).

saloper v. t. Faire très mal un travail.

saloperie n. f. Chose malpropre ; de mauvaise qualité. — Mauvaise action : *Faire des saloperies à quelqu'un.*

salopiot n. m. Individu ou enfant sale, qui fait des saletés.

salsifis n. m. pl. Doigts de pied.

saltimbanque n. m. Comédien, professionnel du spectacle.

salutas ! interj. Salut !

sang n. m. *Un coup de sang,* une attaque d'apoplexie. — *Suer sang et eau,* peiner à la tâche. ‖ *Avoir le sang chaud,* être ardent. — *Avoir du sang dans les veines,* être énergique. — *Avoir du sang de navet,* être sans énergie. ‖ *Se faire du mauvais sang, se ronger les sangs,* s'inquiéter.

sanglier n. m. Prêtre.

sans un loc. adj. Complètement démuni d'argent : *Être sans un.*

Santaga ou **Santoche (la)** n. pr. La prison de la Santé, à Paris.

santé (avoir de la) loc. Avoir du culot.

santiag n. f. Botte mexicaine.

santonner, satonner ou **sataner** v. t. Frapper longuement, tabasser*.

sape n. f. Habillement. — Industrie et commerce de l'habillement : *Il travaille dans la sape.* — n. f. pl. Les vêtements.

sapé adj. Bien habillé : *Sapé comme un milord.*

sapement n. m. Condamnation.

saper v. t. Condamner, punir.
◆ **saper (se)** v. pr. S'habiller, se vêtir.

sapin n. m. Taxi. ‖ *Pardessus en sapin,* cercueil. — *Sentir le sapin,* n'avoir plus longtemps à vivre.

saquer v. t. Chasser, renvoyer. ‖ *Saquer la route,* en sortir par accident (auto).

sardine n. f. Galon de sous-officier. ‖ *Égoutter la sardine,* uriner.

satané adj. V. SACRÉ.

sataner. V. SANTONNER.

saton (coup de) loc. Coup de pied.

satonner. V. SANTONNER.

satyre n. m. Exhibitionniste : *Les satyres du métro.*

sauce n. f. Pluie, averse. ‖ *Mettre quelqu'un à toutes les sauces,* l'employer à des tâches très différentes. ‖ *Balancer la sauce,* tirer une rafale de mitraillette. — Éjaculer. ‖ Improvisation : *Faire de la sauce* (musique). ‖ Jeu dans la direction : *Il y a de la sauce* (auto). ‖ *Rajouter de la sauce,* accélérer (auto).

saucée n. f. Pluie, averse.

saucer v. t. Mouiller (pluie) : *Être saucé.*

sauciflard n. m. Saucisson, ciflard*.

saucisse n. f. Imbécile, andouille*. ‖ *Ne pas attacher ses chiens avec des saucisses,* faire attention à la dépense. ‖ *Rouler une saucisse,* baiser sur la bouche. (V. PATIN.)

saucisson n. m. Chanson sans qualité (spect.). ‖ *Serré comme un saucisson,* sanglé dans ses vêtements, saucissonné*.

saucissonné adj. Mal habillé, serré dans ses vêtements.

saucissonner v. i. Prendre un repas froid sur le pouce. ‖ Serrer comme un saucisson.

sauret n. m. Proxénète, hareng* (arg.).

saut n. m. *Faire le saut,* prendre une décision qui engage l'avenir, sauter* le pas. ‖ *Faire un saut,* un rapide passage, un aller et retour, sans s'attarder.

saute-au-crac n. m. Érotomane.

saute-au-paf n. f. Nymphomane.

saute-dessus n. m. Réclamation : *Faire au saute-dessus.*

sauter v. t. Posséder une femme. ‖ *La sauter,* avoir faim, ne pas manger. ‖ *Sauter du train en marche,* pratiquer le coït interrompu. ‖ *Sauter le pas,* prendre une décision qui engage l'avenir.

sauterelle n. f. Femme (péjor.).

sauteur n. m. Personne sur laquelle on ne peut pas compter.

sauvage n. m. *Se mettre en sauvage,* se mettre nu.
◆ adj. Spontané : *Une grève sauvage.*

sauvette (à la) loc. Clandestinement, à la hâte, pour ne pas être surpris : *Vente à la sauvette.*

savate (traîner la) loc. Ne rien faire, être sans travail, sans argent.

saveur (coup de) loc. Coup d'œil, coup de sabord*.

savon (passer un) loc. Réprimander.

savonner v. t. Réprimander, passer un savon*.

savonnette n. f. Pneu lisse.

scaphandre de poche n. m. Préservatif masculin.

scalp n. m. Arrestation.

schbeb. V. CHBEB.

schlaf. V. CHLAFFE.

schlass. V. CHLÂSSE.

schlinguer. V. CHLINGUER.

schlipoter. V. CHLIPOTER.

schlof. V. CHLOFFE.

schnaps n. m. Eau-de-vie.

schnick n. m. Eau-de-vie.

schnock. V. CHNOQUE.

schnouf. V. CHNOUFFE.

schproum. V. CHPROUM.

LES SAPES
fringues, frusques, loques, nippes

bas
lisses, tirants

cache-sexe
cache-frifri

casquette
bâche, bâchis, capsule, crêpe,
fromage blanc, gâpette, gaufre,
guimpette

chapeau
bada, bibi, bitos, bloum, doulos,
galure, galurin, papeau

chaussettes
fumantes, sachets

chaussure
croquenot, écrase-merde,
godasse, godillot, latte, patin,
péniche, pompe, ribouis,
richelieu, santiag, sorlot,
tartine, tatane, tige, trottinet ;
asperge

chemise
limace, limouse, liquette, sac à
viande

cravate
ficelle

culotte de femme
minouse ; dossière

dessous
fringues de coulisse

habit de cérémonie
queue de pie, smok

jupe courte
jupette, minijupette

képi
kébour, keps

mouchoir
tire-jus, tire-moelle

pantalon
bénard, benne, falzar, fendard,
fourreau, froc, futal, grimpant,
jean, lewis, marine, rofou,
valseur

pardessus
lardeusse, paletot, panetot,
pardeusse, pardingue, pelure

poche
fouille, glaude, à la mal au
ventre, profonde, vagues, valade

robe
roupane, serpillière

slip et **caleçon**
barsli, bénouze, calbar, calcif,
caneçon, slibar

visière
viscope

schtar. V. CHTAR.

schtuc. V. CHTUC.

scier v. t. Congédier, éliminer : *Il est scié.* — Ruiner une entreprise : *Scier à la base.* ‖ Tourmenter : *Tu me scies le dos.* ‖ *Scier du bois,* jouer du violoncelle.

scion (coup de) loc. Coup de couteau.

scoubidou n. m. Stérilet.

scoumoune n. f. Malchance.

scratcher (se) ou **se cracher** v. pr. Quitter la route par accident.

scribouillard n. m. Qui écrit beaucoup. — Bureaucrate.

scribouiller v. t. Écrire.

Sébasto (le) n. pr. Boulevard de Sébastopol, à Paris, le Topol*.

sec adj. *Rester sec,* rester court à une interrogation (étud.). ‖ *À sec,* sans argent : *Être à sec.* ‖ *Un cri sec,* une escroquerie.
◆ adv. Net : *C'est mille balles sec.* — Sans sursis : *Écoper cinq ans sec.* ‖ Beaucoup, rapidement : *Boire sec.* ‖ *En cinq sec,* rapidement. — *Aussi sec,* immédiatement.

sécateur (baptisé au) loc. Israélite.

séchage n. m. Échec (étud.).

sèche n. f. Cigarette.

sécher v. t. Manquer volontairement un cours (étud.). ‖ Ne savoir que répondre, rester sec*, à un examen (étud.).

Secor n. m. Corse (verlan).

sécot adj. Grand et maigre, sec.

secouée n. f. Grande quantité.

secouer v. t. Voler : *Secouer une tire.* ‖ Réprimander : *Se faire secouer le paletot.* — Ne pas ménager.
◆ **secouer (se)** v. pr. Ne pas se laisser aller à l'inertie, reprendre énergie : *Secouez-vous !*

secouette n. f. Masturbation.

secousse n. f. Vol : *Donner une secousse.* ‖ *Ne pas en foutre une secousse,* ne rien faire.

Sécu (la) n. pr. La Sécurité sociale, les assurances.

sélect adj. Distingué.

self n. m. Magasin ou restaurant libre-service.

semer v. t. Se débarrasser d'un importun, d'un suiveur ; distancer. ‖ *Semer la merde,* mettre le désordre, jeter la confusion.

semi n. m. Camion semi-remorque : *Tu m'aurais vu quand je conduisais mon semi !*

semoule. V. PÉDALER.

sens ou **sensass** adj. Sensationnel, formidable, formide*.

sens unique n. m. Verre de vin rouge.

sent-bon n. m. Parfum (enfant).

sentinelle n. f. Étron (dans un espace ouvert). ‖ *Relever une sentinelle,* boire un verre au comptoir.

sentu part. passé du v. *sentir.* Se

dit pour SENTI : *Je l'ai pas vu, mais je l'ai senti.*

sept pouces moins la tête (avoir) loc. Être doué d'une forte virilité.

ser n. m. Signe convenu entre tricheurs : *Faire le ser.*

séraille ou **série (passage en)** n. m. Viol d'une femme par plusieurs hommes, barlu*.

serbillon n. m. Guet, ser*, alerte : *Envoyer le serbillon.*

série (passer en) loc. Faire subir un viol collectif. (V. SÉRAILLE.)

sérieux n. m. Chope de bière d'un litre. ‖ *S'habiller en sérieux,* porter le frac (cirque).

seringue n. f. Arme à feu. ‖ *Chanter comme une seringue,* chanter faux.

seringuer v. t. Tirer, atteindre avec une arme à feu.

serpillière n. f. Robe.

serré adj. Démuni d'argent : *En ce moment, je suis un peu serré dans les entournures.*

serrer v. t. *Serrer la vis à quelqu'un,* le traiter avec sévérité. ‖ *Serrer la pince,* serrer la main. ‖ *Serrer les fesses,* craindre, se tenir sur ses gardes. ‖ *Se serrer la ceinture,* être privé, ne pas manger.

service n. m. *Faire son service,* effectuer son service militaire. ‖ *Service service,* pointilleux. ‖ *Service trois pièces,* organes virils.

serviette (coup de) loc. Rafle.

serviotter v. t. Proposer un marché de dupe.

seulâbre adj. Seul.

sévrienne n. f. Élève de l'École normale supérieure de jeunes filles, à Paris (autrefois à Sèvres).

sexy adj. Aguichant.

sézig n. pr. et n. m. Lui. (V. CÉ-ZIG.)

shampooing n. m. *Shampooing maison* ou *shampooing à Charles le Chauve,* fellation. ‖ *Passer un shampooing,* réprimander.

shira n. m. Mélange de haschisch et d'opium.

shit n. m. Haschisch (drogue).

shoot n. m. Piqûre (drogue).

shooter (se) v. pr. Se piquer, se droguer (drogue).

shooteuse n. f. Seringue pour piqûre (drogue).

show-bise n. m. Show-business, industrie du spectacle.

siffler v. t. Avaler d'un trait : *Siffler un verre.*

sifflet (couper le) loc. Mettre hors d'état de répondre, faire taire. — Trancher la gorge.

sifflotte n. f. Syphilis, syphilo*.

simagrées n. f. pl. Minauderies, manières affectées : *Faire des simagrées.*

simple comme bonjour loc. Très facile, très simple.

sincère adj. N'ayant subi aucune réparation (brocante).

225

singe n. m. Patron. ‖ Viande de bœuf en conserve.

sinoque ou **sinoqué** adj. Fou.

sinoquet n. m. Crâne, cerveau.

siphonné adj. Abruti. Fou.

sirop n. m. Étendue d'eau ; mer : *Aller au sirop.* ‖ Sang humain (coulant d'une blessure). ‖ Solution de haschisch (drogue). ‖ *Sirop* ou *sirop de pébroque,* pluie. ‖ *Sirop de bois tordu,* vin. — *Avoir un coup de sirop,* être ivre. ‖ *Sirop de corps d'homme,* sperme. ‖ *Être dans le sirop,* avoir des ennuis.

siroter v. t. Boire lentement en dégustant.

sisite (faire) loc. S'asseoir (enfant).

situasse n. f. Situation sociale : *Chomedu, c'est pas une situasse.*

six-quatre-deux (à la) loc. adv. Hâtivement, négligemment : *Travail fait à la six-quatre-deux.*

skating à mouches loc. Crâne chauve.

slalom (faire du) loc. Doubler en zigzaguant entre les voitures (auto).

slibar n. m. Slip.

smalah n. f. Famille nombreuse.

smicard n. m. Personne dont les revenus ne dépassent pas le S. M. I. C. (salaire minimum de croissance).

smok n. m. Smoking.

snack n. m. Restaurant à service rapide.

snif n. f. Cocaïne (drogue).

sniffer v. i. Renifler de la drogue.

soce n. f. Société : *Salut, la soce !*

socialo n. m. Socialiste.

sœur n. f. Amie, maîtresse. ‖ Jeune homme efféminé. ‖ *Et ta sœur ?* Mêle-toi de ce qui te regarde ! (Attire la réponse : *Elle bat le beurre.*)

sœurette n. f. Petite sœur.

soi-disant que loc. Se dit pour IL PARAÎT QUE (avec une nuance d'incrédulité) : *Soi-disant que les salaires vont raugmenter.*

soie n. f. Symbole d'opulence. — *Coucher dans les draps de soie, péter dans la soie,* vivre dans l'opulence. ‖ *Sur la soie,* aux trousses : *Mon singe a les polyvalents sur la soie.*

soif (jusqu'à plus) loc. adv. Jusqu'au bout.

soiffard n. m. Qui boit trop, qui a toujours soif.

soi-soi ou **soin-soin** adj. et adv. Très bien, parfait, soigné.

soixante-neuf n. m. Position érotique tête-bêche.

soleil n. m. Un million de francs. ‖ Rondelle de citron dans un grog. ‖ *Piquer un soleil,* rougir. ‖ *Ça craint le soleil,* une marchandise à ne pas montrer, dont il ne faut pas révéler l'origine, souvent frauduleuse.

solo adj. et adv. Seul.

sommeil (marchand de) n. m.

Logeur qui exploite les ouvriers migrants.

somptuaire adj. Somptueux, exagéré.

son, sa, ses adj. poss. Le, la, les : *Il fait son andouille. Ça sent son flic à quinze pas.*

sonder v. t. Tâter, fouiller : *Sonder les fouilles.*

sondeur n. m. Inspecteur de police sans mission précise.

son et lumière n. m. Vieillard, vieux.

sonné adj. Étourdi par les coups ou par une commotion ; qui a perdu la raison.

sonner v. t. *Sonner quelqu'un,* l'assommer, le frapper durement à la tête. ‖ *Sonner les cloches à quelqu'un,* le réprimander : *Je me suis fait sonner.*

sonneur n. m. Assommeur.

sono n. f. Appareillage de sonorisation.

sonore (au) loc. À l'anus.

Sophie (faire sa) loc. Faire des manières, des difficultés, se montrer difficile.

sorbonnard adj. et n. m. Étudiant ou professeur en Sorbonne.

sorbonne n. f. Tête.

sorcier (ce n'est pas) loc. Ce n'est pas difficile à comprendre, ou à faire.

sorgue n. f. Soir.

sorlot n. m. Chaussure.

sort (faire un) à quelque chose loc. La faire valoir. — Se l'approprier.

sortable (pas) loc. Que l'on ne peut sortir en public : *Il n'est pas sortable.*

sortie n. f. Algarade, emportement contre quelqu'un. ‖ *Être de sortie,* manquer : *Mes économies ? Elles sont de sortie.*

sortir v. i. *En sortir* ou *sortir du trou,* sortir de prison, être libéré. ‖ *Sortir de,* venir de : *Je sors de manger.* ‖ *Je sors d'en prendre,* je viens de subir le même sort.
◆ **sortir (s'en)** v. pr. Se tirer d'embarras.

sossot (sossotte) adj. Niais, sot.

soucoupe n. f. Plateau de pédalier (cyclisme).

soudure n. f. *Faire la soudure,* disposer juste d'assez d'argent ou de marchandise pour subsister entre deux rentrées ou entre deux livraisons. ‖ *Envoyer la soudure,* payer.

soufflant n. m. Pistolet.

souffle n. m. Audace, culot : *Il manque pas de souffle !*

soufflé adj. Étonné.

souffler v. i. Prendre un peu de répit : *Laissez-moi souffler.*
◆ v. t. Prendre quelque chose au détriment de quelqu'un : *Il me l'a soufflé sous le nez.*

soufflerie n. f. Poumons : *Cracher sa soufflerie.*

soufflet n. m. Poumon. ‖ *Soufflet à punaises,* accordéon.

soufrante n. f. Allumette.

souillarde n. f. Soie.

soulager v. t. Voler, délester.
◆ **soulager (se)** v. pr. Satisfaire
un besoin naturel.

soulard adj. Ivrogne.

soulaud ou **soulot** adj. n. m.
Ivrogne.

soulever v. t. Voler. — Séduire :
Soulever une femme.

soupape n. f. Poumon, soufflet*.

soupçon n. m. Très petite quantité.

soupe n. f. Repas : *À la soupe !* ‖
Manie du soupeur*. ‖ *Par ici la
bonne soupe !* Exclam. lancée par
ou à propos d'une personne qui
ramasse un gain. ‖ *La soupe sera
bonne,* se dit par plaisanterie à
quelqu'un qui se gratte la raie des
fesses. ‖ *Servir la soupe,* avoir un
rôle secondaire (spect.). ‖ *Trempé
comme une soupe,* très mouillé (par
la pluie). ‖ *Être soupe au lait,*
s'emporter facilement. ‖ *Comme
un cheveu sur la soupe,* mal à
propos. ‖ *La soupe à la grimace,*
accueil désagréable (en rentrant
chez soi). ‖ *Un marchand de soupe,*
dirigeant d'une entreprise qui ne
cherche que le profit (se dit en
particulier d'un directeur d'école
privée). ‖ *Faire de la soupe,* pour
un musicien de jazz, jouer dans un
orchestre de variétés.

souper v. i. Être atteint de la
manie du soupeur*. ‖ *En avoir
soupé,* en avoir assez.

soupeur n. m. Maniaque, buveur
d'urine ou de sperme.

sourd (comme un) loc. adv.
Très fort : *Gueuler comme un
sourd, cogner comme un sourd.*

sourdingue adj. Sourd.

souricière n. f. Piège tendu par
la police. — Dépôt de la préfecture de police.

souris n. f. Femme.

sous-bite n. m. Lieutenant : *Le
plus chiant, c'est le sous-bite.*

sous-cul n. m. Petit tapis que l'on
dispose sur un banc, sur une
chaise.

sous-fifre n. m. Employé subalterne.

sous-lieute n. m. Sous-lieutenant
(armée).

sous-marin n. m. Escroc, requin*
de haute volée.

sous-minable adj. Au-dessous du
médiocre.

sous-off n. m. Sous-officier.

sous-tasse n. f. Naïf qui paye les
consommations d'une entraîneuse
de bar.

sous-verge n. m. Adjoint ; subalterne.

spé ou **spécial** n. m. Vice contre
nature : *Faire le spécial* (prost.).

spéciaux (avoir des goûts) loc.
Avoir des penchants homophiles.

spontex adj. Spontanéiste (étudiants) : *Les Mao-spontex ont
occupé les bureaux.*

sport (c'est du) loc. C'est difficile et dangereux.

square n. m. Non-initié.

squat n. m. Logement occupé sans droit ni titre.

staff n. m. Groupe formé par les dirigeants d'une entreprise, d'une organisation. ‖ Équipe.

sténo n. et adj. Sténographe.

step n. m. Nez. — *Step à trier les lentilles* ou *à repiquer les choux,* grand nez.

stick n. m. Cigarette de haschisch (drogue).

stocker en kilos loc. Engraisser.

stone (être) loc. Planer* à l'héroïne ou au haschisch. ‖ Être en grande forme (drogue).

stop n. m. Auto-stop.

stoppeur n. Qui pratique l'auto-stop.

strasse n. f. Chambre (prost.). ‖ *Être en strasse,* attendre à la station (taxi).

strobus n. m. Marchandise de dernier choix invendable.

strope. V. CHTROPE.

stropia n. m. Invalide, estropié.

stuc n. m. Portion, part.

stup n. m. Stupéfiant (drogue).

style n. m. *Meuble de style,* copie moderne d'un meuble ancien.

subclaquant adj. Moribond.

subito adv. Subitement.

sucer v. t. Pratiquer la fellation. ‖ *Sucer la pomme,* embrasser. ‖

Sucer le bonbon, baiser l'anneau épiscopal (ecclés.).

suçon n. m. Marque de baiser ou de morsure amoureuse.

sucre n. m. *Du sucre,* le meilleur : *Les vacances, c'est du sucre.* ‖ *Casser du sucre sur le dos de quelqu'un,* médire. ‖ *Recevoir son morceau de sucre,* être applaudi dès son entrée en scène (spect.).

sucrée (faire la) loc. Affecter un air modeste.

sucrer v. t. Supprimer. — *On m'a sucré mon salé,* on m'a supprimé mon apprenti. — *Sucrer un texte,* y apporter des coupures. ‖ *Sucrer les fraises,* être atteint de tremblements séniles. ‖ *Se faire sucrer,* se faire arrêter.
◆ **sucrer (se)** v. pr. S'octroyer de larges bénéfices au détriment des autres, s'enrichir illicitement. ‖ *Se sucrer la gaufre,* se maquiller.

suer v. i. *Faire suer,* importuner, fatiguer.
◆ v. t. *Faire suer le burnous,* faire travailler durement. ‖ *En suer une,* danser.

suif n. m. Réprimande. — *Chercher du suif,* chercher querelle. ‖ *Jeter du suif,* être élégant.

suisse (en) loc. adv. De façon égoïste : *Boire en suisse.*

suite (de) loc. adv. Tout de suite.

sulfateuse n. f. Mitraillette.

sup adj. inv. Supplémentaire : *Faire des heures sup.*

Supélec n. pr. L'École supérieure d'électricité (étud.).

super n. m. ou f. Supercarburant : *De l'ordinaire ou du super ?*

super- préfixe indiquant le superlatif : *C'est le superpied.*

superbig n. m. Moto de compétition.

superflip n. m. et adj. Cafard*, déprime*, neurasthénie.

surbine n. f. Cellule de haute surveillance (prison). — Surveillance par la police.

surboum ou **surpatte** n. f. Surprise-partie, réunion dansante.

surface n. f. *Refaire surface*, réapparaître après avoir disparu un certain temps de son milieu ; surmonter ses embarras financiers. ‖ *En boucher une surface*, étonner quelqu'un. ‖ *Avoir de la surface*, être aisé.

surgé ou **survé** n. Surveillant général (étud.).

surin n. m. Poignard, couteau de combat.

suriner v. t. Tuer avec un couteau.

surineur n. m. Qui joue du couteau.

surpatte. V. SURBOUM.

surprenante (à la) loc. adv. Par surprise.

susucre n. m. Sucre (s'emploie en parlant aux chiens).

sympa adj. Sympathique, gentil, agréable : *J'habite dans un petit coin sympa, rempli de gens sympas.*

syndicat n. m. Confrérie imaginaire des personnes atteintes de la syphilis : *Il est du syndicat.*

syphilo n. f. Syphilis.
◆ n. m. Syphilitique.

système n. m. *Taper* ou *courir sur le système*, agacer, énerver, importuner. ‖ *Système D, système débrouille* ou *système démerde*, débrouillardise.
◆ n. pr. *Le Système*, l'ensemble des traditions de l'École militaire de Saint-Cyr. — *Le Père Système*, élève classé dernier au concours d'entrée et chargé de maintenir les traditions de cette école.

tabac n. m. Se dit pour BUREAU DE TABAC. ‖ *Passer à tabac,* malmener, rouer de coups, tabasser*. — *Coup de tabac,* gros temps en mer. ‖ *Faire un tabac,* remporter un succès (spect.). ‖ *C'est le même tabac,* c'est la même chose.

tabasser v. t. Rouer de coups, passer à tabac*.

table n. f. *Se mettre à table,* avouer. ‖ *Manger à la table qui recule,* jeûner.

tableau (vieux) n. m. Vieille femme maquillée.
◆ interj. *Tableau !,* quel spectacle !

tablier n. m. *Rendre son tablier,* se démettre de ses fonctions. ‖ *Tablier de sapeur,* poils du pubis s'étendant sur le bas-ventre. ‖ *Ça lui va comme un tablier à une vache,* ça ne lui va pas du tout.

tabourets n. m. pl. Dents.

tac n. m. Taxi.

tâcher moyen loc. S'efforcer : *Tâchez moyen d'être à l'heure.*

tacot n. m. Vieille automobile.

taf n. m. Peur : *Avoir le taf.* ‖ Part de butin : *Donner le taf* (arg.). ‖ *Aller au taf,* aller au travail. ‖ *Faire le taf,* racoler. ‖ *Prendre son taf,* jouir, prendre son pied*.

tafanard n. m. Cul.

taffer v. i. Avoir peur.

taffeur adj. et n. Peureux.

tailler v. t. *Tailler une bavette,* bavarder. — *Tailler une plume* ou *une pipe,* pratiquer la fellation.
◆ **tailler (se)** v. pr. S'enfuir, partir.

tala n. m. et adj. Clérical, croyant (École normale supérieure).

talbin n. m. Billet de banque.

tambouille n. f. Cuisine médiocre : *Faire la tambouille.*

tampon n. m. Coup de tampon, coup de poing. ‖ Ordonnance (milit.).

tamponner (s'en) ou **s'en tamponner le coquillard** loc. S'en moquer, s'en foutre*.

tam-tam (faire du) loc. Faire une publicité tapageuse.

tandem n. m. Association de deux personnes pour un même travail, un même but.

tangent adj. Tout juste : *C'est tangent.*

tangente n. f. Épée (École polytechnique). ‖ Surveillant d'examen (étud.). ‖ *Prendre la tangente,* s'éclipser, se tirer d'affaire adroitement.

tango n. m. Bière additionnée de grenadine.

tannant adj. Ennuyeux, importun.

tannée n. f. Volée de coups.

tanner v. t. Importuner avec insistance. ‖ Donner des coups.

tante, tantouse n. f. Homosexuel.

tante (ma) loc. Mont-de-piété : *Ma montre, elle est chez ma tante.*

tantine n. f. Tante.

tant pire loc. adv. Tant pis.

tant que loc. prép. Se dit pour QUANT À : *Tant qu'à lui, je l'emmerde.*

tapant adj. Sonnant : *Il est midi tapant.*

tape n. f. Échec, insuccès : *Recevoir une tape.*

tapé adj. *C'est tapé, bien tapé,* bien dit, bien servi, bien réussi. ‖ Fou.

tapecul n. m. Voiture mal suspendue.

tapée n. f. Grande quantité : *Des cons, j'en connais des tapées.*

taper v. t. Emprunter : *Il va encore me taper.* ‖ Sentir mauvais : *Il tape des pieds.* ‖ *Taper dans l'œil,* plaire.
◆ **taper (se)** v. pr. S'octroyer, s'administrer : *Se taper une nénette. — S'en taper plein la lampe,* manger copieusement. ‖ *Se taper de,* être privé. ‖ *Se taper la colonne,* se masturber. ‖ *S'en taper,* s'en moquer, s'en foutre*. ‖ *S'en taper le cul par terre* ou *au plafond,* se tordre de rire.

tapette n. f. Langue. — *Avoir une sacrée tapette,* être très bavard. ‖ Homosexuel.

tapeur n. m. Emprunteur.

tapin n. m. Prostitution. — Prostituée : *Un tapin qui fait le tapin.*

tapiner v. i. Racoler, faire le tapin*.

tapineuse n. f. Prostituée.

tapir n. m. Élève auquel un étudiant ou un professeur donne des leçons particulières (étud.).

tapis (amuser le) loc. Dire des choses plaisantes ; attirer les badauds par un boniment ; miser de petites sommes au jeu.

tapissage n. m. Identification (arg.). V. RETAPISSAGE.

tapisser v. t. Regarder avec attention pour identifier (arg.).

tapuscrit n. m. Manuscrit dactylographié.

taquemart n. m. Taxi, tac*.

taquet n. m. Coup de poing.

taquiner v. t. *Taquiner le goujon*, pêcher à la ligne. ‖ *Taquiner la dame de pique*, jouer aux cartes.

tarabistouille n. f. Situation confuse créée dans des buts peu évidents.

tarabuster v. t. Tracasser.

tarbouif n. m. Nez.

tarde n. f. Nuit (arg.).

tarderie n. f. Femme très laide.

taré adj. Crétin congénital.

targettes n. f. pl. Pieds. — Chaussures.

tarin n. m. Nez.

tarpé n. m. Cigarette roulée. ‖ Arme, pétard* (verlan).

tarte n. f. Gifle : *Coller une tarte.* ‖ *C'est de la tarte*, c'est facile, c'est du gâteau*. — *C'est pas de la tarte*, c'est difficile. ‖ *C'est la tarte à la crème*, c'est un lieu commun.

tarte, tartignole, tartouillard, tartouille, tartouzard adj. Laid, moche, ennuyeux.

Tartempion n. pr. Individu mal défini, Chose, Machin (péjor.).

tartine n. f. Chaussure. ‖ Long article ; longue lettre : *Écrire toute une tartine.*

tartiner v. t. Écrire, faire une tartine*. ‖ Emprunter de l'argent.

tartir v. i. Déféquer. ‖ *Se faire tartir*, s'ennuyer.

tartisses, tartissoires n. f. pl. Lieux d'aisances.

tartissure n. f. Salissure, trace d'excrément.

tas n. m. *Un tas*, beaucoup : *Un tas de salauds.* ‖ Lieu de travail : *Faire la grève sur le tas.* ‖ Fille laide : *Quel tas !* ‖ *Tas de ferraille, tas de boue, tas de tôle*, automobile usagée. ‖ *Faire le tas*, racoler (prost.). ‖ *Sur le tas*, immédiatement, sur-le-champ.

tasse n. f. Verre, consommation : *Prendre une tasse.* ‖ *Boire une tasse*, manquer de se noyer (au pr. et au fig.). ‖ *Tasse* ou *tasse à thé*, urinoir public fréquenté par les homosexuels. ‖ *Tasse à café*, véhicule à deux roues de moins de 50 cm^3.

tassé adj. Bien servi : *Un Pernod bien tassé.*

tasseau n. m. Nez. — *Se sécher le tasseau*, se moucher.

tasser (se) v. pr. S'apaiser, se calmer : *Ça finira bien par se tasser.*

tata n. f. Tante (enfant). ‖ Homosexuel, tante*.

tatane n. f. Chaussure : *Filer un*

coup de tatane. ‖ Paresse : *Jamais tatane dans le dodo.*

tâter v. t. *En tâter,* savoir y faire, avoir le tour de main. ‖ *Va te faire tâter !* Insulte.
◆ **tâter (se)** v. pr. Hésiter à prendre une décision.

tâteuse n. f. Fausse clef (arg.).

tatouille n. f. Coup ; volée de coups ; défaite : *1870, la grande tatouille.*

taulard n. m. Prisonnier.

taule ou **tôle** n. f. Prison : *Aller en taule.* — Domicile : *Rentrer à la taule.*

taulier n. m. Logeur. — Patron, chef d'entreprise.

taupe n. f. Classe de mathématiques spéciales (étud.).

taupin n. m. Élève de taupe*.

taxi n. m. Véhicule quelconque : auto, avion, etc. ‖ Prostituée. ‖ Intermédiaire.

tchao ! interj. Au revoir !

tchi (que) loc. adv. Rien, que dalle*.

tchin'-tchin' ! interj. Formule de toast.

tchouch n. m. Article en prime.

tebi ou **tébi** n. f. Membre viril (verlan).

teint (bon) loc. Solide, qui ne passe pas (au fig.) : *Un socialiste bon teint.*

télé, téloche n. f. Télévision. — Récepteur de télévision.

téléguider v. t. Inspirer les actes de quelqu'un.

téléphone n. m. Lieux d'aisances. ‖ *Téléphone arabe,* propagation d'une rumeur de bouche à oreille.

téléphoner v. i. *C'est téléphoné,* se dit d'un effet, d'un mot d'esprit prévisible longtemps à l'avance. ‖ *Téléphoner au pape,* déféquer. — *Téléphoner dans le ventre,* pratiquer la fellation.

téléphonite n. f. Manie de téléphoner : *Avoir la téléphonite.*

température (prendre la) loc. Prendre des renseignements, tâter le terrain.

tenir v. t. *En tenir, en tenir une couche* ou *en tenir une,* être bête. ‖ *En tenir une bonne,* être ivre. ‖ *Tenir le crachoir,* accaparer la conversation.
◆ v. i. *En tenir pour,* être amoureux de. ‖ *Tenir au corps,* se dit d'un aliment nourrissant.

terre jaune n. f. Sodomie.

terre-neuve n. m. Personne secourable à l'excès.

Terre sainte (la) n. pr. Quartier de Paris situé entre l'esplanade des Invalides et le Champ-de-Mars, où les pourboires sont rares (taxi).

terreur n. f. Individu redoutable : *Jouer les terreurs.*

terrible adj. Parfait, extraordinaire : *Un gars terrible ; un terrible menteur.*
◆ adv. Beaucoup, terriblement : *Ça chauffe terrible.*

terrine n. f. Tête, face ; crâne. ‖ *Terrine de gelée de paf !* Insulte.

têtard n. m. Enfant. ‖ Cheval bon à l'équarrissage. ‖ *Être le têtard,* être la dupe, la victime.

tétasse n. f. Sein flétri.

tête n. f. *Tête de,* insulte. — *Tête de lard,* buté ; *tête de nœud,* imbécile ; etc. ‖ *Tête de pipe,* portrait dans un journal (presse). ‖ *Petite tête,* formule ironique et affectueuse : *Ça va, p'tite tête ?* ‖ *Avoir quelque chose derrière la tête,* des intentions cachées. ‖ *Ça va pas la tête ?* T'es pas un peu fou ? ‖ *Cause à mon cul, ma tête est malade,* refus d'écouter. ‖ *Tête d'oreiller,* taie d'oreiller. ‖ *Faire une grosse tête,* frapper violemment au visage.

téter v. i. Boire sans modération.

tétère n. f. Tête.

teuf-teuf n. f. Automobile (enfant). — Automobile ancienne.

texto adv. Textuellement.

tézig pr. et n. Toi.

thé n. m. *Marcher au thé,* s'adonner à la boisson. ‖ *Tasse à thé,* urinoir fréquenté par les homosexuels. — *Prendre le thé,* pédérastie : *Ces messieurs prennent le thé.*

théière n. f. Tête. ‖ Urinoir.

thomas n. m. Pot de chambre.

thune n. f. Cinq francs.

ti particule interrogative inv. placée après le verbe : *Tu viens-ti ? T'as-ti fini de jouer au con ?*

ticket n. m. Billet de 10 F. ‖ Invite, appel : *Faire un ticket.* — *Avoir le ticket,* plaire à quelqu'un, avoir une touche*. — *Prendre un ticket,* prendre un jeton*, assister à un spectacle érotique.

ticson n. m. Ticket, billet (de spectacle, de transport, etc.) ; bifeton*.

tierce, belote et dix de der loc. Cinquante ans (âge).

tif n. m. Cheveu.

tiffier ou **tifman** n. m. Coiffeur.

tige n. f. Pied ; chaussure. ‖ Cigarette. ‖ *Brouter la tige,* pratiquer la fellation. ‖ *Vieille tige,* aviateur chevronné (aéron.).

tignasse n. f. Chevelure mal peignée.

tilleul n. m. Mélange de vin rouge et de vin blanc.

tilt (faire) loc. Comprendre brusquement, avoir une inspiration, une idée soudaine.

timbré adj. Fou.

tinche n. f. Quête.

tinette n. f. Vieille moto.

tintin (faire) loc. Être privé : *Tous les autres en ont eu, moi j'ai fait tintin.*

tintouin n. m. Souci, inquiétude, embarras : *Une affaire qui donne du tintouin.*

tiquer v. i. Manifester sa surprise, son mécontentement.

tir (allonger le) loc. Payer plus que prévu.

tirage n. m. Difficulté, résistance : *Il y a du tirage.*

tiraillement n. m. Désaccord, conflit.

tirants n. m. pl. Bas (à jarretelles).

tire n. f. Automobile. ‖ *Vol à la tire,* dans les poches.

tire-au-cul ou **tire-au-flanc** n. m. Paresseux, simulateur, qui s'arrange pour échapper aux corvées.

tire-bouchonner (se) v. pr. Se tordre de rire.

tire-bouton (maison) loc. Les lesbiennes.

tirée n. f. Longue distance à parcourir, long trajet.

tire-fesses n. m. Remonte-pente (ski).

tire-jus n. m. Mouchoir.

tire-larigot (à) loc. adv. Beaucoup.

tirelire n. f. Bouche. — *Se fendre la tirelire,* rire. — Estomac : *Plein la tirelire !*

tire-moelle n. m. Mouchoir.

tire-mômes n. f. Sage-femme.

tirer v. t. Subir une contrainte durant un temps déterminé : *Tirer un an de service.* ‖ Voler : *Tirer une bécane.* ‖ *Tirer les vers du nez,* faire avouer, faire donner des renseignements. ‖ *Tirer la couverture à soi,* se réserver tous les avantages. ‖ *Tirer l'échelle,* renoncer : *Après tes conneries, on peut tirer l'échelle.* ‖ *Tirer un coup, une crampe,* baiser.
◆ v. i. *Tirer au cul, tirer au flanc, tirer au renard,* simuler, échapper aux corvées. ‖ *Tirer sur la ficelle,* exagérer.
◆ **tirer (se)** v. pr. Partir, s'en aller : *Se tirer des pieds.*

tireur n. m. Pickpocket.

tiroir n. m. *Avoir un polichinelle dans le tiroir,* être enceinte. ‖ *Fourrer dans le tiroir,* placer le corps dans le cercueil (pompes fun.).

tisane n. f. Volée de coups, correction : *Filer une tisane.*

titi n. m. Gamin de Paris déluré. ‖ *Titi négro,* petit nègre, langage élémentaire attribué aux Noirs.

toc adj. et n. m. Faux, imitation : *C'est du toc.* ‖ *Marcher sous un toc,* vivre sous un faux nom. ‖ *Ne pas manquer de toc,* avoir du culot, de l'aplomb, du courage. — *Manquer de toc,* manquer de courage, mais aussi manquer d'à-propos.

tocante ou **toquante** n. f. Montre.

tocard adj. Laid, mauvais.
◆ n. m. Mauvais cheval (turf).

toctoc adj. inv. Fou.

toile n. f. Carré de toile verte dans lequel le brocanteur ou le bouquiniste entasse ses achats : *Une bonne toile.* ‖ Au pl., draps de lit : *Se fourrer dans les toiles.* ‖ *Enlever les toiles d'araignée,* séduire une femme sérieuse. ‖ *Se faire une toile,* aller au cinéma.

toise n. f. Coup : *Filer une toise.*

toiture n. f. Crâne.

tôler (se) v. pr. Rire.

tomate n. f. Nez rouge. ‖ Apéritif anisé additionné de grenadine. ‖ Rosette de la Légion d'honneur.

tombeau ouvert (à) loc. adv. À toute allure, au risque de se tuer (auto).

tomber v. i. Être arrêté (arg.). — *Tomber sur le paletot,* surprendre. ‖ *Tomber sur un bec, sur un manche,* rencontrer un obstacle inattendu. ‖ *Tomber dans les pommes,* s'évanouir. ‖ *Laisser tomber quelqu'un,* l'abandonner, le quitter. ‖ *Laisser tomber,* ne plus s'occuper, négliger.
◆ v. t. Séduire : *Tomber les filles.* ‖ *Tomber la veste,* retirer sa veste.

tombeur n. m. Séducteur.

tondre v. t. Couper les cheveux : *Je vais me faire tondre.* ‖ Dépouiller de son argent : *Se faire tondre au jeu.*

Tonkin n. pr. Une des pelouses du champ de courses d'Auteuil (turf).

tonneau n. m. Accident au cours duquel la voiture roule sur elle-même : *Faire un, plusieurs tonneaux.*

tonnerre n. m. *Le tonnerre* ou *du tonnerre,* très bien, excellemment : *Ça gaze le tonnerre ! C'est du tonnerre !* ‖ *Au tonnerre de Dieu,* très loin.

tonton n. m. Oncle (enfant).

tonus n. m. Énergie, dynamisme.

topo n. m. Discours, rapport :

Vous me ferez un topo. — C'est toujours le même topo, c'est toujours pareil, toujours aussi décevant.

Topol (le) n. pr. Boulevard Sébastopol, à Paris.

toquade n. f. Caprice, passade.

toqué adj. et n. Maniaque, fou. — Épris : *Un toqué de cinoche.*

toquer (se) v. pr. S'éprendre, avoir une toquade*.

torche (se mettre en) loc. Pour un parachute, s'ouvrir sans se déployer. — Au fig., faire une chute brutale : *Mon banquier s'est mis en torche.*

torche-cul n. m. Journal sans intérêt, ou mal imprimé.

torcheculatif adj. Qui a rapport à la mauvaise presse.

torchée n. f. Correction sévère. — Bref combat, coup de torchon*.

torcher v. t. Exécuter à la hâte et sans soin. ‖ *Torcher un gosse,* lui faire sa toilette. ‖ *Se torcher le cul,* s'essuyer l'anus.

torchon n. m. Travail écrit mal fait, mal présenté. ‖ *Coup de torchon,* combat rapide et violent ; coup de vent en mer ; rafle de police. ‖ *Lever le torchon,* lever le rideau ; assurer le «lever de rideau», le premier numéro d'une représentation (spect.). ‖ *Le torchon brûle,* il y a une brouille dans le ménage.

torchonner v. t. Exécuter mal et sans soin.

tordant adj. Drôle, gai.

tord-boyaux n. m. inv. Eau-de-vie très forte.

tordre (se) v. pr. Rire.

tordu adj. Mal bâti. — Injure : *Va donc, tordu !* ‖ Ivre. — Fou. ‖ Esprit vicieux, bizarre : *Faut être tordu pour inventer des trucs pareils !*
◆ n. f. *Une tordue,* une femme peu respectable.

torgnole n. f. Coup, gifle : *Recevoir une torgnole.*

torpille n. f. Emprunt : *Marcher à la torpille.* — Mendiant professionnel.

torpiller v. t. Emprunter de l'argent, taper*. ‖ Faire échouer un projet ; faire perdre sa réputation à quelqu'un.

torpilleur n. m. Emprunteur, tapeur*. ‖ Démarcheur à domicile.

tortillard n. m. Petit train lent. ‖ Café express.
◆ n. et adj. Boiteux.

tortiller (il n'y a pas à) loc. Il n'y a pas à hésiter, on ne peut pas faire autrement. (Formulé aussi : *Il n'y a pas à tortiller du cul pour chier droit dans une bouteille,* d'où les loc. syn. : *Il n'y a pas à chier,* ou simplement : *Y a pas.*)

tortore n. f. Nourriture, repas.

tortorer v. t. et i. Manger.

total adv. Par conséquent : *Il glisse, il rate une marche, total il se casse la gueule.* ‖ Complètement : *C'est total ringard*.*

totale n. f. Hystérectomie complète.

toto n. m. Pou.

toubib n. m. Médecin.

touche n. f. Allure, attitude, dégaine* : *Avoir une drôle de touche.* ‖ Goulée de fumée de tabac : *File-moi une touche.* ‖ *Rester sur la touche,* être oublié, ne pas prendre le départ (fig.). ‖ *Avoir une touche, faire une touche,* plaire à quelqu'un. ‖ *Se faire une touche,* se masturber. ‖ *Touche de piano,* dent.

touche-pipi (jouer à) loc. Caresser, se caresser mutuellement (surtout appliqué aux adolescents).

touche-piqûre n. m. ou adj. Drogué.

toucher v. i. Pratiquer (un métier, un art) : *Il touche à la gratte.* — *Toucher à mort,* être très doué.
◆ **toucher (se)** v. pr. Se masturber.

touffe n. f. Toison pubienne. ‖ *Onduler de la touffe,* être fou.

toufiane n. f. Opium (drogue).

touiller v. t. Mélanger, remuer.

toupie (vieille) n. f. Vieille femme ennuyeuse.

tourlousine n. f. Coup.

tournailler v. i. Rôder autour.

tournanche n. f. Tournée (de consommations).

tournant de la gueule (sur le) loc. Sur la figure : *Il a pris quelque chose sur le tournant de la gueule.*

tournante n. f. Clef.

tourner la page loc. Pratiquer le coït anal. ‖ Retourner le partenaire amoureux.

tournicoter v. i. Tourner irrégulièrement ; rôder autour.

tourniquet n. m. Tribunal militaire : *Passer au tourniquet.*

tournis n. m. Vertige.

Tour pointue (la) n. pr. Dépôt de la préfecture de police, à Paris.

tourtières n. f. pl. Cymbales (musique).

tousser n. m. Protester, rouspéter. ‖ Pour un moteur, avoir des ratés.

toutime n. m. et adv. Tout. — *Le toutime*, le tout, la totalité. ‖ *Et tout le toutime*, et le reste, et cetera.

toutou n. m. Chien (enfant). ‖ *Peau de toutou*, sans valeur. — *À la peau de toutou*, mal fait.

toxico n. m. Toxicomane.

trac, tracos ou **tracsir** n. m. Peur, appréhension : *Avoir le trac.*

tracassin n. m. Érection matinale. ‖ Humeur inquiète.

tracer v. i. Aller vite : *Une tire qui trace.*
◆ **tracer (se)** v. pr. Partir.

traduc n. f. Traduction.

trafiqué adj. Se dit d'un moteur dont la puissance a été augmentée par un bricolage (auto).

trafiquer v. i. Faire : *Qu'est-ce qu'il trafique ?*

train n. m. Cul : *Coup de pompe dans le train.* — *Filer le train*, suivre, prendre en filature. ‖ *Prendre le train onze*, aller à pied.

traîne (à la) loc. adv. En retard.

traîne-cons n. m. Automobile (péjor.).

traînée n. f. Femme de mauvaise vie.

traîne-lattes ou **traîne-patins** n. m. Vagabond.

traîner v. i. Se promener sans but : *Traîner dans les rues.* ‖ *Ça traîne les rues*, ce n'est pas rare, on en trouve partout.

traintrain n. m. Routine : *Le traintrain quotidien.*

traître adj. Dangereux : *L'escalier est traître. Une angine, c'est traître.*

tralala n. m. Apparat.

tram n. m. Tramway.

tranche (s'en payer une) loc. Bien s'amuser. V. aussi TRONCHE.

trans' ou **transpoil** adj. Parfait, « transcendant ».

transbahuter v. t. Transporter.

transfo n. m. Transformateur.

trapu adj. Difficile, très savant (étud.).

traquer v. i. Appréhender, avoir peur. V. TRAC.

traquette n. f. Peur.

traqueur n. et adj. Peureux.

trav n. m. Travesti, travelot*.

travail n. m. Résultat d'une activité manuelle ou intellectuelle : *Qu'est-ce que c'est que ce travail ?*

travailler du chapeau ou **de la touffe** loc. Être fou.

travelot ou **trave** n. m. Homosexuel travesti en femme.

travers (passer au ou **à)** loc. Ne pas profiter, être privé. — Ne pas commencer à vendre.

traviole (de) loc. adj. De travers.

trèfle n. m. Tabac. ‖ Argent, fric*. ‖ *As de trèfle*, anus.

tremblote n. f. Fièvre : *Avoir la tremblote* ou *la bloblote.* ‖ Peur.

trempe n. f. Correction : *Recevoir une trempe.*

tremper v. t. *Tremper son biscuit*, forniquer (homme).
◆ v. i. *Tremper dans un coup*, participer à une affaire délictueuse.

trempette n. f. Bain rapide. — *Faire trempette*, séjourner dans l'eau du bain.

trèpe n. m. Foule, public rassemblé.

tréteau n. m. Mauvais cheval (turf).

tricard n. m. et adj. Interdit de séjour.

triche n. f. Tricherie.

tricoter v. i. Marcher vite ; pédaler. — Pour un facteur, changer constamment de trottoir (postes). — *Tricoter des gambettes*, danser.

trifouiller v. i. Fouiller.

trimard n. m. Vagabondage : *Faire le trimard.* — Route (pour le chemineau).

trimarder v. i. Vagabonder ; aller à pied sur les routes.

trimardeur n. m. Vagabond ; ouvrier nomade.

trimbalage n. m. Action de transporter, de trimbaler*.

trimbaler v. t. Porter. — *Trimbaler sa viande*, se promener, se déplacer. ‖ *Qu'est-ce qu'il trimbale !*, quel abruti !

trimer v. i. Travailler durement.

tringle n. f. *Se mettre la tringle*, se priver, être privé. ‖ *Avoir la tringle*, être en érection.

tringler v. t. Posséder une femme.
◆ **tringler (se)** v. pr. Exercer sur soi des manœuvres abortives.

tringlomane n. m. Qui aime tringler*. — *Faire le tringlomane*, posséder une femme.

tringlot ou **trainglot** n. m. Soldat du train.

trinquer v. i. Subir un dommage.

trip n. m. Voyage* au L.S.D. (drogue).

tripaille n. f. Tripes.

tripatouillage n. m. Trucage d'une comptabilité. ‖ Remaniement. V. TRIPATOUILLER.

tripatouiller v. t. Truquer une comptabilité. ‖ Remanier un texte sans autorisation de l'auteur.

tripatouilleur n. m. Qui tripatouille*.

triper v. i. Faire un trip*, un voyage* (drogue).

tripes n. f. pl. Les intestins, les organes de l'abdomen.

tripette (ça ne vaut pas) loc. Ça ne vaut pas grand-chose.

tripeur n. Adonné au L. S. D. (drogue).

tripotage n. m. Opération financière ou boursière plus ou moins honnête.

tripotailler v. t. Faire de petits tripotages* ; toucher avec insistance avec les mains.

tripotée n. f. Volée de coups.

tripoter v. i. Faire des opérations malhonnêtes, des tripotages*.
◆ v. t. Manipuler, toucher : *Vous avez bientôt fini de me tripoter, espèce de satyre !*
◆ **tripoter (se)** v. pr. Se masturber.

tripoteur n. m. Qui tripote* (dans les divers sens).

trique n. f. *Mener à la trique,* avec brutalité, sans ménagement. ‖ *Sec comme un coup de trique,* très maigre et sec. ‖ *Avoir la trique,* être en érection. ‖ Interdiction de séjour. V. TRICARD.

triquer v. i. Être en érection.

trisser v. i. Courir très vite : *Ladoumègue, fallait le voir trisser !*
◆ **trisser (se)** v. pr. S'enfuir.

tristounet adj. Triste, pas gai.

Troca (le) n. pr. La piste de patins du Trocadéro.

trogne n. f. Visage rubicond et sympathique : *Une bonne trogne.*

trognon n. m. Terme d'affection : *Mon trognon.* ‖ *Jusqu'au trognon,* jusqu'au bout.
◆ adj. Mignon.

trolley n. m. Trolleybus.

trombine n. f. Tête, visage.

tromblon n. m. Arme à feu encombrante. — Fusil de guerre.

tromboner v. t. Posséder une femme.

trompe-la-mort n. m. Malade âgé.

trompette n. f. Nez ; visage.

trompinette n. f. Petite trompette.

tronc n. m. *Ne pas se casser le tronc,* ne pas réfléchir ; ne pas se faire de souci. ‖ *Tronc* ou *tronc de figuier,* Arabe.

tronche n. f. Tête. — *Tronche plate,* injure.

troncher v. t. Posséder une femme.

trône n. m. Siège des lieux d'aisances.

troquet n. m. Débit de boissons, mastroquet, bistrot*. — Patron de bistrot.

trotte n. f. Longue distance à parcourir : *Ça fait une trotte !*

trotter (se) v. pr. S'en aller ; s'enfuir.

trotteuse n. f. Prostituée qui fait le trottoir.

trottinet n. m. Pied. — Soulier.

trottinette n. f. Automobile.

trottoir (faire le) loc. Racoler dans la rue ; vivre de prostitution.

trou n. m. Petite localité : *Ton patelin, c'est un trou.* ‖ Prison : *Aller au trou.* ‖ Tombe : *Il est dans le trou.* ‖ *Faire son trou*, réussir socialement. ‖ *Trou de balle*, anus. — *Trou du cul.* Injure : *Qu'est-ce que c'est que ce trou du cul ?* ‖ *Ça ne te fera pas un trou au cul* (sous-entendu : tu en as déjà un), c'est sans danger. ‖ *Se dévisser, se décarcasser, se démancher le trou du cul*, se donner de la peine.

trouduc n. m. Imbécile.

trouduculier adj. Pornographique.

trouduculer v. t. Posséder une femme.

troufignard ou **troufignon** n. m. Anus.

troufion n. m. Soldat : *Quand j'étais troufion.*

trouillard adj. et n. Peureux, poltron.

trouille n. f. Peur, crainte : *Avoir la trouille.*

trouiller v. i. Avoir peur : *Tu trouilles ?*

trouillomètre à zéro (avoir le) loc. Avoir très peur.

trouilloter v. i. Sentir mauvais. ‖ Avoir peur, avoir la trouille*.

troussée n. f. Volée de coups : *Filer une troussée.* ‖ Acte sexuel rapide.

troussequin n. m. Cul.

trousser v. t. Posséder une femme.

trouver v. t. *La trouver mauvaise*, juger que le procédé est malhonnête, désagréable : *Quand il m'a vidé, je l'ai trouvée mauvaise.* ‖ *Se trouver mal sur quelque chose*, le chaparder.

truand n. m. Gangster.

truander v. t. Escroquer.

truc n. m. Savoir-faire, secret professionnel : *Les trucs du métier ; il y a un truc.* ‖ Chose dont on ignore ou dont on a oublié le nom : *Passe-moi ce truc-là.* ‖ *Faire le truc*, vivre de prostitution. ‖ *Repiquer au truc*, recommencer, rengager.

truffe n. f. Nez épaté. ‖ Imbécile, niais : *Quelle truffe !*

trumeau n. f. Femme laide. — Personne âgée : *Un vieux trumeau.*

truqueur n. m. et adj. Voyou. — Maître chanteur (chantage aux mœurs). ‖ Marchand de faux meubles anciens.

truster v. t. Accaparer, monopoliser, garder tout pour soi : *Qu'est-ce que tu fous ? Tu trustes les chiottes ?*

tsoin-tsoin adj. inv. Mignon.

tuant adj. Pénible, fatigant.

tubard n. m. Marchand dans les couloirs du métro.
◆ adj. *Tubard, tube*, tuberculeux.

tube n. m. Chanson à succès. ‖ Téléphone : *Un coup de tube.* ‖ Métro. ‖ Tuberculose pulmonaire. ‖ Boyau de bicyclette.

tuile n. f. Événement imprévu et fâcheux. ‖ 10 000 F.

tulette n. f. Automobile.

tune. V. THUNE.

tunnel n. m. Long monologue (spect.). ‖ *Être dans le tunnel,* être dans une mauvaise passe.

turbin n. m. Travail (licite ou non).

turbine ou **turbine à chocolat** n. f. Anus.

turbiner v. i. Travailler.

turbo-prof n. m. Professeur amené à prendre régulièrement le train.

turf n. m. Lieu de travail. — *Aller au turf,* aller au travail (petits métiers, prostitution, etc.).

turlupiner v. t. Tracasser : *Ça me turlupine.*

turne n. f. Chambre. — Maison mal tenue : *Pas moyen de se faire servir, quelle turne !*

tutoyer (se faire) loc. Se faire sévèrement réprimander.

tutu n. m. Vin ordinaire : *Un coup de tutu.* ‖ Cul (enfant). ‖ Téléphone : *Un coup de tutu.*

tuyau n. m. Renseignement confidentiel : *Filer un tuyau.* ‖ *La famille tuyau de poêle,* couples qui pratiquent l'adultère réciproque ; les invertis.

tuyauter v. t. Renseigner, donner un tuyau*.

tuyauterie n. f. Organes de la digestion et de la respiration.

type, typesse n. Homme ou femme quelconque. — Individu original : *Quel type !*

typo, typote n. Compositeur typographe.

u adj. Abrév. pour « universitaire » : *Cité u, restau u.*

-uche suff. argotique. Pantin, *Pantruche ;* gauloise, *galuche ;* médaille, *méduche.*

une adj. numér. *Et d'une !* D'abord. — *Ne faire ni une ni deux,* sans hésiter.
◆ n. f. *La une d'un journal,* la première page. — *La une,* la première chaîne (télévision).

unième adj. num. ord. Premier : *La unième fois.* — V. ÉNIÈME.

unité n. f. 10 000 F.

urf adj. inv. Beau, belle, bath*.

urger v. i. Presser, être urgent : *Ça urge.*

usine à gaz n. f. Carburateur (auto).

usiner v. i. Travailler, s'activer.

utilité n. f. Petit rôle : *Jouer les utilités* (spect.).

va impér. du v. ALLER. *Va donc !* Interj. précédant une injure. — *Va pour,* d'accord sur ces conditions : *Va pour une brique.* — *À la va-vite,* fait rapidement, bâclé, sans soin.

vacant adj. Sans le sou : *Je suis vacant.*

vacciné adj. Endurci, prévenu : *Moi, je suis vacciné.* ‖ *Vacciné avec une aiguille de phono,* bavard. ‖ *Vaccinée* ou *vaccinée au pus de génisse,* déflorée (contrepéterie obscène, étud.).

vachard adj. Paresseux. ‖ Dur, sévère.

vache n. f. Agent, policier : *Mort*

244

aux vaches ! — *Vache à roulettes,* agent cycliste ou cyclomotoriste. ‖ *Croix des vaches,* cicatrice en forme de croix faite au rasoir sur le visage d'un traître. ‖ *Une vache* ou *une peau de vache,* un individu dur, sévère, cruel. ‖ *Une vache à lait,* personne dont on tire un profit constant. ‖ *Bouffer de la vache enragée,* passer par une période de pauvreté avant de réussir dans la vie.
◆ adj. Dur, sévère, cruel : *Le singe est vache avec nous* (et non *pour* nous). ‖ Difficile : *Un problème vache.* — Important : *Un vache de coup.* — Accompagné de coups : *Amour vache.*

vachement adv. Beaucoup, extrêmement : *C'est vachement bath.*

vacherie n. f. Acte de méchanceté, perfidie : *Faire des vacheries.* — Événement désagréable : *C'est une vraie vacherie.* — Difficulté : *Tomber sur une vacherie.*

vacs n. f. pl. Vacances.

vadrouille n. f. Promenade en bande : *Partir en vadrouille.*

vadrouiller v. i. Aller à l'aventure, se promener.
◆ **vadrouiller (se)** v. pr. Se promener sans but, se baguenauder.

vadrouilleur n. m. Qui vadrouille*.

vague n. f. Poche. ‖ *Être dans le creux de la vague,* subir une baisse.

vaisselle ou **vaisselle de fouille** n. f. Petite monnaie.

valade n. f. Poche.

valda n. f. Balle (projectile). ‖ Feu vert de signalisation.

valdingue n. f. Valise : *Faire les valdingues.* ‖ Chute.

valdinguer v. i. Tomber, s'étaler, valser*. — *Envoyer valdinguer,* éconduire ; faire tomber. — *Aller à valdingue,* faire une chute.

valise (faire la) loc. S'en aller, abandonner, faire la malle*.

valiser v. t. Mettre à la porte ; s'en aller.

valoche n. f. Valise.

valoir le coup loc. Valoir la peine, avoir un certain intérêt.

valouser v. t. Abandonner, mettre à la porte : *Tu vas pas faire la gueule parce qu'on t'a valousé ?*

valse n. f. Mouvement de personnel : *La valse des cadres supérieurs.* ‖ *Valse chaloupée,* valse populaire. ‖ *Lâchez-les, valse lente !* Invitation à payer. ‖ Bière additionnée de menthe.

valser v. i. Jeter, projeter, balancer* : *Envoyer valser.*

valseur n. m. Cul. — *Filer du valseur,* tortiller des fesses en marchant ; être homosexuel. ‖ Pantalon.
◆ n. f. pl. *Les valseuses,* les testicules.

vamper v. t. Faire de la séduction, prendre des allures de vamp : *Elle a essayé de me vamper.*

vanne n. f. Paroles outrageantes, mensonges : *Dire des vannes.* — Plaisanterie, repartie : *Lancer une vanne* (souvent au masculin).

vanné adj. Fatigué.

vanner v. t. Épuiser, fatiguer.

vape n. f. Hébétude : *Être dans les vapes* ou *en pleine vape,* abruti de fatigue, d'ivresse, de drogue ; rêvasser.

vase n. f. Pluie.
◆ n. m. Anus. ‖ Chance : *Avoir du vase.*

vaseliner v. t. Flatter.

vaser v. i. Pleuvoir.

vaseux adj. Obscur, difficile à comprendre. — *Astuce vaseuse,* mauvais jeu de mots. ‖ *Être vaseux,* être fatigué, abruti par la maladie ou un excès.

vasouiller v. i. Hésiter, s'empêtrer.

va-te-laver n. f. Gifle.

veau n. m. Véhicule lent. — Mauvais cheval (turf).

vécés n. m. pl. Lieux d'aisances, W.-C.

veilleuse (la mettre en) loc. Baisser la voix ; se taire.

veinard adj. et n. Chanceux.

veine n. f. Chance.

vélo n. m. Bicyclette.

velours n. m. Bénéfice : *Je l'ai acheté dix francs, laisse-moi un petit velours.* ‖ Boisson (stout et champagne brut). ‖ *Sur le velours,* sans risque.

vendange n. f. Produit d'un cambriolage (arg.).

vendre v. t. Dénoncer.

vendu n. m. Traître.

venin (lâcher son) loc. Éjaculer.

vent n. m. Rien, néant : *C'est du vent !* — *Faire du vent,* s'agiter sans efficacité. ‖ *Du vent !* Allez-vous-en ! ‖ *Un vent,* un pet.

ventouse ou **voiture ventouse** n. f. Automobile jamais déplacée et qui gêne le stationnement.

ventrée n. f. Grande quantité de nourriture : *Se foutre une ventrée.*

ver n. m. *Avoir le ver solitaire,* manger sans arrêt. — *Tuer le ver,* boire un verre d'alcool le matin à jeun. — *Tirer les vers du nez,* réussir à obtenir des renseignements de quelqu'un malgré lui.

verdine n. f. Roulotte de gitans.

verdure (faire la) loc. Se prostituer dans un parc.

verjo adj. Veinard, verni*.

vermicelles n. m. pl. Cheveux.

verni adj. Chanceux, veinard*, verjo*.

vérole n. f. Syphilis. — Ennui, difficulté : *Quelle vérole !* ‖ *Comme la vérole sur le bas clergé,* brusquement et avec acharnement.

vérolé adj. Qui a la vérole*. ‖ Se dit de tout appareil « malade » : *Un ordinateur vérolé.*

Versigo n. pr. Versailles.

vert adj. Dupé, trompé, déçu, privé : *Être vert.* ‖ *Des vertes et des pas mûres,* des paroles grivoises, ou dures.
◆ n. m. *Se mettre au vert,* prendre du repos à la campagne.

vesse n. f. Pet silencieux et malodorant. ‖ *Vesse !* interj. Attention ! Alerte !

vesser v. i. Péter silencieusement, lâcher une vesse*.

veste n. f. Échec, perte d'argent : *Ramasser une veste.* ‖ *Retourner sa veste,* changer d'opinion.

véto n. m. Vétérinaire.

veuve n. f. *La veuve,* la guillotine. ‖ *La veuve Poignet,* la masturbation.

viande n. f. Corps humain : *Amener sa viande.* ‖ *Viande froide,* cadavre, corps (pompes fun.). ‖ *Sac à viande,* sac de couchage ; chemise. ‖ *Viande à pneu,* piéton imprudent.

viander (se) v. pr. Avoir un grave accident (auto, moto).

vibure (à toute) loc. adv. À toute vitesse.

vice n. m. *Avoir du vice,* être rusé, débrouillard. — *Boîte à vice,* individu très débrouillard. ‖ *Aller au vice,* se rendre chez une prostituée.

vicelard ou **viceloque** n. et adj. De mœurs dépravées ; voyeur ; exhibitionniste. ‖ Débrouillard, habile, qui a du vice*.

vidage n. m. Action de vider*.

vidangeur n. m. Employé chargé de vider la monnaie des parcmètres.

vider v. t. Faire sortir, renvoyer, licencier.

videur n. m. Homme fort chargé d'expulser les clients indésirables.

videuse n. f. Avorteuse.

vieille n. f. Mère.

vieux n. m. Père. — Au pl. Parents : *Mes vieux.* ‖ Patron. ‖ *Prendre un coup de vieux,* vieillir brusquement. ‖ *Mon vieux, ma vieille,* termes d'affection, de camaraderie.
◆ adj. péjor. : *Vieille vache, vieux con,* etc.

vilain n. m. Scandale, ennui grave : *Ça va faire du vilain.*

Villetouse (la) n. pr. Quartier de la Villette, à Paris.

vinaigre (faire) loc. Se dépêcher.

vinasse n. f. Mauvais vin.

vingt-deux ! interj. Attention ! (Signale l'arrivée de la police ou d'un supérieur.)

vioc ou **vioque**, **viocard** adj. et n. Vieux. — Au pl. Parents : *Mes viocs.*

violette n. f. Cadeau, gratification, fleur* ; pourboire. ‖ *Avoir les doigts de pied en bouquet de violettes,* jouir de l'orgasme.

violon n. m. Prison d'un poste de police ou d'un poste de garde.

vioquir v. i. Vieillir : *Je me sens vioquir.*

vipère broussailleuse n. f. Membre viril.

virage (prendre le) loc. Changer d'attitude, de façon d'agir, avant que les événements viennent contrarier vos projets.

virée n. f. Promenade seul ou en groupe : *On va faire une virée.*

virer v. t. Faire sortir, congédier, mettre à la porte : *Virer quelqu'un à coups de latte dans le cul.* ‖ Changer d'opinion, de bord : *Il a viré.* ‖ *Virer sa cuti,* subir un changement radical dans son existence (v. CUTI).

virolo n. m. Virage (moto).

viron n. m. Petit voyage ; petite tournée, petite virée*.

viscope n. f. Casquette à visière.

viser v. t. Regarder : *Vise un peu la nénette.*

visible adj. Se dit pour DISPOSÉ À RECEVOIR DES VISITES : *Monsieur n'est pas visible.*

visser v. t. Contraindre, serrer la vis, punir. ‖ *Être bien* ou *mal vissé,* être de bonne ou de mauvaise humeur.

vite fait loc. adv. Rapidement : *Prendre un verre vite fait.*

vitriol n. m. Mauvais alcool ou mauvais vin : *Son beaujolpif, c'est du vitriol.*

vitesse grand V (à la) loc. Très vite, très rapidement : *Il a filé à la vitesse grand V.*

vivoter v. i. Vivre petitement, avec juste le nécessaire.

vivre (apprendre à) à quelqu'un loc. Le corriger, lui donner une leçon (au fig.).

voile n. f. *Mettre les voiles,* s'en aller, s'enfuir. ‖ *Avoir du vent dans les voiles,* être ivre. ‖ *Être à voile et à vapeur,* être indifféremment homosexuel ou non (se dit des hommes comme des femmes).

voir (va te faire) ou **va te faire voir par les Grecs** loc. Va-t'en (*voir* évoque ici la sodomie).

volaille n. f. Femme (péjor.). ‖ La police, les poulets*.

volée n. f. Correction, volée de coups.

voler v. t. *Il ne l'a pas volé,* il a bien mérité ce qui lui arrive. ◆ v. i. *Voler dans les plumes,* attaquer. ‖ *Voler au secours de la victoire,* n'agir qu'en étant sûr que d'autres ont déjà acquis le succès. ‖ *Voler bas,* ne pas être d'un très haut niveau (intellectuel ou de valeur morale).

volets à la boutique (mettre les) loc. Mourir.

vouloir v. t. *Je veux !* Interj. Acquiescement : *Il fait rudement chaud. Je veux !* ‖ *En vouloir,* montrer de l'ardeur, de l'ambition.

voyage n. m. État hallucinatoire dû à la drogue. ‖ Vie nomade : *Les gens du voyage.*

voyageur n. m. Petit verre de vin blanc.

voyeur n. m. Qui se plaît à regarder des spectacles érotiques.

vrai n. m. Homme sûr, compétent, loyal. — *Un vrai de vrai,* un authentique truand. ‖ *Pour de vrai,* pour de bon.

vrille n. f. Lesbienne.

vue n. f. *À vue de nez,* approximativement. ‖ *En mettre plein la vue,* éblouir, épater*. ‖ *Avoir des vues sur quelqu'un,* le choisir dans une intention précise.

water [ouatères ou vatères] n. f. pl. Lieux d'aisances.

whisky soviétique n. m. Verre de vin rouge.

X n. m. Polytechnicien.
◆ n. f. L'École polytechnique.

y pr. Il, *i* (rien ne justifie cet usage orthographique). — *Ya*, il y a.

yaouled n. m. Jeune Arabe (pataouète).

yéyé adj. et n. m. Aux yeux des adultes, jeune excentrique et bruyant. (Au f. *yéyette*.)

youpin, youtre ou **youvance** n. Juif.

youvoi n. m. Voyou (verlan).

yoyo n. m. Suite de passes*.

zeb ou **zébi** n. m. Membre viril, zob*. ‖ *Peau de zébi*, rien : *Avoir peau de balle et peau de zébi.*

zèbre n. m. Individu quelconque : *Un drôle de zèbre.*

zef n. m. Vent : *Ya du zef.*

zèle (faire du) loc. Montrer un empressement excessif.

zéro n. m. Nullité, élève nul, individu sans valeur. — *À zéro*, très bas, nul : *Avoir le moral à zéro.* — Complètement, près du zéro. — *La boule à zéro*, être *tondu à zéro*, à ras. — *Les avoir à zéro*, avoir peur. — *Zéro pour la question*, refus.

zetoupar n. f. Partouze (verlan).

ziber v. t. Frustrer : *Je suis zibé.*

zicmu n. f. Musique (verlan).

zieuter. V. ZYEUTER.

zig ou **zigue** n. m. Individu, type, camarade : *Un bon zigue.*

zigomar n. m. Individu quelconque, joyeux zig*, zigoto*.

zigoto n. m. Individu quelconque, fantaisiste, suspect.

zigouiller v. t. Tuer. — Abîmer, casser : *J'ai zigouillé la pédale de frein.*

zigouzi n. m. Objet quelconque, bidule*, machin*. — *Faire des zigouzis,* faire des caresses, chatouiller.

ziguer v. t. Raser, ruiner : *Être zigué.*

zinc n. m. Comptoir de café. ‖ Avion. ‖ Cliché typographique.

zinzin n. m. Objet quelconque, bidule*, machin*. Violon.

◆ adj. *Être zinzin,* être un peu fou.

zizi n. m. Membre viril (enfant). — *Faire zizi-panpan,* forniquer.

zizique n. f. Musique.

zob ou **zobi** n. m. Membre viril, zeb*.
◆ loc. exclam. *Zob ! Mon zob ! Peau de zob !,* rien !

zonard n. m. Sans abri. ‖ Loulou* de banlieue, narzo*.

zoner (se) v. pr. Se coucher.

zozo n. m. Individu peu recommandable par manque d'intelligence, d'honnêteté ou d'équilibre mental : *Ton copain, c'est un zozo.*

zozores n. f. pl. Oreilles.

zyeuter v. t. Regarder, voir. — *Zyeuter de la merde,* avoir une mauvaise vue.

LA ZICMU

piano à bretelle

pibouic, poireau

grand-mère

gamelles, tourtières

gratte, guimauve,
jambonneau

commode

gratouille

crincrin,
plumier, zinzin

OUVREZ L'OREILLE

Il naît tous les jours des mots nouveaux. Certains meurent aussi vite qu'ils sont venus, d'autres au contraire font leur trou à côté de leurs anciens et parviennent parfois à les remplacer. Ce sont ces **mots nouveaux,** argotiques et populaires, ces mots de notre langue que vous entendez autour de vous, que vous noterez, avec définition et exemples à l'appui, dans les pages blanches de ce dictionnaire. N'oubliez surtout pas la date et le lieu où ils tomberont dans votre oreille : c'est le témoignage le plus précieux que puisse recueillir un lexicographe.

a

b

c

d

e

f

g

h

i

j

k

l

m

n

o

p

q

r

s

t

u

v

w

x

y

z

Photocomposition M.C.P. — Fleury-les-Aubrais

IMPRIMERIE HÉRISSEY. — 27000 - ÉVREUX.
Dépôt légal Janvier 1977. — N° 38016. — N° de série Éditeur 12957.
IMPRIMÉ EN FRANCE *(Printed in France)*. — 704 099 J-Septembre 1985.